S4A : Scratch for Arduino

스크래치 for 아두이노

우지윤 저

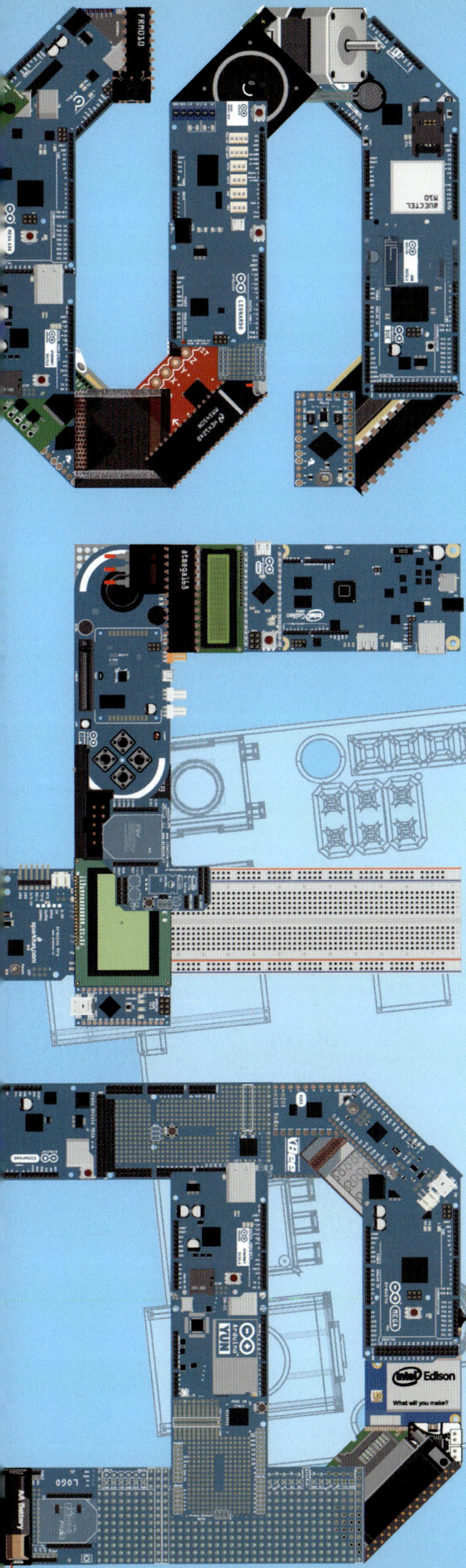

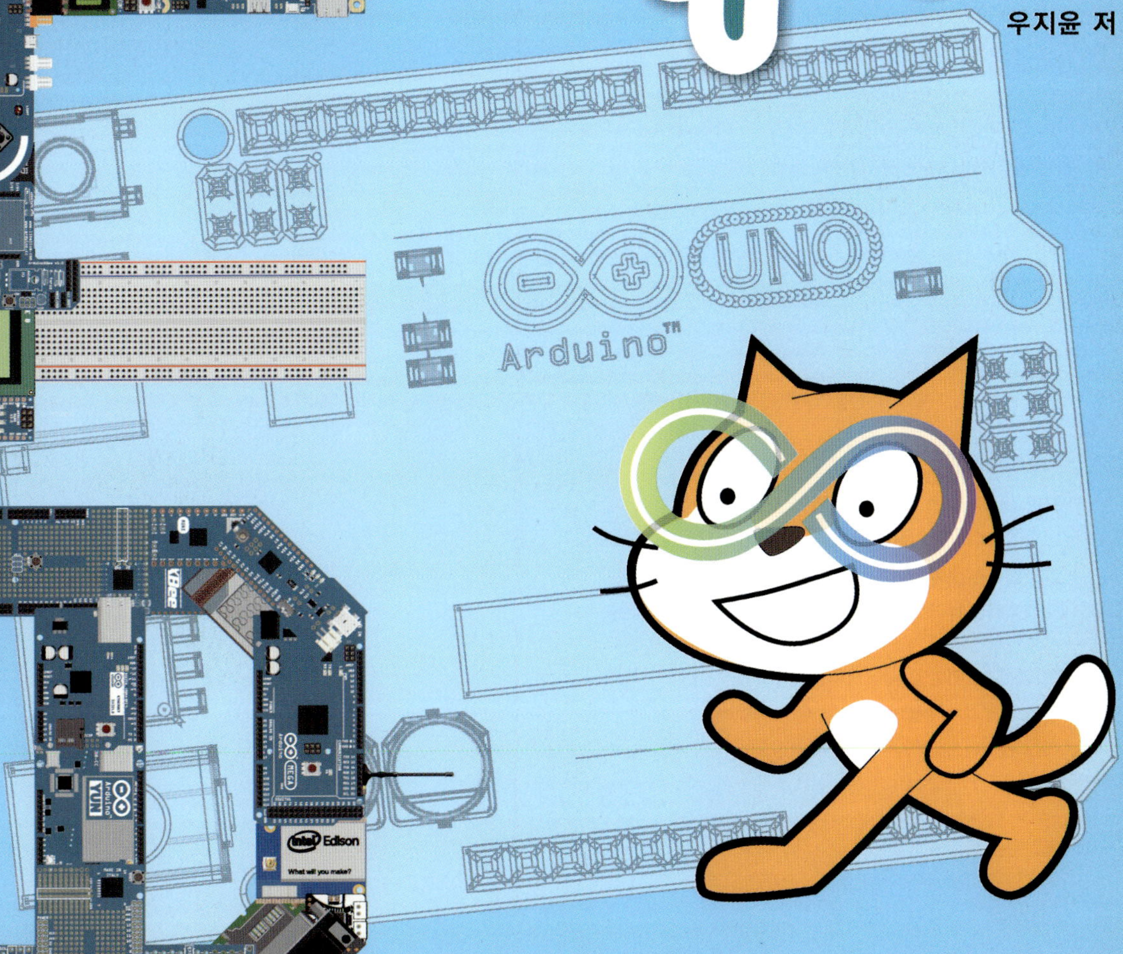

DIGITAL BOOKS
www.digitalbooks.co.kr
since 1999

저자 약력

우 지 윤

- 한양대 전자통신컴퓨터 공학부 졸업
- (전) 소프트웨어 교육 연구소 연구원
- 경기콘텐츠진흥원 아두이노, S4A 세미나 강사
- 카이스트 융합교육연구센터 개도국 과학기술지원사업 베트남 강사
- (현) 대디스랩 책임 연구원

참고 글

본 책에 포함된 내용에 대한 문의 사항은 저자의 이메일(wootekken@naver.com)로 보내주시길 바랍니다. 그리고 이 책에 있는 프로젝트의 작동 영상을 저자의 유튜브 채널(https://www.youtube.com/channel/UCxQtw5RK0CuvNFSc3SEU8ow/videos, 또는 유튜브에서 'woo duino' 검색)에서 확인할 수 있습니다.

S4A : Scratch for Arduino

| 만든 사람들 |

기획 IT · CG 기획부 | 진행 양종엽 · 유명한 | 집필 우지윤 | 편집 디자인 studio Y | 표지 디자인 김진

| 책 내용 문의 |

도서 내용에 대해 궁금한 사항이 있으시면,
디지털북스 홈페이지의 게시판을 통해서 해결하실 수 있습니다.

디지털북스 홈페이지 : www.digitalbooks.co.kr
디지털북스 페이스북 : www.facebook.com/ithinkbook
디지털북스 카페 : cafe.naver.com/digitalbooks1999
디지털북스 이메일 : digital@digitalbooks.co.kr
저자 블로그 : blog.naver.com/wootekken
저자 이메일 : wootekken@naver.com

| 각종 문의 |

영업관련 hi@digitalbooks.co.kr
기획관련 digital@digitalbooks.co.kr
전화번호 02 447-3157~8

※ 잘못된 책은 구입하신 서점에서 교환해 드립니다.
※ 이 책의 일부 혹은 전체 내용에 대한 무단 복사, 복제, 전재는 저작권법에 저촉됩니다.

머리말

미국, 영국, 일본, 이스라엘 등의 선진국에서는 일찍이 소프트웨어 교육을 대대적으로 준비하였고 교육 컨텐츠와 교사 양성 등의 교육 환경을 만들어서 소프트웨어 교육을 준비하는 추세에 있습니다. 우리 나라 정부도 2014년 7월에 소프트웨어 교육을 초,중,고교에 활성화 하겠다는 정책을 발표했습니다. 이처럼 전 세계의 교육 시장 중에서 소프트웨어 교육의 바람은 거세게 불고 있는 현실입니다.

이 책을 관심있게 보시는 분이라면 아마 "스크래치(Scratch)"라는 것을 알고 있을 겁니다. 앞서 말한 소프트웨어 교육 변화와 학생들에게 가장 인기 있는 프로그래밍 교육 도구로서 스크래치가 있습니다. 스크래치는 미국 MIT 미디어랩에서 개발되어 전 세계의 많은 소프트웨어 교육 현장에서 사용되고 있습니다. 기존의 프로그래밍 언어는 처음 배우는 학생들이 다루기에는 어렵지만 스크래치는 블럭을 쌓듯이 프로그래밍을 쉽고 재밌게 할 수 있습니다. 전 세계적으로 인터넷에 올라와 있는 스크래치 프로젝트는 수백만 개나 되고, 어린 친구들이 만든 스크래치 프로그램을 자신의 글과 목소리로 설명하는 자료들도 인터넷에 많이 올라와 있습니다.

스크래치는 오픈 소스이기 때문에 누구나 스크래치 프로그램을 수정하여 시장에 내 놓을 수 있습니다. 그 중에 하나가 S4A(Scratch for Arduino)입니다. S4A는 기존의 스크래치에 아두이노를 작동시킬 수 있는 블럭을 추가한 프로그래밍 도구입니다. 아두이노라는 것은 하드웨어 오픈 소스 플랫폼으로서 다양한 전자 장치를 쉽게 만들 수 있게 도와주는 도구입니다.

소프트웨어 교육의 유행에 힘입어 교육 관련 콘텐츠들이 전 세계적으로 많이 개발되었고 인터넷과 책을 통해서 그런 콘텐츠들을 많이 접할 수 있게 되었습니다. 그런 콘텐츠들 중에서 소프트웨어와 하드웨어를 융합한 콘텐츠가 최근 필요성이 대두되면서 조금씩 개발되고 있습니다.

학생들의 교육을 위한 입장에서도 소프트웨어와 하드웨어의 융합 콘텐츠는 상상한 것을 실현시켜주는 창작 도구로써 역할을 크게 하고 있습니다. 순수한 소프트웨어 교육도 중요하지만, 소프트웨어 교육의 결과물이 컴퓨터 모니터 안에서만 머물지 않고 우리가 사는 실제 세상과 연결된다면 소프트웨어로 할 수 있는 것들은 더 풍부해지고 교육적으로도 더 나을 것입니다.

컴퓨터 속에서만 나타나는 소프트웨어의 결과물을 물리적으로 실제 세상에 연결시켜주는 도구 중에 가장 유명한 것이 아두이노 입니다. 그리고 S4A를 이용하면 기존의 스크래치로 프로그래밍을 하고 실제로 움직이는 하드웨어는 아두이노로 할 수 있습니다. 스크래치에서 내가 만든 논리적 프로그램의 흐름대로 아두이노를 작동시킬 수 있고, 반대로 아두이노에서 스크래치 쪽으로 신호를 보내서 스크래치를 작동시킬 수도 있습니다. S4A는 실제 세상과 상호작용을 할 수 있는 환경을 제공해 줌으로써 소프트웨어 교육의 가능성과 창의성을 더 넓혀 줍니다.

그런데, 하드웨어가 결합된 교육은 자칫 학생들의 흥미를 떨어 뜨리거나 본말전도의 현상이 나타날 수 있습니다. 왜냐하면 너무 공학적인 콘텐츠를 지향하여 학생들로 하여금 너무 만들기가 어렵고 이해하기 힘든 내용으로 다가가기 때문입니다. 그리고 선생님들의 입장에서도 하드웨어 장비 값이 너무 많이 들어서 실제 학생들에게 적용을 못하는 경우도 발생합니다. 그런 문제점에서 출발하여 이 책에서는 소프트웨어와 하드웨어 융합 프로젝트 중에서 학생들이 느끼기에 재미 있으면서도, 쉽고 싸게 구할 수 있는 하드웨어 재료로 만드는 콘텐츠를 담았습니다. 그리고 너무 재미에만 치우치는 것이 아니라 수학, 공학, 그리고 예술적 요소를 모두 다루었기 때문에 학교 현장에서도 가르치기에 좋은 콘텐츠라고 생각합니다.

이 책이 나오기까지 스크래치 쪽에 많은 도움을 준 소프트웨어 교육 연구소의 정덕현, 최성일, 양나리 연구원께 감사를 드립니다. 그리고 책 원고 마무리 쯤에 좋은 아이디어를 제공해 주신 카이스트 융합교육연구센터의 이배영 연구원님께도 감사의 말씀을 드립니다.

책의 수정 과정에서 저자를 잘 이끌어 준 디지털북스의 양종엽 팀장님께도 감사하다는 말씀을 전합니다. 마지막으로 아들의 책을 가장 기다리고 있을 부모님께 이 책을 바칩니다.

저자. 우 지 윤

CONTENTS

CHAPTER 01 S4A 준비하기 — 08

  Section 01   스크래치 기본 알기   10
  Section 02   아두이노 기본 알기   17
  Section 03   S4A 환경 설정 및 테스트   20

CHAPTER 02 내 몸이 센서가 되어 S4A를 작동시켜 보자 — 38

  Section 04   손뼉 화살쏘기   40
  Section 05   재밌는 음악 연주   54
  Section 06   발판 댄스 게임(DDR)   64
  Section 07   올림픽 달리기 경주   81

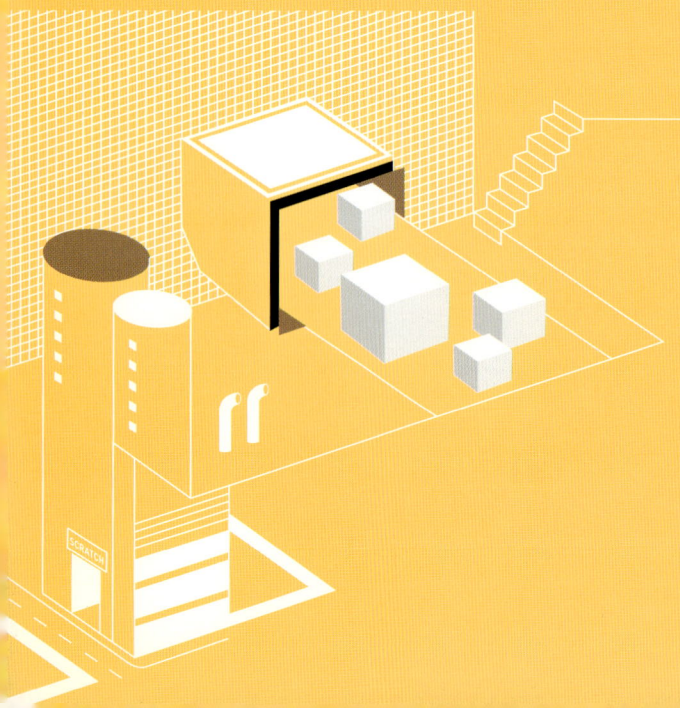

| CHAPTER 03 | 여러 가지 전자부품을 이용한 프로젝트 | 92 |

Section 08	RGB LED로 색깔 만들기	94
Section 09	어둠을 밝혀주는 가로등	102
Section 10	자동차 레이싱	112
Section 11	선풍기	125
Section 12	가속도 센서로 각도 구하기, 비행기 게임 만들기	138
Section 13	Etch a sketch	160
Section 14	적외선 레이더	172

| CHAPTER 04 | 인터넷으로 S4A 동작시키기 | 188 |

| Section 15 | 스마트폰과 S4A 연동하기 | 190 |
| Section 16 | 인터넷 웹 브라우저로 S4A 작동시키기 | 199 |

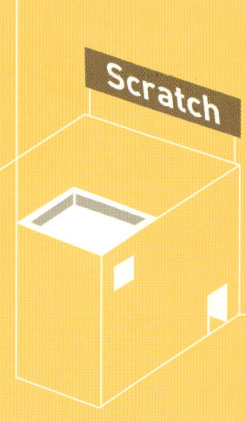

SECTION 01
스크래치 기본 알기

소프트웨어의 영향력이 커지면서 소프트웨어 교육에 대한 관심도 함께 높아지고 있습니다. 프로그래머 같은 전문가들만의 영역이라 생각되던 소프트웨어가 교육적으로도 충분한 가치를 지니고 있기 때문입니다. 하지만 소프트웨어를 만들기 위해서는 어렵고 복잡한 지식을 필요로 합니다. 그 중 컴퓨터와 소통할 수 있는 '프로그래밍 언어'를 익히는 것이 가장 먼저 부딪히게 되는 문제입니다. 소프트웨어를 처음 배우는 학생들이 프로그래밍 언어를 좀 더 쉽게 배울 수는 없을까란 고민에서 만들어진 것이 바로 '교육용 프로그래밍 언어(EPL)'입니다. 그리고 교육용 프로그래밍 언어 중 가장 대표적인 것이 '스크래치(Sratch)'입니다.

01 스크래치란?

스크래치는 미국 MIT 미디어랩에서 개발한 '교육용 프로그래밍 언어'입니다. 전문적인 지식 없이도 처음 배우는 학생들이 쉽게 프로그래밍을 배울 수 있도록 만들어졌습니다. 외국에서는 이미 많은 학생들이 스크래치를 통해서 프로그래밍을 배우고 있으며, 국내에서도 많이 알려지기 시작했습니다. 스크래치의 특징을 살펴보면 다음과 같습니다.

01. 블록형 언어

일반적인 프로그래밍 언어는 복잡한 문자 텍스트를 입력하여 프로그래밍을 합니다. 반면에 스크래치는 주어진 블록 조각들을 결합하여 프로그래밍을 합니다. 누구나 주어진 블록을 결합하여 하나의 명령을 만들 수 있습니다. 마치 레고 블록을 조립하는 것과 같은 방법으로 프로그래밍을 할 수 있는 것입니다. 그만큼 쉽고 직관적입니다.

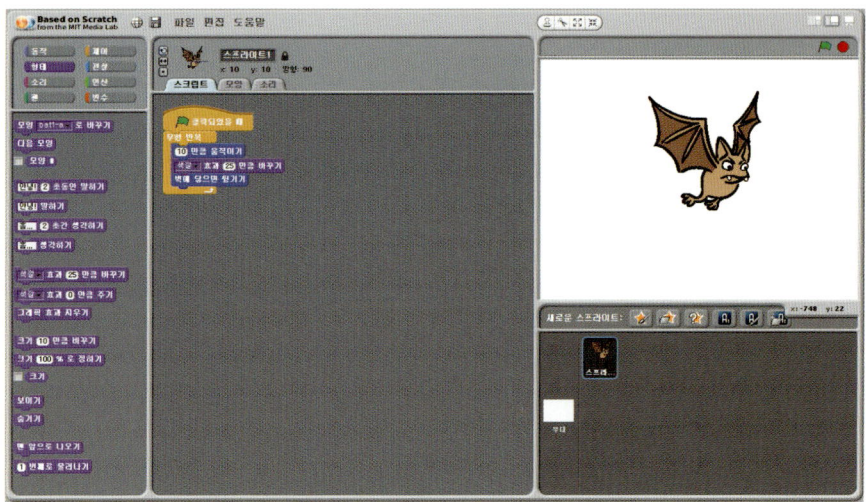

02. 결과물의 시각화

스크래치는 프로그래밍의 결과물을 시각화하여 제공합니다. 학생들은 자신이 만든 프로그램이 어떻게 동작하는 지 직접 확인할 수 있습니다. 역동적인 움직임이나 화려한 색상 변화 등도 모두 표현 가능합니다. 이러한 시각화된 결과물을 바로 확인할 수 있기 때문에 학생들은 좀 더 흥미를 가지고 프로그래밍을 할 수 있습니다.

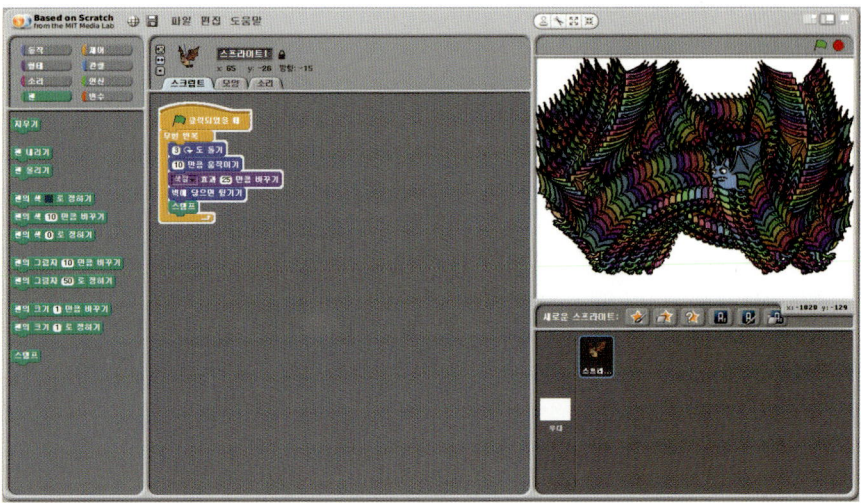

\ 03 \ 다양한 이미지와 소리 제공

스크래치는 다양한 이미지와 소리 자료를 제공합니다. 학생들은 원하는 이미지나 소리를 직접 골라서 이를 활용한 프로그램을 만들 수 있습니다. 기본적으로 제공되는 이미지나 소리 자료 이외에도 자신이 원하는 자료가 있다면 '불러오기' 기능을 활용해 사용할 수 있습니다. 좋아하는 만화 캐릭터나 가수의 노래도 활용할 수 있습니다.

\ 04 \ 하드웨어 장치와 연동

스크래치만으로도 프로그램을 만들 수 있지만 하드웨어 장치와 연동시키면 더욱 다양한 프로그램을 만들 수 있습니다. 소프트웨어라는 컴퓨터 속 세계에만 머무는 것이 아니라 실제 우리가 살고 있는 물리 세계로까지 자신이 만든 프로그램을 확장시킬 수 있습니다.

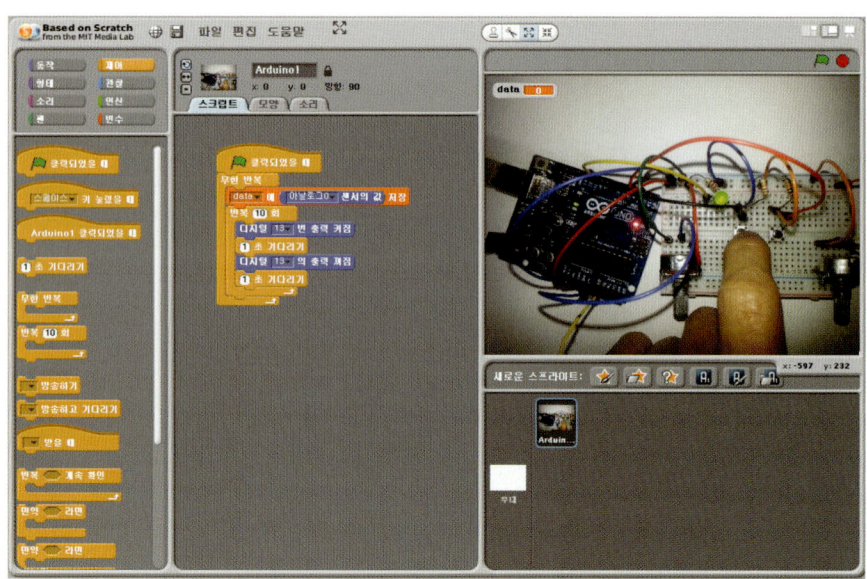

스크래치를 활용하기 위해서는 꼭 알아두어야 할 3가지의 기본 개념이 있습니다. 스프라이트, 무대, 스크립트입니다. 각각의 개념이 무엇을 의미하는지 알아보도록 하겠습니다.

02 스크래치 기본 개념

01 스프라이트

스프라이트는 스크래치에서 각각의 명령에 따라 움직이거나 소리를 내고, 모습을 변화시키는 대상입니다. 학생들은 직접 명령을 내려 이 스프라이트를 조종하는 것입니다. 연극으로 비유하자면 등장인물이나 소품과 같은 것이라고 할 수 있습니다.

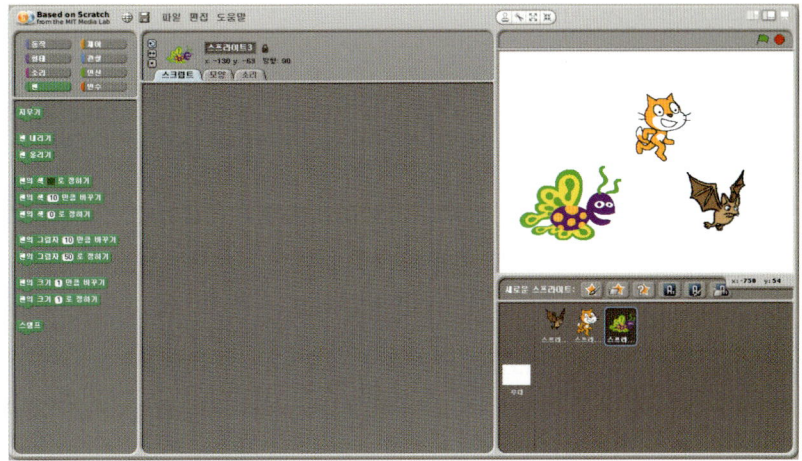

02 무대

무대는 스프라이트가 활동하는 공간입니다. 무대는 여러 가지 배경으로 구성될 수 있습니다. 연극의 무대와 동일한 기능을 합니다. 학생들은 상황에 따라 무대의 배경을 변경할 수 있습니다. 자신이 직접 찍은 사진 파일을 불러와 자신만의 무대를 만들 수도 있습니다.

03 　스크립트

스크립트는 스프라이트나 무대에 내리는 명령입니다. 연극에서 배우나 무대가 대본에 따라 대사를 하고 배경을 변경하는 것처럼 스크래치에서는 스크립트가 그런 역할을 합니다. 스크립트는 명령 블록들을 결합하여 만듭니다.

03 S4A 기본 블록 설명

블록	설명
아날로그0▼ 센서의 값	아두이노 보드의 A0 ~ A5 핀으로 입력되는 전압값을 0~1023 사이의 정수값으로 변환하여 저장하고 있다.
센서 디지털2▼ 가 눌려졌는가?	아두이노 보드의 2, 3번 핀으로 들어오는 디지털 입력 신호값을 저장하고 있다.
디지털 13▼ 번 출력 켜짐	지정된 번호의 아두이노 디지털 핀으로 5V의 전압을 출력 시킨다.
디지털 13▼ 의 출력 꺼짐	지정된 번호의 아두이노 디지털 핀으로 0V의 전압을 출력 시킨다.
아날로그 9▼ 의 값을 255 으로	지정된 번호의 아두이노 디지털 핀으로 PWM 전압 파형을 출력 시킨다. (PWM : 디지털 전압으로 아날로그 전압의 효과를 나타내는 방법)
8▼ 번 모터 정지▼	지정된 번호의 서보 모터를 정지 시킨다.
8▼ 번 모터 각도를 180 으로	지정된 번호의 서보 모터를 지정된 각도 만큼 움직인다.
10 만큼 움직이기	지정한 값 만큼 스프라이트가 이동한다.
▼ 쪽 보기	스프라이트가 마우스 포인터나 현재 프로젝트에 등록된 다른 스프라이트 방향을 바라본다.
x: 0 , y: 0 쪽으로 가기	지정된 x, y좌표로 스프라이트가 이동한다.
1 초 동안 x: 0 , y: 0 쪽으로 움직이기	지정된 시간 동안 x, y좌표로 스프라이트가 이동한다.
x좌표 10 만큼 바꾸기	스프라이트의 x 좌표를 현재 값에서 지정한 수만큼 변경한다.
y좌표 10 만큼 바꾸기	스프라이트의 y 좌표를 현재 값에서 지정한 수만큼 변경한다.
벽에 닿으면 튕기기	스프라이트가 실행 창의 네 모서리 벽에 닿으면 방향을 바꾼다.
클릭되었을 때	녹색 깃발을 클릭하면 아래 연결된 블록이 실행된다.
1 초 기다리기	지정한 시간만큼 블록의 실행이 일시 정지된다.
무한 반복	무한 반복 내부에 있는 블록들을 무한히 반복하여 실행한다.

블록	설명
방송하기	지정한 내용을 방송하여 다른 스프라이트나 무대에 신호를 보낸다.
받을 때	지정한 방송을 받으면 아래 연결된 블록이 실행된다.
만약 라면	육각 모양의 조건영역이 참이면 내부의 블록을 실행한다.
만약 라면 아니면	육각 모양의 조건영역이 참이면 위쪽 내부의 블록을 실행하고, 거짓이면 아래쪽 내부의 블록을 실행한다.
모양 costume1 로 바꾸기	스프라이트의 모양을 지정한 모양으로 변경한다.
크기 100 % 로 정하기	스프라이트의 크기를 지정한 백분율로 정한다.
에 닿기?	스프라이트가 지정한 대상(다른 스프라이트, 마우스 포인터, 벽 등)에 닿았는지를 체크한다.
색에 닿기?	스프라이트가 지정한 색에 닿았는지를 체크한다.
까지 거리	스프라이트로부터 마우스 포인터 또는 다른 스프라이트까지의 거리 값을 저장하고 있다.
소리내기	지정한 소리를 재생한다.
1 부터 10 사이의 난수	지정한 두 수의 사이에서 임의로 추출된 하나의 정수값을 저장하고 있다.
그리고	앞의 조건과 뒤의 조건이 모두 참일 때만 전체가 참이 된다.
또는	앞의 조건과 뒤의 조건 중 어느 하나 이상만 참이면 전체가 참이 된다.
펜 내리기	스프라이트의 움직임에 따라 선이 그려진다.
펜 올리기	펜 내리기 모드가 종료되어 선이 그려지지 않는다.

SECTION 02
아두이노 기본 알기

S4A(Scratch for Arduino)는 스크래치를 이용해서 아두이노를 작동시켜 뭔가를 만드는 소프트웨어 환경입니다. 이 책을 보시는 분이시라면 스크래치는 무엇인지 알 것입니다. 하지만 아두이노는 잘 모르실 겁니다. 여기에서는 아두이노에 대해서 알아보겠습니다. 그리고 아두이노로 무엇을 할 수 있는지 알아보겠습니다.

01 아두이노란?

아두이노 본사 홈페이지(arduino.cc)의 첫 화면에 보면 다음과 같이 아두이노가 정의되어 있습니다.

"아두이노란 하드웨어와 소프트웨어를 쉽게 사용할 수 있게끔 만들어진 오픈 소스 전자 플랫폼이다(Arduino is an open-source electronics platform based on easy-to-use hardware and software)."

내용이 조금 어려운 용어들로 이루어져 있는데요. 단어 하나씩 의미를 이해해 나가봅시다.

"Hardware(하드웨어)"라는 단어는 많이 들어 보셨을 겁니다. 하드웨어는 실제로 만져질 수 있는 세상의 모든 것입니다. 컵, 연필, 돌, 모자 그리고 우리가 이 책에서 자주 사용할 전자부품들이 해당되겠습니다. "Software(소프트웨어)"는 컴퓨터와 그 주변장치들을 작동시킬 컴퓨터 명령어의 모임입니다. 여러분들이 스크래치로 만드는 블록들이 바로 프로그래밍 언어이고 그것들이 컴퓨터를 작동시키는 명령어로 바뀌게 됩니다. "오픈 소스 전자 플랫폼"이라는 용어는 아마 생소하실 텐데요. "오픈 소스"는 말 그대로 소프트웨어 소스 코드나 하드웨어의 회로도 등의 핵심소스들을 공개(오픈)한다는 의미입니다. "플랫폼"은 사전적 의미로는 기차역의 플랫폼, 강연을 하기 위한 강단을 의미하지만, 여기에서는 소프트웨어와 하드웨어를 만들거나 작동시키는 기본환경이라고 이해하셔야 합니다. 여러분들이 현재 사용하고 있는 컴퓨터의 운영체제는 대부분이 윈도우 일거고 어떤 분은 맥OS를 사용하고 있을 겁니다. 소프트웨어 분야에서 윈도우 같은 운영체제는 플랫폼이라고 불립니다. 왜냐하면 다양한 응용프로그램(문서, 게임, 음악 플레이어 등 사용자가 실제로 사용하는 프로그램)들이 윈도우 같은 운영체제 기반에서 만들어지고 작동되기 때문입니다. 하드웨어 분야에서는 아두이노가 플랫폼이 됩니다. 그래서 아두이노라는 하드웨어 플랫폼을 기반으로 다양한 주변 전자부품을 아두이노에 연결해서 다양한 프로젝트를 만들 수 있습니다. 아두이노 홈페이지에서는 아두이노를 만든 목적을 다음과 같이 설명하고 있습니다.

"아두이노는 인터액티브 프로젝트를 만들고 싶은 모든 이를 위한 것이다(It's intended for anyone making interactive projects)."

"Interactive projects(인터액티브 프로젝트)"란 2개 이상의 물체가 서로 상호작용하는 작품을 말합니다. 좁은 의미의 상호작용으로써 아두이노와 센서를 이용해 LED나 모터를 작동시키는 것도 인터액티브 프로젝트라고 할 수 있지만, 필자가 생각하는 것은 더 넓은 의미로써, 아두이노를 이용해 멋진 LED 예술품을 만들어 공학과 예술을 상호작용 시키는 미디어 아트 프로젝트가 인터액티브 프로젝트의 좋은 예 입니다. 혹은 식물이 물을 필요로 하는 지를 센서와 아두이노를 이용해 감지하여 나의 스마트폰으로 메시지를 날려 주는 것도 식물과 인간의 상호작용을 가능하게 만드는 인터액티브 프로젝트의 좋은 예가 됩니다.

정리하면, 아두이노는 전기, 전자적인 무엇인가를 쉽게 만들 수 있는 플랫폼으로써, 소프트웨어와 하드웨어의 핵심 내용들이 모두 공개된 특징을 가지고 있기 때문에 본인만의 아이디어를 반영한 프로토타입(간단히 핵심 기능만 구현한 시제품)을 쉽게 만들 수 있는 도구입니다. 앞서 설명한 아두이노의 정의에 대해서 이해가 잘되셨다면 앞으로 배울 내용의 큰 그림을 그린 것과 같습니다. 앞으로 우리는 스크래치를 이용해서 아두이노라는 플랫폼을 작동시켜서 뭔가 다양한 응용 프로젝트를 만드는 것을 배우게 될 것입니다.

아두이노 공식 홈페이지

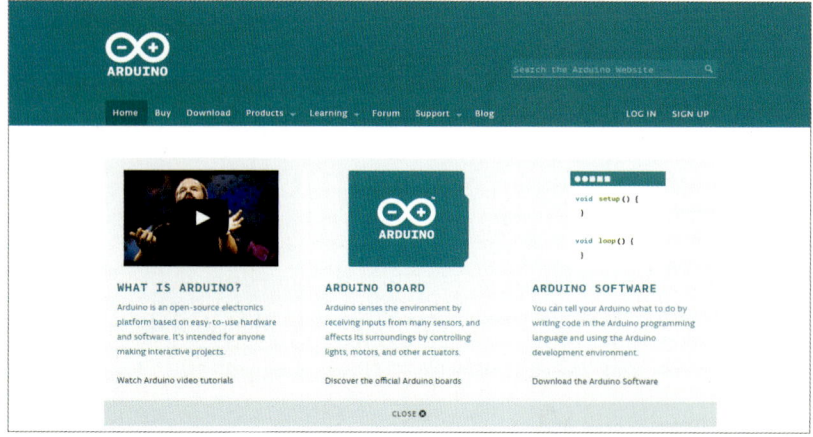

02   S4A로 할 수 있는 것들

아두이노는 여러분들이 사용하고 있는 개인용 컴퓨터의 작은 버전입니다. 명령어를 아두이노의 메모리(저장장치)에 저장해 놓으면 그 명령어대로 아두이노는 일을 합니다. 여러분의 개인용 컴퓨터와 아두이노는 통신도 할 수 있습니다. 그래서 아두이노에서 발생하는 어떤 작업을 여러분의 컴퓨터에서 받을 수 있고, 반대로 컴퓨터에서 아두이노로 명령을 보낼 수도 있습니다. S4A는 아두이노와 컴퓨터 간의 통신을 하게 해줍니다. 그래서 스크래치로 만든 본인만의 논리적 명령어들을 통신을 통해서 아두이노로 보내어 아두이노에 연결된 다양한 전자 장치들, 예를 들면 LED, 스피커, 모터 등을 작동시킬 수 있습니다. 반대로 아두이노로 들어오는 전기신호인 스위치, 센서 등을 감지하여 내 컴퓨터의 스크래치에 다양한 효과를 나타낼 수도 있습니다.

아래의 그림 중 왼쪽은 왼쪽 그림은 아두이노에 연결된 빛 센서를 이용해서 가로등 효과를 스크래치로 표현해본 것입니다. 오른쪽 그림은 스마트폰으로 스크래치에 명령을 내려서 그 명령이 아두이노의 LED를 작동시키는 프로젝트입니다. 이 책의 앞부분에 있는 목차를 보시면 더욱 더 다양하고 신기한 프로젝트가 소개되어 있습니다. 이 책의 전반부에서 아두이노의 기본을 착실하게 익히신 다음에, 후반부에 있는 다양한 프로젝트를 함께 해봄으로써 스크래치의 결과물을 내 컴퓨터 안에서만 머물게 하지 말고 세상과 소통하는 결과물로 확장 시킬 수 있기를 바랍니다.

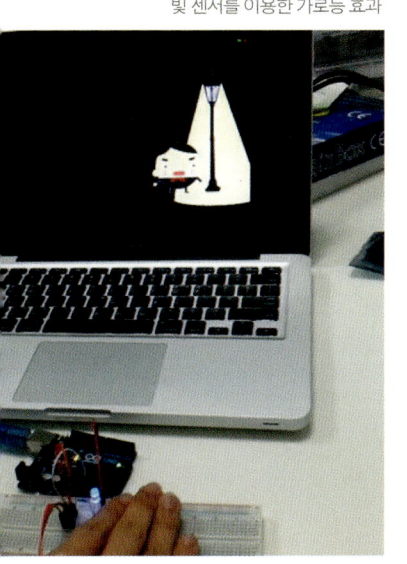

빛 센서를 이용한 가로등 효과

스마트폰으로 아두이노에 연결된 LED 동작시키기

SECTION 03

S4A 환경설정 및 테스트

지금까지 아두이노에 대해서 알아보았습니다.
이제는 S4A라는 것을 설치하여 아두이노를 스크래치로 작동시킬 수 있는 환경을 만들겠습니다.

01 S4A 설치 방법

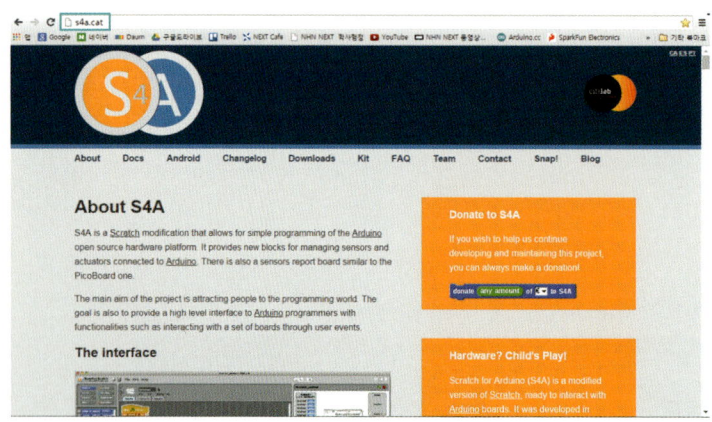

01

인터넷 웹 브라우저를 열고 인터넷 주소창에 "s4a.cat"을 입력합니다. 또는 구글 사이트의 검색에서 s4a를 검색하면 가장 위에 나오는 주소창을 클릭해서 접속합니다.

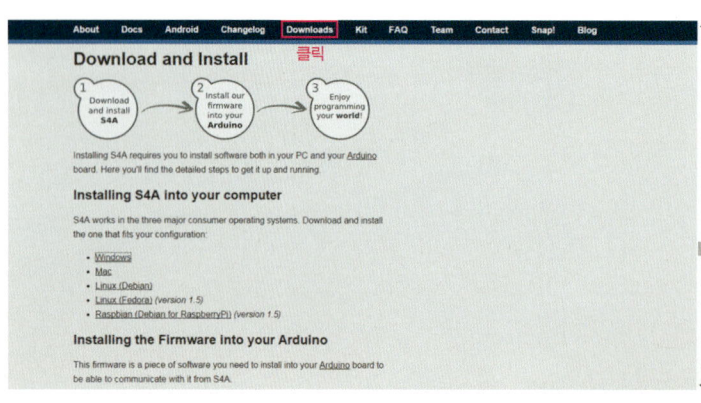

02

Downloads 메뉴를 클릭하면 아두이노에 저장해야할 프로그램(펌웨어)을 받는 곳으로 화면이 이동합니다.

20 CHAPTER 01. S4A 준비하기

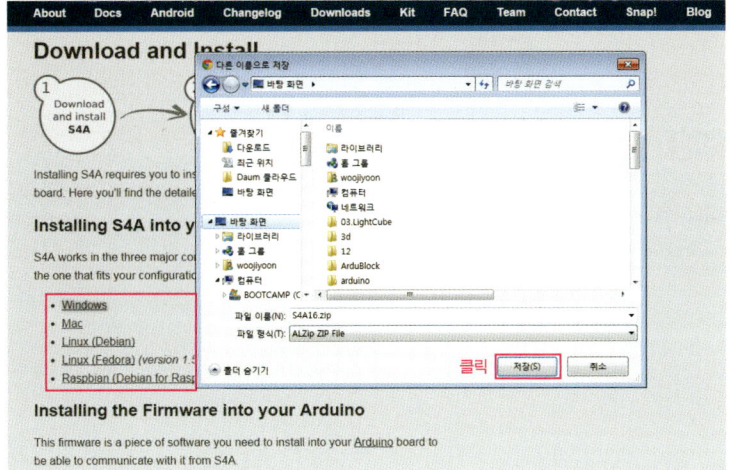

03

자기가 사용중인 컴퓨터의 운영체제에 맞춰서(Windows, Mac, Linux 등) 마우스를 클릭하면 파일 하나를 다운로드 하는 창이 뜹니다.
현 시점(2015년)에는 "S4A16.zip" 버전의 ZIP 파일을 다운로드 했습니다.

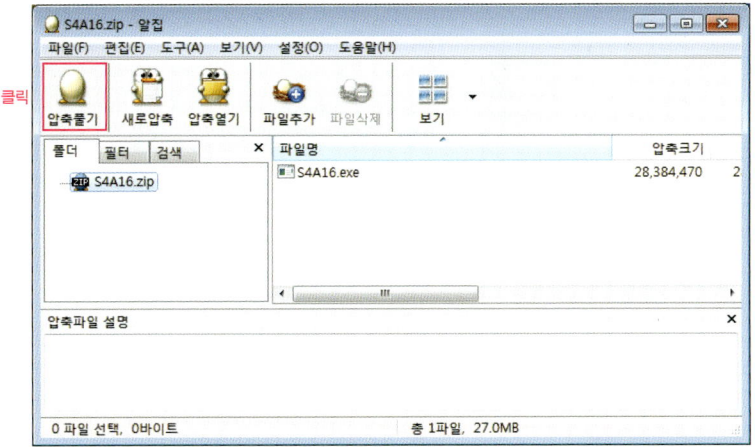

04

"S4A16.zip" 파일의 압축을 풉니다.

05

S4A16.exe 아이콘을 마우스로 더블 클릭해서 실행시키고, next 버튼을 누릅니다.

SECTION 03. S4A 환경설정 및 테스트 **21**

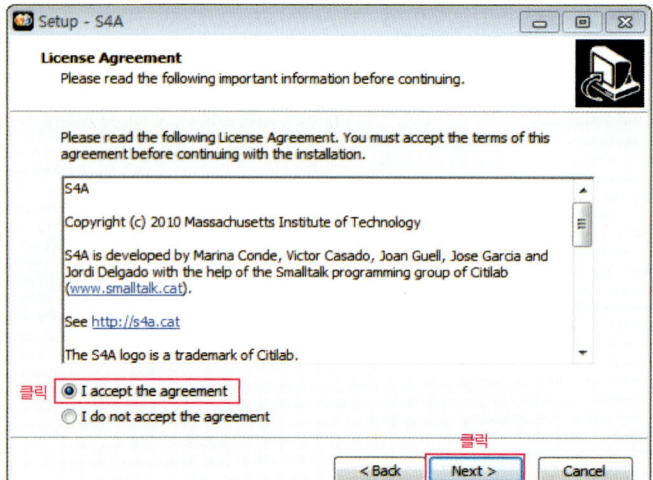

06

"I accept the agreement"에 체크를 한 뒤, next를 누릅니다.

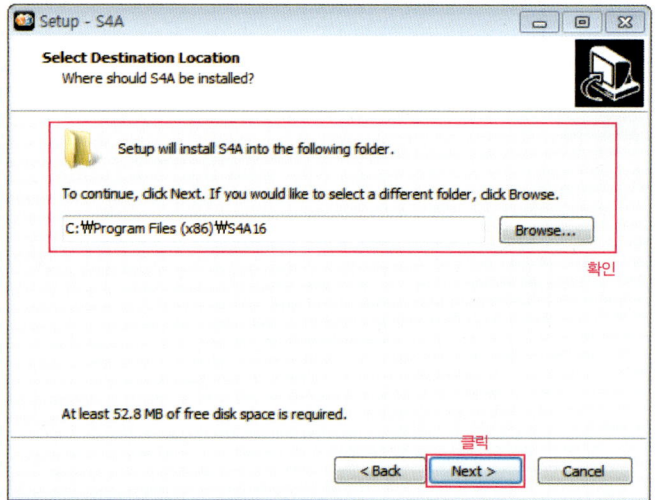

07

파일 저장 경로를 설정하는 창이 나오면 정해진 경로를 따르기로 하고 next로 넘어갑니다.

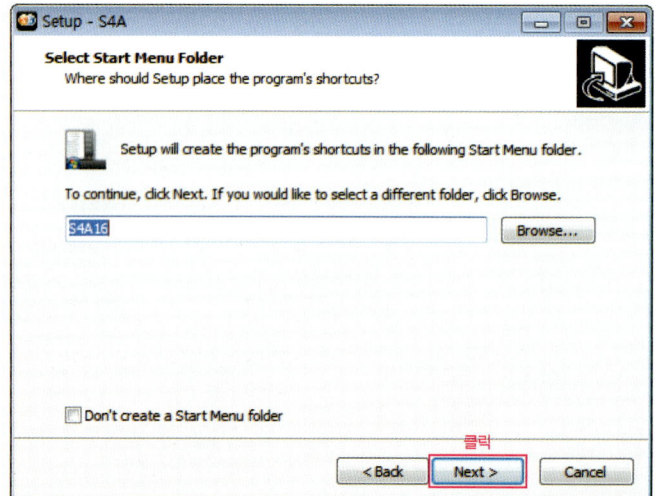

08

이 부분에서도 next로 넘어갑니다.

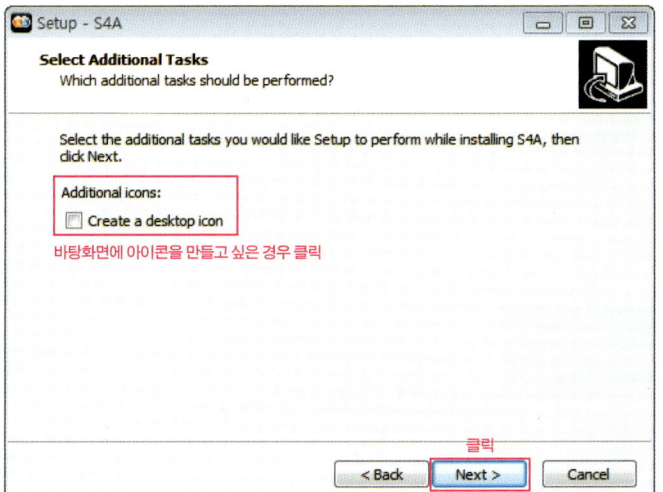

09

바탕화면에 아이콘을 만들고 싶으면 아래 체크 박스를 클릭하면 됩니다. 똑같이 next로 넘어갑니다.

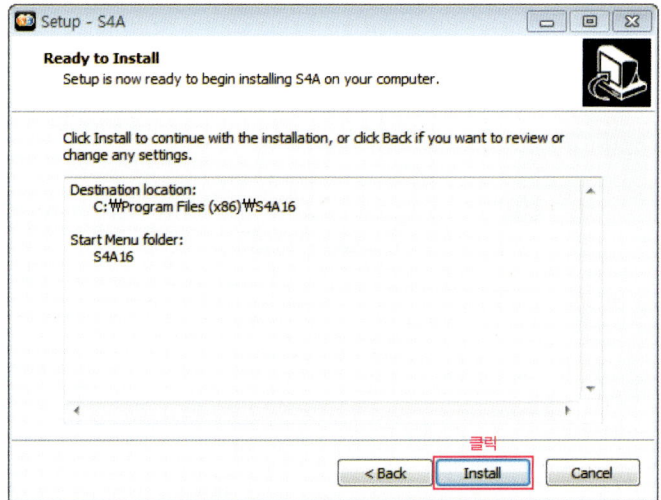

10

이제 "Install" 버튼을 눌러서 S4A 설치를 시작하면 됩니다.

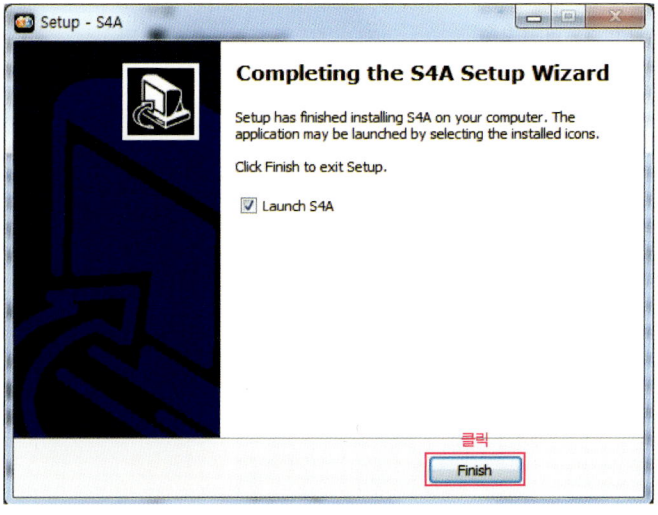

11

S4A 설치 완료 창이 나오면 Finish를 누릅니다.

S4A 설치가 모두 끝났습니다. 자동으로 실행되는 S4A는 그냥 종료 시켜 주시면 됩니다.

SECTION 03. S4A 환경설정 및 테스트 **23**

02 S4A와 아두이노 통신 설정하기

S4A만 설치했다고 모두 끝난 것이 아닙니다. S4A는 기본적으로 아두이노와 통신(시리얼 통신)을 하면서 서로 간에 연동을 하는 환경입니다. 그 통신을 가능하게 하기 위해 아두이노에 하나의 프로그램을 저장해야 하는 데, 그 프로그램을 펌웨어라고 합니다. 앞으로 계속 펌웨어 라고 부르겠습니다.

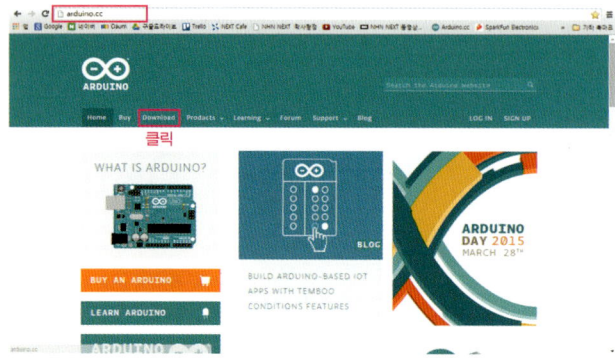

01

아두이노 웹 사이트 "arduino.cc"를 주소창에 입력해서 들어갑니다.

02

"Download"를 클릭하여 파일을 다운로드 할 수 있는 페이지로 넘어 갑니다.

03

오른쪽에 보면 아두이노를 사용하기 위한 프로그램이 운영체제 별로 나뉘어져 있습니다. 윈도우 사용자이신 분들은 "Windows Installer"를 내 컴퓨터에 다운 받아서 직접 설치를 하셔도 되고, 이미 설치가 되어 ZIP파일로 압축된 형태인 "ZIP file for non admin install"을 다운받아 압축만 풀어도 됩니다. 윈도우외의 운영체제 사용자들은 각자의 운영체제에 맞게 파일을 다운 받으시면 됩니다.

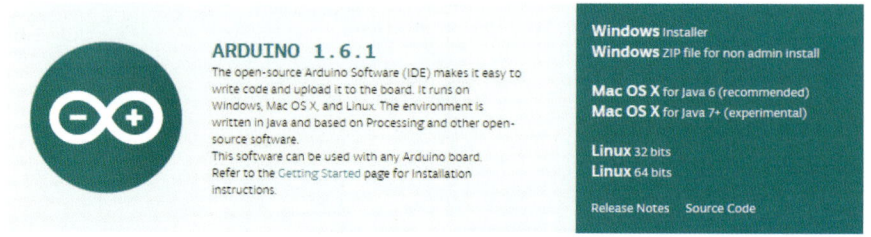

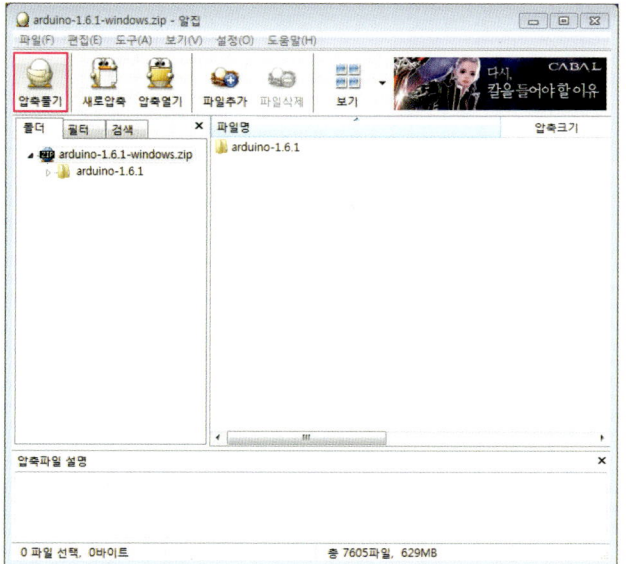

04

여기에서는 압축된 형태인 "ZIP file for non admin install"을 다운 받아서 압축을 풀겠습니다.

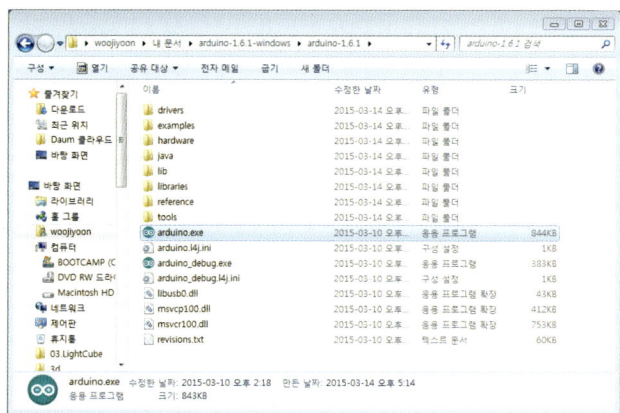

05

압축을 푼 뒤 새롭게 만들어진 폴더로 들어가면 "arduino.exe"가 있습니다.

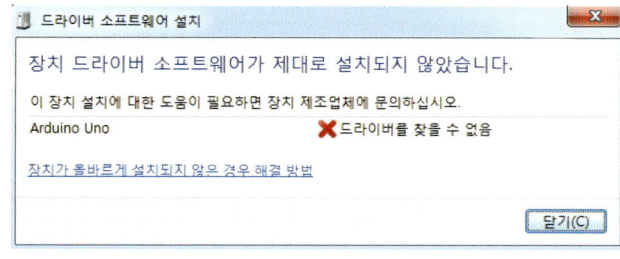

06

이제 USB 케이블을 이용해서 아두이노와 컴퓨터를 연결합니다.

사용중인 컴퓨터의 운영체제가 맥 OS이면 USB 드라이버를 설치안해도 되지만 윈도우즈인 경우는 USB 드라이버를 자동으로 설치하는 경우도 있고 다음 그림처럼 드라이버를 찾을 수 없다는 메시지가 뜰 수도 있습니다. 만약 드라이버 설치가 자동으로 안 된다면 다음의 절차를 따릅니다.

SECTION 03. S4A 환경설정 및 테스트 **25**

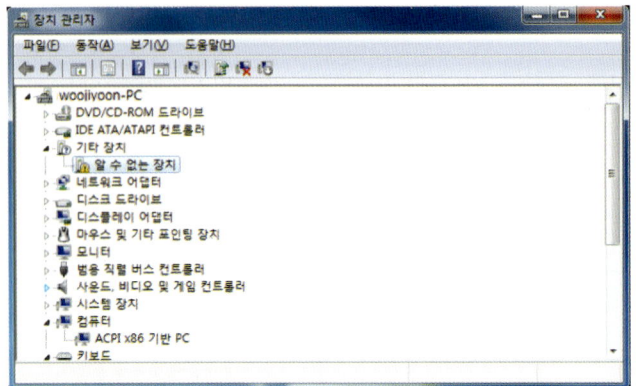

07

장치 관리자를 엽니다. 제어판 ⇨ 하드웨어 및 소리에 가면 장치 관리자가 있습니다.

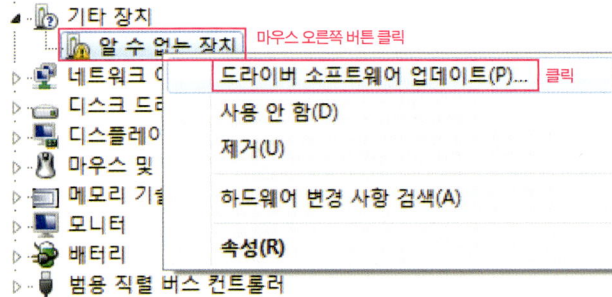

08

컴퓨터에 연결한 아두이노 USB가 인식이 안 되어서 다음 그림처럼 노란색 마크의 메시지 "알 수 없는 장치"가 있을 겁니다.

그곳에 마우스 오른쪽 버튼을 클릭해서 "드라이버 소프트웨어 업데이트"를 클릭합니다.

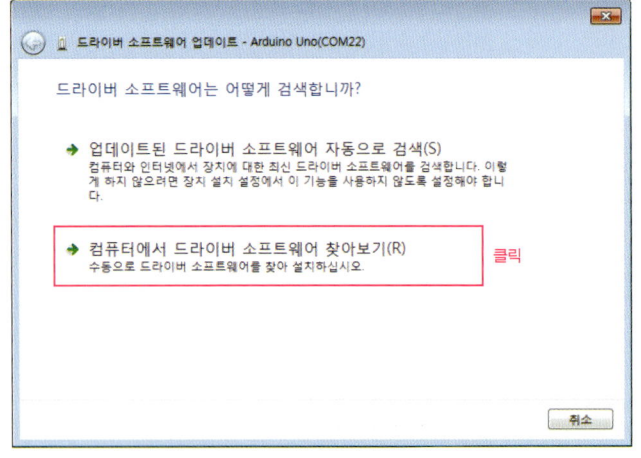

09

"컴퓨터에서 드라이버 소프트웨어 찾아보기"를 클릭 합니다.

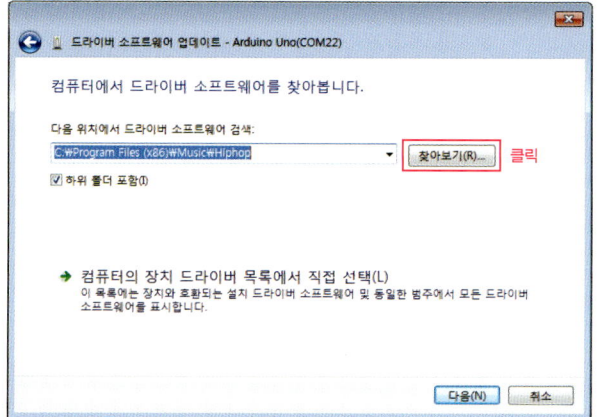

10

아두이노 USB 드라이버 파일의 경로를 정해주기 위해 "찾아보기"를 누릅니다.

11

아두이노가 설치된 곳으로 가면 "drivers"라는 폴더가 있습니다.

다음 그림과 똑같이 "drivers"파일을 마우스로 한 번 눌러 준 뒤 확인 버튼을 클릭합니다.
(아두이노가 설치된 경로라는 것은, Arduino.cc에서 다운받은 파일의 폴더 위치를 말합니다.)

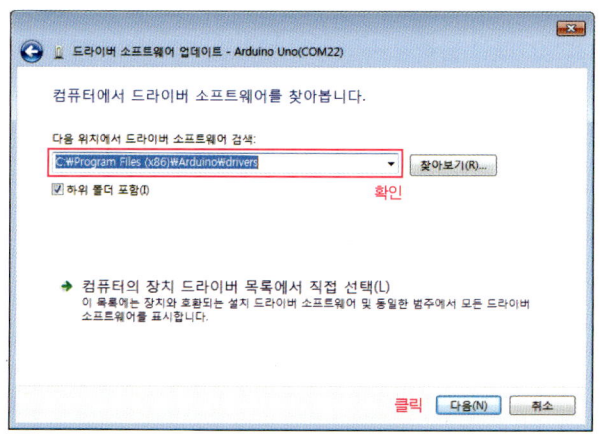

12

지정된 경로가 다음 그림처럼 아두이노 폴더 아래에 "/drivers"로 끝나는지 확인합니다.
아두이노 설치 경로와 버전에 따라 "/drivers" 앞 부분의 경로는 조금씩 다를 수 있습니다.
그리고 "다음" 버튼을 누릅니다.

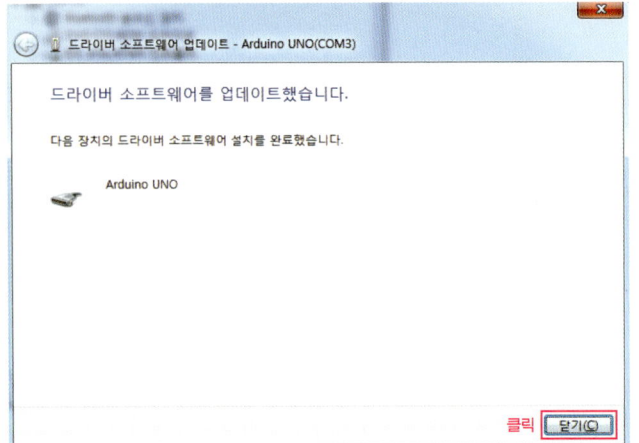

13

"드라이버 소프트웨어를 업데이트 했습니다"
라는 메시지를 확인하고 "닫기"를 클릭합니다.

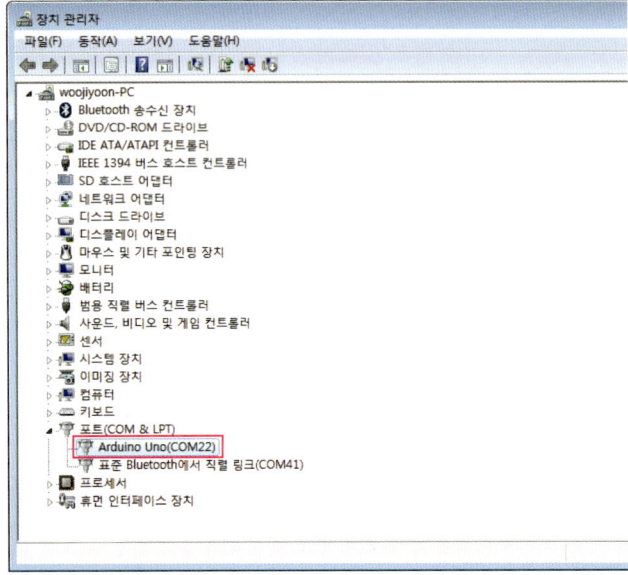

14

장치관리자로 다시 갑니다. 그리고 "포트"라고 적힌 곳을 클릭하여 하위 메뉴를 엽니다. 다음 그림처럼 "Arduino Uno(COM22)" 같은 글이 떠야 제대로 설치가 완료 된 것입니다.
"COMxx" 번호는 사용자 마다 다를 수 있습니다.

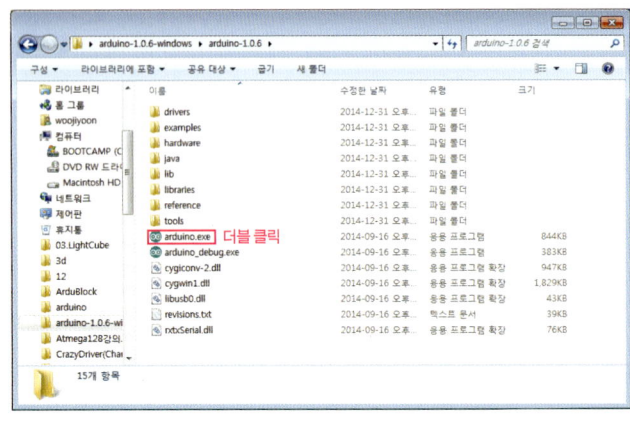

15

아두이노 스케치를 실행하기 위해 아두이노 설치 폴더로 갑니다.
그리고 "arduino.exe"를 더블 클릭하여 실행합니다.

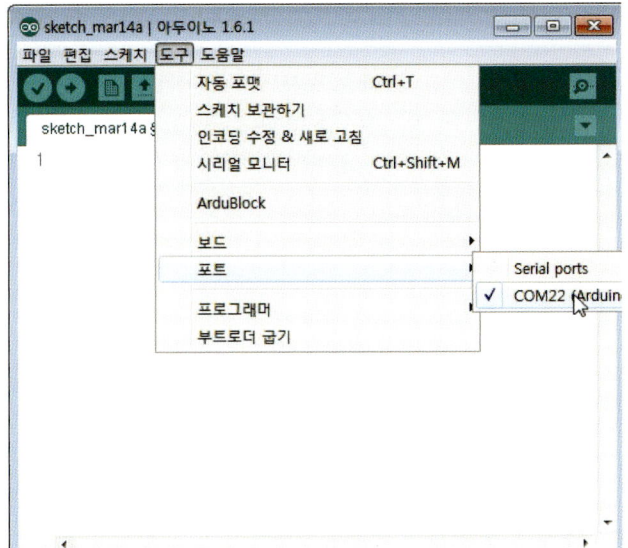

16

아두이노 스케치가 실행된 화면입니다. 메뉴 중에 "도구" ⇨ "포트" 로 가서 "COMxx" 번호가 떠 있는지 확인합니다.

17

지금부터는 펌웨어(S4A와 아두이노의 통신용)를 가져오겠습니다.

18

크롬 웹 브라우저를 열고, S4A.cat 사이트에 다시 가서 "Installing the Firmware into your Arduino" 제목으로 갑니다. 거기에서 "here"에서 마우스 오른쪽 버튼을 클릭합니다.

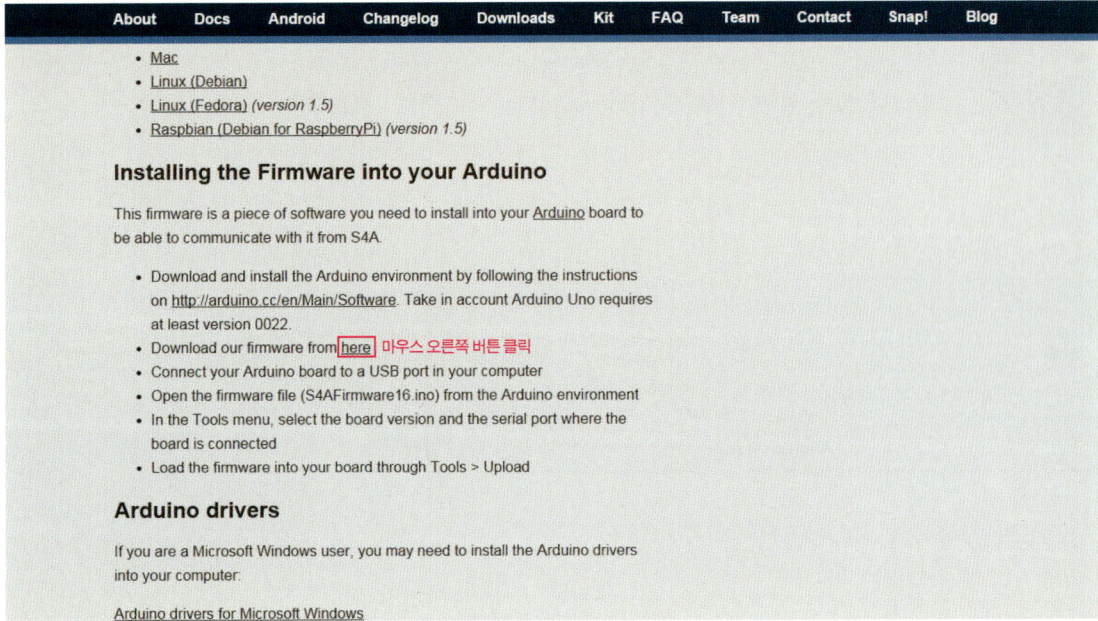

SECTION 03. S4A 환경설정 및 테스트 **29**

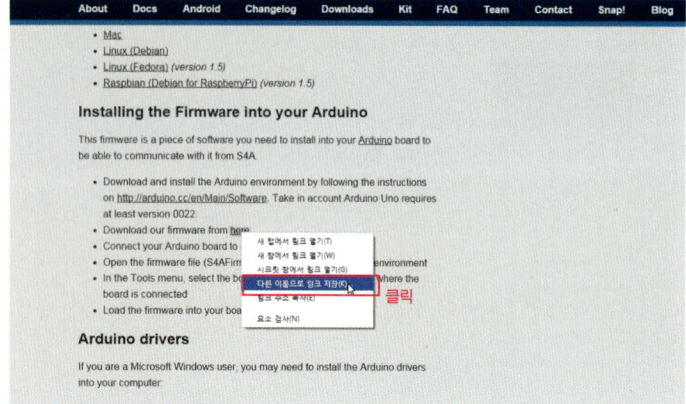

19

"다른 이름으로 링크 저장"을 누릅니다.
(익스플로러는 "다른 이름으로 대상 저장"을 누릅니다.)

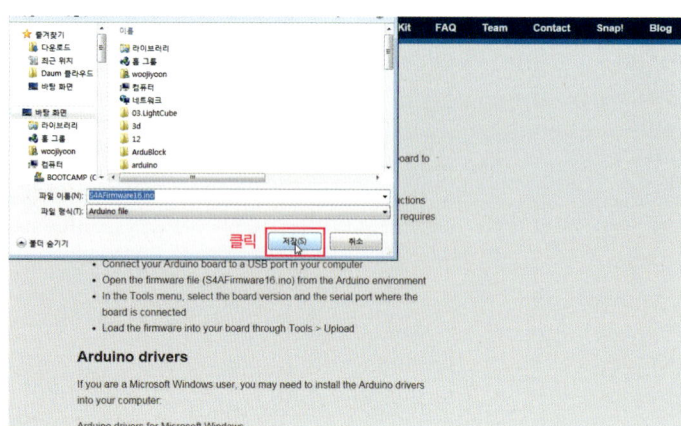

20

다운로드 받을 파일의 이름이 "S4AFirmware16.ino"인지 확인하고 저장을 클릭합니다.
만일 파일의 확장자가 "ino"가 아닐경우, "S4AFirmware16.ino"로 확장자까지 이름을 바꾸어 준 후 저장을 클릭합니다.

21

방금 다운받은 펌웨어 파일 "S4AFirmware16.ino" 아이콘을 더블클릭 해서 실행 시킵니다.

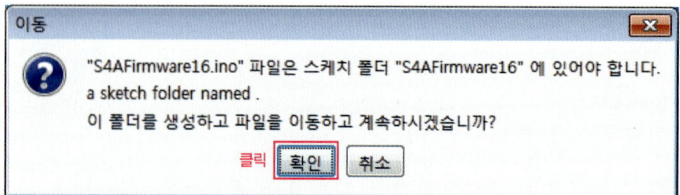

22

다음과 같은 메시지가 뜨면 "확인"을 누릅니다.

23

다음 그림과 같은 창이 뜹니다.
화살표 아이콘을 눌러서 펌웨어를 아두이노에 저장 시킵니다.

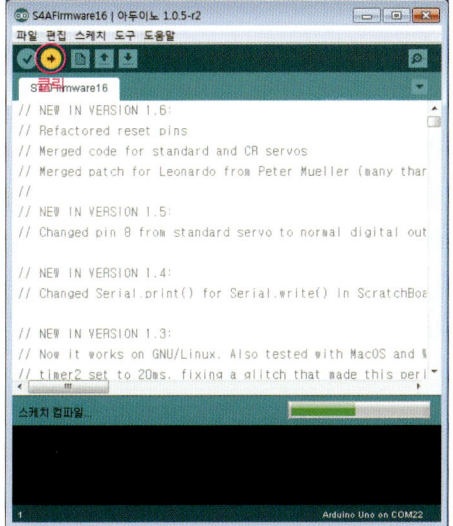

24

다음 그림과 같이 "업로드 완료"가 뜨면 정상적으로 펌웨어가 아두이노에 저장된 것입니다.

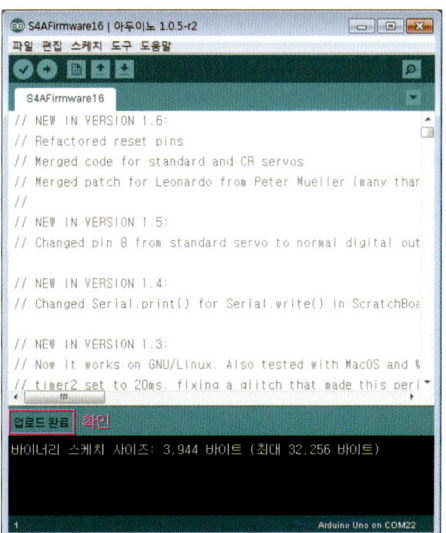

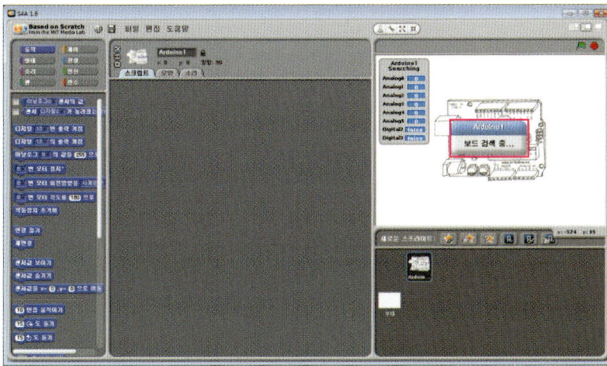

25

이 상태에서 아두이노 스케치를 종료해도 됩니다.
지금 부터는 **S4A**를 실행 시킵니다. 다음 그림처럼 오른쪽 화면에 "보드 검색 중..."이라는 메시지가 뜨는 것을 확인합니다.

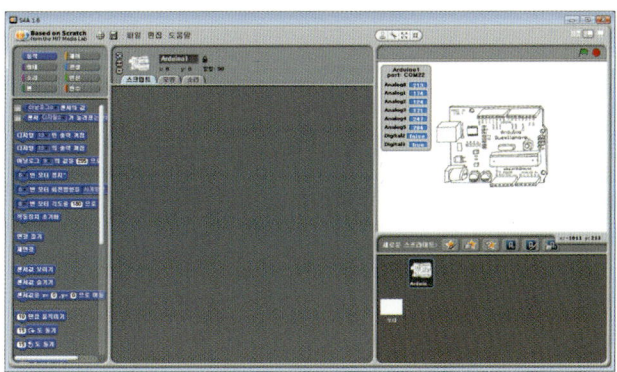

26

3~5초 후 "보드 검색 중..." 이라는 메시지가 사라지면 아두이노와 스크래치의 통신이 제대로 된다는 뜻입니다.
이로써 **S4A**의 기본 환경 설정은 끝입니다.

03   LED로 확인하기

S4A를 설치하고 아두이노와 통신이 가능하게 끔 연결한 상태에서, LED 하나를 테스트 해 봄으로써 아두이노가 제대로 작동하는 지 점검해 보겠습니다.

아두이노가 컴퓨터에 연결된 상태에서 다음과 같은 스크래치 코드를 따라 만듭니다. 그리고 녹색 깃발을 클릭해서 실행 시킵니다.

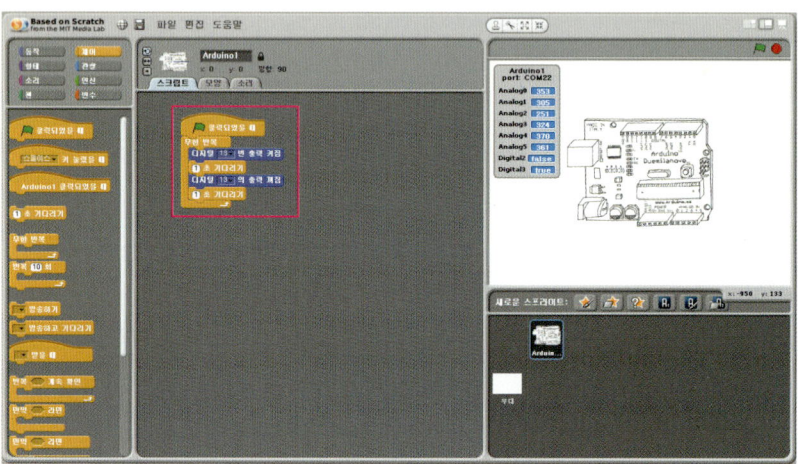

이제 아두이노 보드를 봅니다. 실행 결과는 아두이노 보드에 있는 작은 LED(13 pin LED) 하나가 1초 마다 깜빡이는 것을 확인하는 것입니다. 다음 왼쪽 그림은 LED가 꺼진 모습입니다. 오른쪽 그림은 LED가 켜진 모습입니다. 1초 마다 LED가 깜빡이는 지 확인합니다.

LED 꺼진 모습

LED 켜진 모습

04 브레드 보드 사용법

아두이노를 사용하게 되면 아두이노 주변에 전자 부품들을 연결하게 될 것입니다. 이 전자 부품들에 전기를 통하게 해서 아두이노와 함께 작동되게 할 것이고, 그 작동 코드를 스크래치로 여러분 들이 만들게 될 것입니다. 그런데 전기가 통하게 하려면 부품끼리 서로 전선으로 연결해야 합니다. 아두이노와 부품을 전선으로 쉽게 연결하기 위해서 브레드보드 라는 것을 사용합니다.

브레드 보드

전자 부품을 브레드 보드에 꽂아서 전선으로 아두이노와 연결을 하려면 브레드보드 사용법을 익히셔야 합니다. 그리고 전자 부품을 아두이노와 연결하는 데에 주의사항도 알아야 합니다. 지금 부터는 브레드보드 사용법과 전자부품 주의사항에 대해서 배워 보겠습니다.

브레드 보드는 용도에 따라서 크기가 다양합니다. 우리가 이 책에서 다룰 전자부품은 복잡한 것이 아니기 때문에 작은 브레드 보드를 사용할 것입니다.

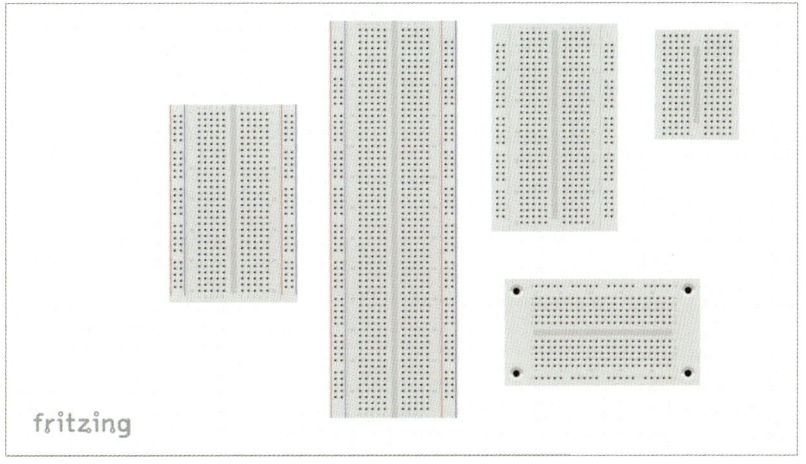

그런데, 브레드보드는 왜 이름이 브레드보드 일까요? 브레드보드는 영어로 "Breadboard"입니다. 한국말로 번역하면 "빵판"입니다. 예전 서양에서는 부엌에서 빵을 자를 때 나무판을 사용했습니다. 오늘날의 도마 같은 역할이었을 겁니다. 그 나무판에 어떤 엔지니어가 전자부품을 꽂아서 여러 가지 장치를 만들었습니다. 그런 일이 빈번하게 일어나면서 브레드보드라는 이름이 관습적으로 불리게 되었습니다.

나무 판위에서 전자부품을 꽂고 서로 연결했던 것처럼, 우리가 브레드보드를 사용하는 이유는 전자부품을 꽂고 아두이노와 연결하기 위해서입니다.

이제부터 브레드보드를 사용하는 방법에 대해서 알아보겠습니다.

준비물은 다음과 같습니다.

	아두이노 보드, USB 케이블, 브레드 보드 각 1개씩
	전선(점퍼 선) 5~10개 정도
	저항 220 ohm, 1개
	LED, 1개

부품에서 한 가지 주의할 점은 LED의 두 다리 중, 긴 다리가 플러스(+)이고 짧은 다리가 마이너스(-)입니다. LED는 많이 사용하는 부품이기 때문에 +, - 구분은 할 수 있어야 합니다.

이거는 꼭!

LED의 +, - 극성을 구분하는 3가지 방법

❶ LED의 긴 다리가 +, 짧은 다리가 - 이다.

❷ LED의 왼쪽 동그라미 친 부분을 보면, 편평하게 깎인 곳이 - 이다.

❸ LED의 속을 봤을 때, 넓은 네모 모양이 -이고, 좁은 네모 모양이 + 이다.

건전지에 LED 하나와 저항 하나를 직렬로 연결하면 LED 불이 켜집니다. 이 때 아래 그림에 있는 건전지 대신에 아두이노가 그 자리에 들어가게 되어 아두이노가 건전지의 역할을 할 수 있습니다.

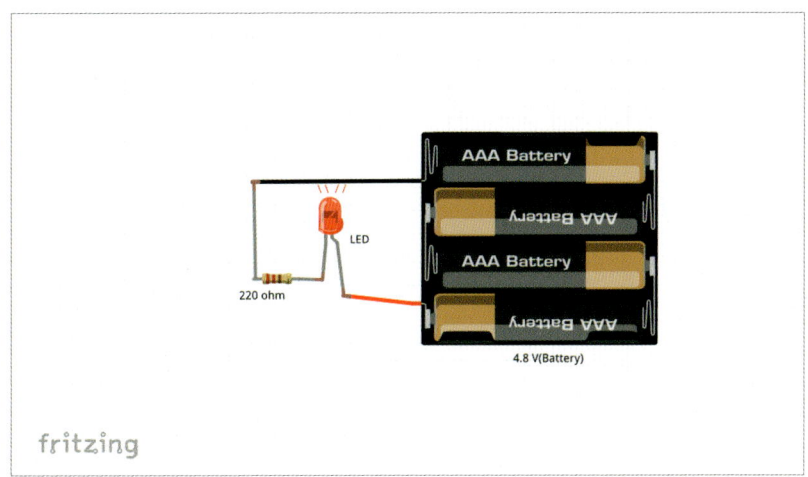

아두이노의 연결 구멍 중에, "5V"라고 적혀있는 곳은 건전지의 플러스(+)역할을 하는 부분입니다. 아두이노는 5V 건전지 역할을 하는 구멍을 하나 제공하고 있습니다. 그리고 아두이노의 "GND"라고 적혀있는 곳의 구멍은 건전지의 마이너스(-) 역할을 하는 곳입니다.

GND는 아두이노 우노에서 총 3개의 구멍을 뚫어서 제공하고 있습니다. 3개의 GND 구멍은 원래 하나의 GND에서 갈라져 나온 것으로서 모두 같이 연결된 것입니다. 아무 GND에 선을 연결해도 됩니다.

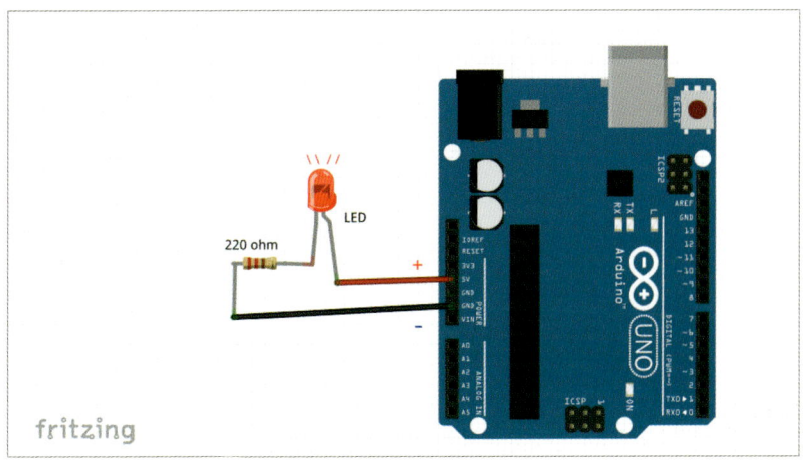

이제 위의 그림과 똑같은 회로를 만들어서 LED의 불을 켜보겠습니다. 아두이노, USB 케이블, LED, 저항(220옴), 브레드 보드, 컴퓨터를 준비합니다.

이제 부품들을 브레드 보드에 꽂을 건데, 브레드 보드를 사용하기 위해서는 브레드 보드의 내부가 어떻게 연결되어 있는지 알아야 합니다. 아래 그림처럼 브레드 보드의 내부는 서로 연결되어 있습니다. 브레드 보드의 내부 그림에서, 흰색 구멍은 부품이나 전선을 꽂는 구멍이고, 까만색 선은 구멍끼리 연결되어 있다는 의미입니다.

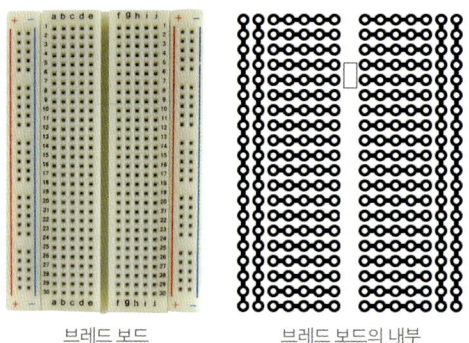

브레드 보드   브레드 보드의 내부

아래 그림처럼 브레드 보드를 사용하여 회로를 만듭니다. 다 만든 뒤, USB 케이블을 이용해서 아두이노를 컴퓨터에 연결합니다. 그 때 LED가 밝게 빛나면 회로를 제대로 연결하신 겁니다.

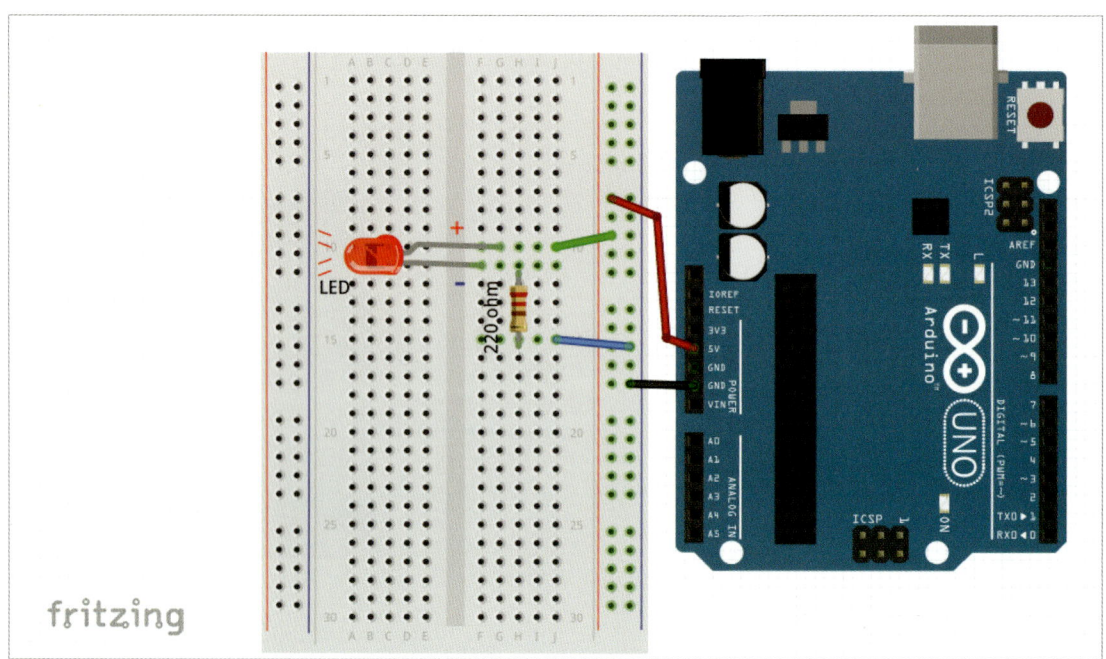

주의할 점은, 아래 그림처럼 LED를 연결하면 LED가 켜지지 않습니다. 왜냐하면 전기의 흐름인 전류가 LED 다리로 흐르지 않고 브레드 보드 내부에 연결된 전선으로 흘러가기 때문입니다. 전류가 LED를 관통하지 않았기 때문에 LED의 불은 꺼진 상태가 됩니다. 그래서 전자부품을 브레드 보드에 꽂을 때는 전자 부품으로 흐르는 전류의 길을 하나만 만들어지게끔 연결해줘야 합니다.

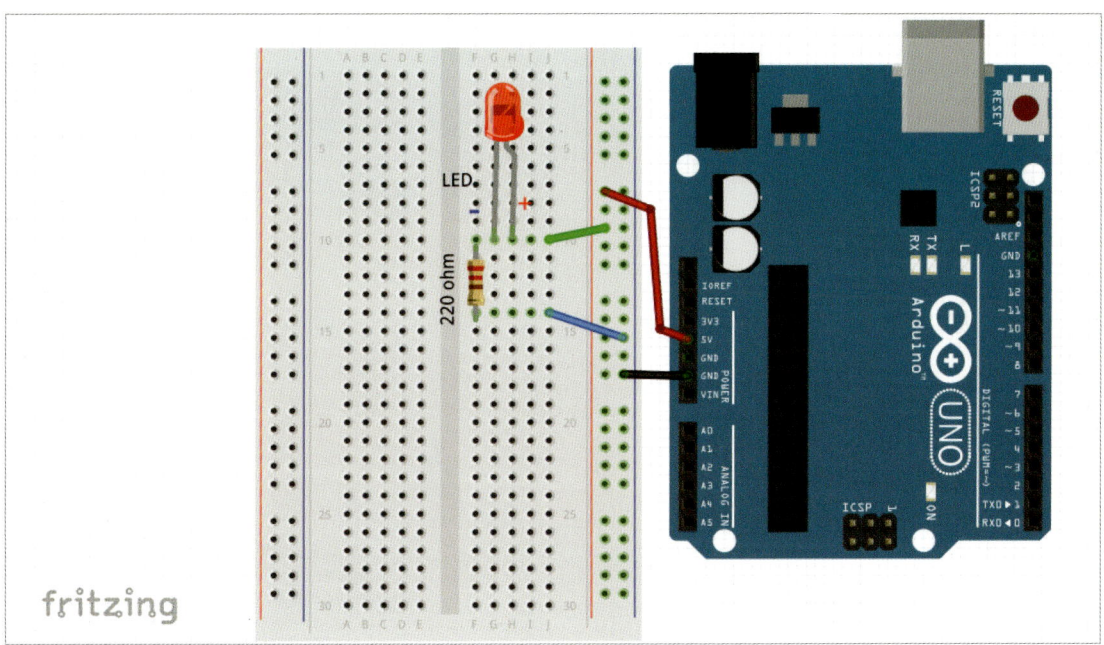

CHAPTER 02

내 몸이 센서가 되어 S4A를 작동시켜 보자

Chapter 01에서 아두이노는 전기신호를 바깥 세상으로 출력할 수도 있고, 반대로 아두이노 속으로 전기신호를 받을 수 있습니다. 이번 Chapter 02에서는 전기신호를 아두이노 속으로 받는 방법을 이용해서 다양한 스크래치 프로젝트를 할 것입니다.

Chapter 02에서는 총 4개의 Section(Section 04 ~ 07)이 있습니다. 4개의 Section에 공통으로 적용되는 핵심 공학 원리는 "전압 분배"와 "전도성" 두 가지입니다. 이 두 가지에 대해서 약간은 이해를 하시고 Section 04부터 시작해야 합니다. 그래서 전기의 기초인 전압, 전류, 저항에 대해서 약간의 설명을 먼저 하겠습니다.

전압은 한자로 "電(전기 전) 壓(누를 압)"이다. 그래서 전압을 "전기적인 압력"으로 해석하곤 하는데, 전압의 정확한 의미는 "전기적인 위치 에너지의 차"입니다. 높은 곳에 있는 물이 아래로 떨어지는 이유는 물리적인 위치에너지가 차이가 나이 때문이다. 물리적인 위치에너지 차이가 0이라면 물이 높은 곳에 있는 것이 아니라 이미 바닥에 물이 떨어져서 더 이상 위치에너지 차이가 나지 않는 경우가 됩니다. 이 때 물이 떨어지는 현상을 전기 세상에서는 전류에 비유할 수 있다. 우리가 사용하는 건전지는 전압을 가지고 있는 전기 장치로서, 플러스(+) 쪽이 마이너스(-) 쪽 보다 전기적인 위치 에너지(전압)가 높기 때문에 두 개의 선을 연결하면 전류가 흐르게 되는 것입니다. 전류가 흘러가야지 전자 장치들이 제 기능을 다 할 수 있습니다. 만약 어떤 전자 장치의 한쪽에 +5V의 전압을 연결하고 반대편에 또 +5V를 연결하면 전기적 위치 에너지의 차이가 0이기 때문에 전류가 흐르지 않게 됩니다. 그러나 반대편에 0V(마이너스)를 연결하면 전기적 위치 에너지의 차이가 5가 되기 때문에 전류가 흐르게 되어 전자 장치는 작동을 하게 됩니다.(정격전압, 정격전류가 맞는 전자 장치라고 가정)

이렇게 중요한 역할을 하는 전류가 때로는 너무 많이 흘러서 단점이 될 수도 있습니다. 어떤 LED는 20mA 이상의 전류가 흐르면 안 된다는 조건이 LED 설명서에 적혀있습니다. 그 때 LED에 흐르는 전류를 20mA이상은 안되게 해 줄 수 있는 방법이 저항을 LED와 직렬로 연결하는 것이다. 저항은 전류의 흐름을 제한하는 역할을 합니다. 그래서 내가 사용하고 자 하는 전자 장치에 알맞은 전류를 흐르게 해 주는 경우에 저항이 사용됩니다.

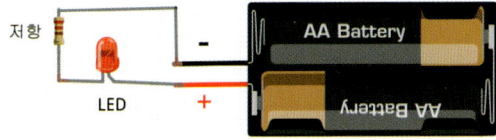

건전지-LED-저항의 직렬 연결

이제부터 Chapter 02에서 계속 사용될 공학 원리인 "전압 분배"와 "전도성"에 대해서 알아보겠습니다. 전압 분배는 어떤 입력전압에 비례하는 또 다른 전압을 만들기 위해 사용하는 전기공학적 설계기술입니다. 말이 어렵지만 다음의 그림을 보면서 쉽게 설명해 드리겠습니다.

'저항에 의한 전압 분배' 그림에서 Vin은 입력 전압으로서 건전지에서 입력되는 5V 전압이라고 가정합시다. 그리고 R1, R2는 저항이고, Vout은 제가 만들고 싶은 또 하나의 전압 값입니다. R2 밑으로 연결된 겹선은 마이너스(-, GND)입니다.

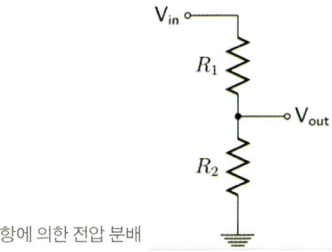

저항에 의한 전압 분배

여기에서 내가 만들고 싶은 전압 Vout을 구하는 공식은 다음과 같습니다.

$$V_{out} = \frac{R_2}{R_1 + R_2} \cdot V_{in}$$

이 공식에 보면 정해진 값 Vin을 제외 하고 모두 저항 R1, R2로만 이루어져 있습니다. 그래서 Vout은 저항 값 R1, R2만 잘 조절하면 내가 원하는 Vout을 만들 수 있게 됩니다.

그럼 이 Vout으로 무엇을 할 거냐고요? 아두이노에 어떤 전압 값(5V이하)을 넣어주면 아두이노에 내장된 어떤 장치에 의해서 전압 값이 디지털 숫자 값으로 바뀌어 우리가 소프트웨어 적으로 그 숫자를 제어 할 수 있는 상황을 만들 수 있습니다. 그렇게 된다면, 어떤 센서의 전압 값이 아두이노에 들어와서 디지털 숫자값으로 바뀌고, 그 값이 어떤 값 이상이면 아두이노로 어떤 행동을 하게끔 소프트웨어를 만들 수 있습니다.(센서는 어떤 상황에 따라 특정 전압을 출력하는 전자 장치입니다.)

'저항에 의한 전압 분배' 그림에서 R2의 자리에 다른 전도성 물체가 들어가면 재밌는 것을 할 수 있게 됩니다. 전도성 물체는 전기가 흐를 수 있는 물체를 말합니다. 철, 알루미늄 같은 금속만 전기가 통하는 게 아닙니다. 나뭇잎, 과일, 물, 심지어 사람의 몸도 전기가 통한 답니다. 그래서 우리는 Chapter 02에서 이런 생활 주변의 전도성 물체를 '저항에 의한 전압 분배' 그림의 R2 자리에 연결해서 다양한 전기 신호를 아두이노로 들어가게 할 것입니다. 예를 들면, 과일을 R2자리에 연결했다면 과일을 손으로 두드릴 때 마다 아두이노로 어떤 전압값이 들어 갈 건데, 특정 전압값 이상이면 음악이 나오는 것을 만들 수 있습니다. 이 모든 것을 소프트웨어 적으로 처리할 수 있고, 우리가 잘 아는 스크래치라는 것으로 그 일을 할 수 있습니다.

SECTION 04
손뼉 화살쏘기

이번 Chapter 2에서는 아두이노로 들어오는 전기신호를 이용해서 스크래치 프로젝트를 만들기로 했습니다. 그 첫 번째로, 전압분배 원리를 이용해서 아두이노로 들어오는 전기신호의 변화를 감지하겠습니다. 사람도 하나의 큰 저항이라서 사람의 손을 이용해서 전압분배 효과를 나타내 보겠습니다. 사람이 손뼉을 쳐서 전기신호의 변화를 만들어, 그 변화에 따라 스크래치 양궁게임이 작동되게 해보겠습니다.

 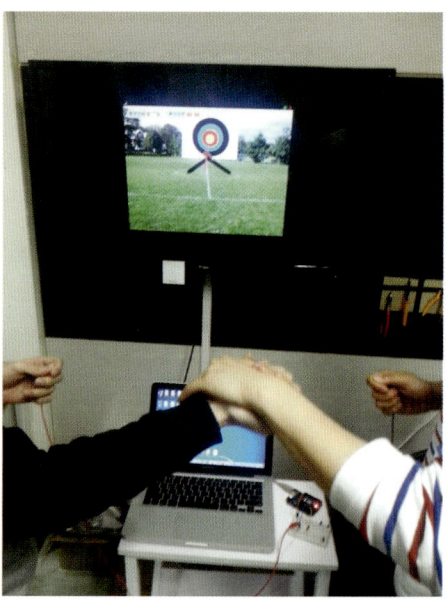

하드웨어 준비실

부품 사진	이름	갯수
	아두이노, USB케이블, 브레드 보드	각 1개씩
	전선(점퍼선)	10개 정도
	악어클립 전선	2개
	1 M ohm 저항	1개

이번 하드웨어 준비실에서 필요한 것들을 살펴 봅시다. 아두이노, USB케이블, 브레드 보드는 이 책의 마지막 까지 항상 필요합니다. 브레드 보드는 전자 부품과 아두이노를 연결하는 것을 도와줍니다. USB케이블은 아두이노와 내 컴퓨터를 연결하여, 스크래치로 만든 프로그램의 명령이 아두이노로 전송되는 통로가 되기도 하고, 반대로 아두이노에서 스크래치로 어떤 입력을 받는 통로 역할을 합니다.

저항은 전류를 제한해 주는 역할을 합니다. 전류는 전기의 흐름이고, 건전지 같은 전압이 주어지고 그 전압의 플러스(+)와 마이너스(-)가 전선으로 연결이 되면 전류가 흐릅니다. 그 전선 사이사이로 LED 같은 전자부품이 들어가게 됩니다. 전자부품에 흐르는 전류의 양에는 최소값과 최대값이 있습니다. 그래서 전류의 양을 적당히 조절하여 전자부품이 잘 작동하는 범위로 맞추어 줘야 합니다. 그 때 저항이 전류를 제한해 주는 역할을 하므로 저항을 전자부품 주변에 연결해 주면 됩니다.

아두이노 실험실

다음과 같이 연결합니다.

아두이노 보드의 "A0"라고 적혀있는 곳으로 전선이 하나 연결된 것이 핵심 포인트입니다. "A0"는 아날로그 0 이라는 뜻입니다. 아두이노의 "A0"라는 하드웨어 구멍으로 아날로그 전기신호가 들어갈 것입니다. 그 아날로그 전기신호는 디지털 숫자로 0 ~ 1023 사이의 값으로 변환됩니다. 이 변환된 값을 스크래치 코드로 제어할 것입니다. 사람 손으로 "A0"에 연결된 전선을 만지면 이 디지털 숫자 값이 변합니다.

숫자가 변할 때 어떤 특정 값 범위가 되면 화살이 발사되게끔 스크래치 코드를 만들겠습니다.

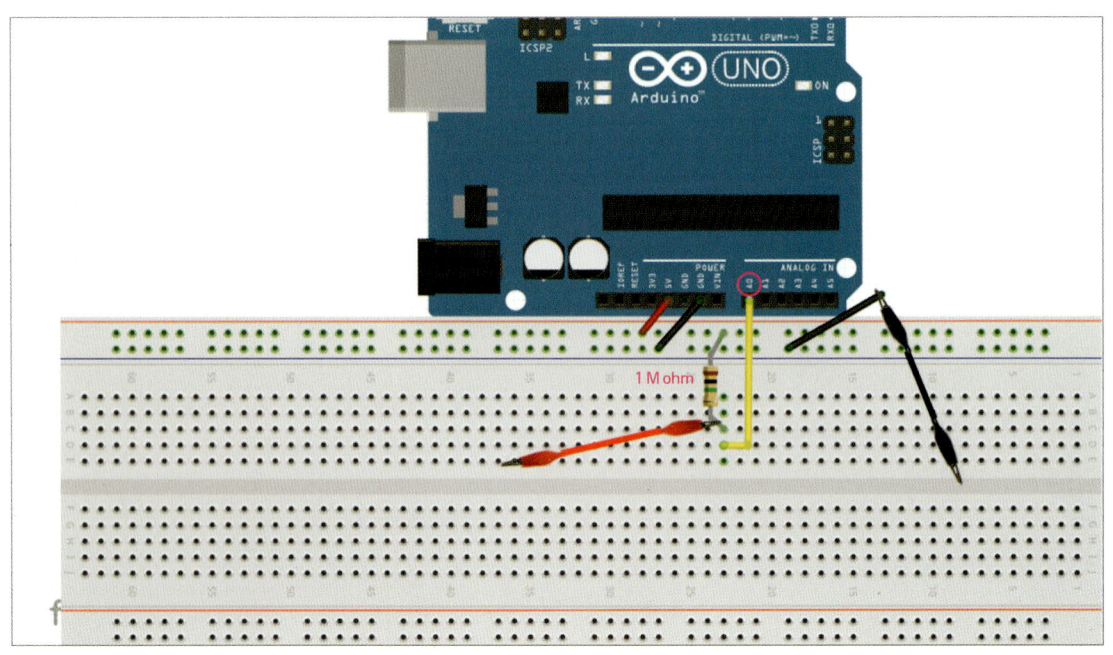

스크래치 실험실

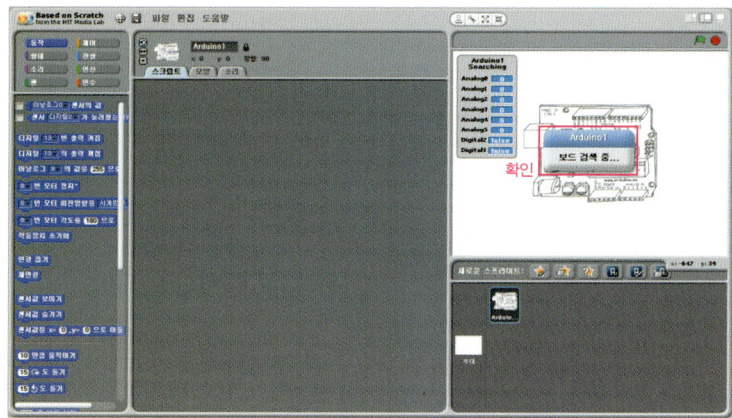

01

아두이노와 브레드 보드 회로를 다 만들었다면, USB 케이블을 이용해서 아두이노와 내 컴퓨터를 연결합니다. 그리고 S4A를 실행시키면 "보드 검색 중..."이 뜹겁니다.

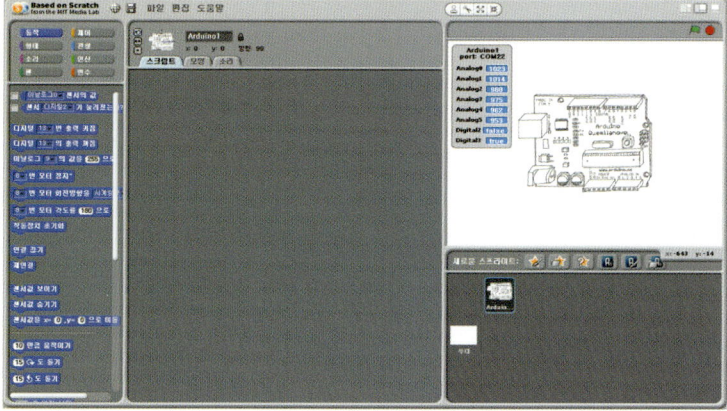

02

"보드 검색 중..."이라는 메시지가 사라지면 이제 본격적으로 스크래치 코딩을 하겠습니다.

만일 메시지가 사라지지 않고 계속 남아 있다면 "Section 03. S4A 환경 설정" 부분으로 가서 아두이노와 S4A를 연동하기 위한 환경 설정 부분을 재확인 해 주길 바랍니다.

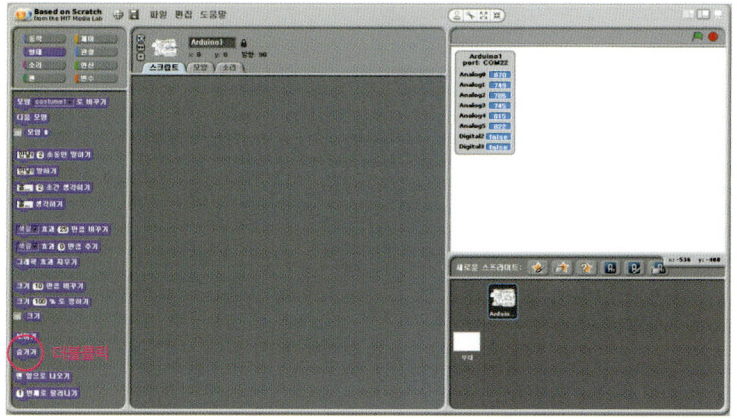

03

[형태] 팔레트에 가서 숨기기 블록을 클릭하여 아두이노 스프라이트의 아두이노 그림을 안보이게 해줍니다.

SECTION 04. 손뼉 화살쏘기 **43**

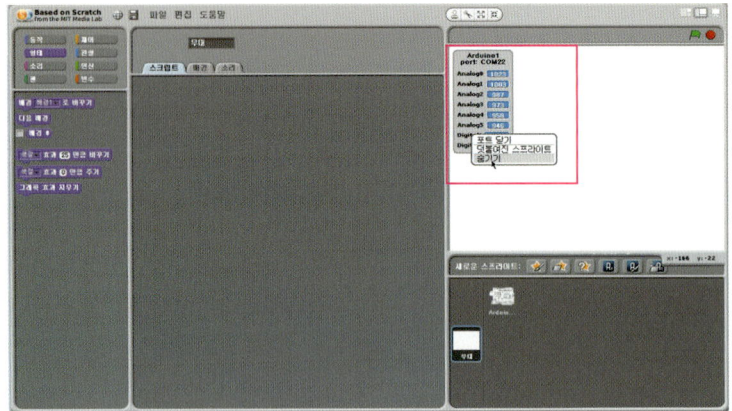

04

"Arduino1 port: COM22"라고 적혀 있는 보드는 아두이노로 들어오는 센서값과 디지털1,2의 입력값을 표시하는 곳입니다.("COMxx" 숫자는 다를 수 있습니다.)

마우스 오른쪽 버튼을 클릭해서 "숨기기"를 눌러 센서보드는 안보이게 해줍니다.

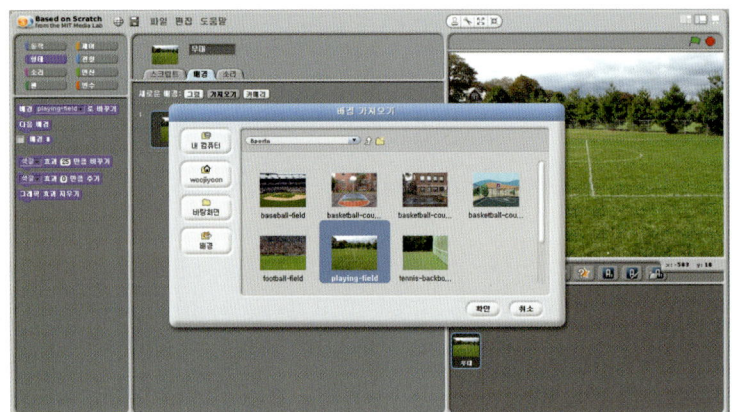

05

무대 스프라이트로 가서 잔디장 배경의 그림을 가져옵니다.

06

새로운 스프라이트 그리기를 클릭합니다.

화살을 하나 그리고, 모양의 중심을 화살 촉 끝으로 옮겨 줍니다.

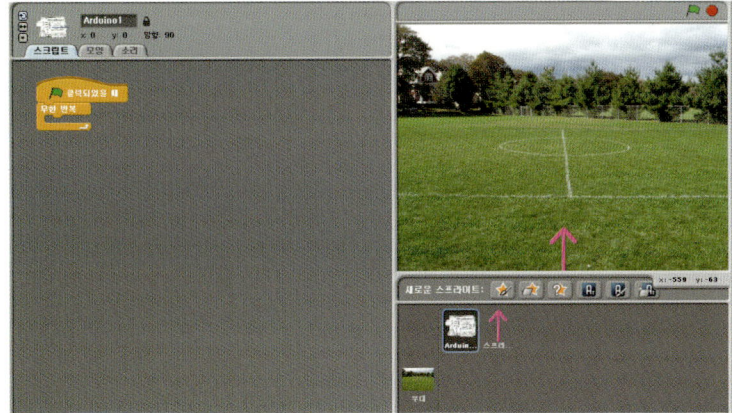

07

아두이노 스프라이트에 와서 깃발 클릭 블록과 무한반복 블록을 옮겨 옵니다.

08

변수 만들기를 눌러서 "화살발사"라는 변수를 만듭니다.

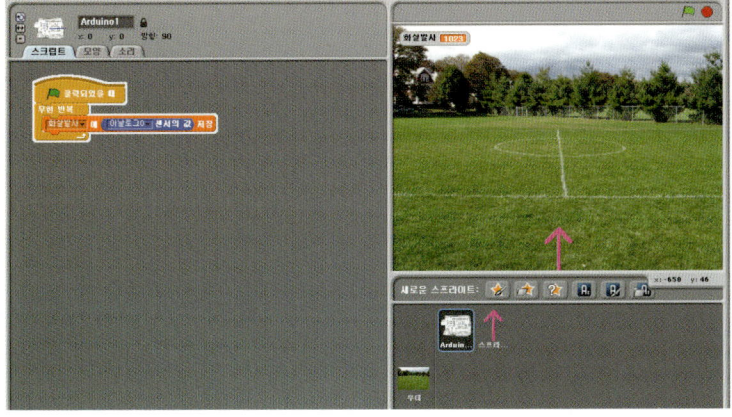

09

"화살발사" 변수에 "아날로그 0" 블록을 저장합니다.

"아날로그 0"블럭은 아두이노 보드의 "A0"라고 적힌 곳으로 연결된 전선으로 들어오는 전기신호를 표시해 줍니다. 이 전기신호를 "화살발사" 변수에 저장하여, 녹색 깃발을 눌러 실행시킵니다.

SECTION 04. 손뼉 화살쏘기

10

검은색 악어 클립의 한쪽 입은 아두이노의 GND(마이너스)에 연결되어 있는데, 남은 한 쪽의 입은 오른손으로 쥡니다. 이 때 악어 클립의 입 부분의 은색 부분을 감싸 쥐어야 합니다.

11

이 때는 변수 "화살발사"의 값이 1000 ~ 1023입니다.

12

이제 빨간색 악어 클립의 한 쪽 입을 왼손으로 쥡니다.

13

이 때 변수 "화살발사"의 값은 200 정도의 값으로 떨어질 겁니다. 이 값은 사람마다 조금씩 다를 수 있습니다.

손으로 악어클립 전선을 잡을 때 변수 "화살발사" 값이 달라지는 이유는 아두이노로 들어가는 전기신호가 달라지기 때문입니다. 앞서 설명한 "전압 분배"의 원리에 따르면, 사람 몸이라는 저항이 더해 져서 아두이노로 들어가는 전압 값이 달라집니다. 아두이노 보드 위에 보면 "A0"라고 적혀있는 구멍이 있는데, 우리는 그 구멍으로 전선을 연결했습니다. "A0"로 들어가는 전기신호는 아두이노가 자동으로 디지털 숫자 값으로 변환해 줍니다. 우리는 이 디지털 숫자 값을 스크래치를 이용해서 "화살발사"라는 변수에 저장했었습니다.

이제 우리는 화살을 발사 시킬 두 가지 경우의 수를 만들 수 있습니다. "화살변수"의 값이 600 이하의 값이 되면 화살을 발사시키고, 그렇지 않으면 발사시키지 않으면 됩니다. 즉, 두 손으로 빨간색 악어 클립과 검은색 악어 클립을 만져서 내 몸에 전기가 조금 흐르는 상황이 되면 "화살변수"의 값이 600이하로 떨어지므로 그 때 화살을 발사시킵니다.

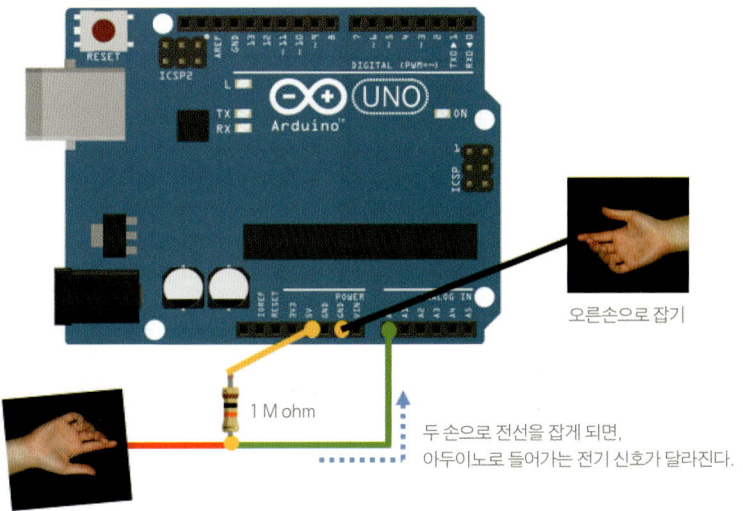

이제 이 내용을 스크래치로 만들어 봅시다.

SECTION 04. 손뼉 화살쏘기

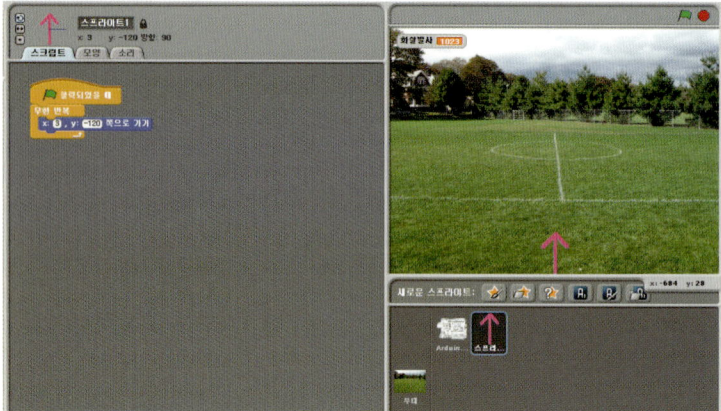

14

화살 스프라이트로 가서 화살의 첫 위치를 정합니다.

15

"화살변수"의 값이 600보다 작으면 화살이 움직이게 합니다.
그렇지 않으면 제자리에 머물도록 합니다. 그런데 사람 몸의 저항 값은 모두 다릅니다. 몸이 큰 사람과 작은 사람, 여성과 남성의 몸 저항 값은 다릅니다. 그래서 악어클립을 손으로 만졌을 때 아두이노로 들어가는 전기신호 값도 다를 것입니다.
"600"이라는 숫자 값은 필자의 몸에 대한 기준이고, 여러분들이 할 때는 여러 번 실험을 해 봐서 중간 비교값을 정하시길 바랍니다.

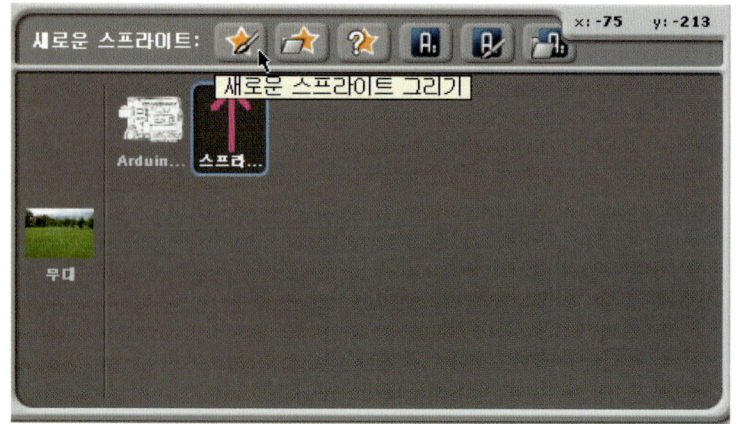

16

이제 화살의 과녁을 그리겠습니다. 새로운 스프라이트 그리기를 클릭합니다.

17

과녁은 하얀 바탕에 검은색, 파란색, 빨간색, 노란색의 원을 그리면 됩니다.

18

화살 스프라이트의 이름을 "화살"로, 과녁 스프라이트의 이름을 "과녁"으로 바꾸겠습니다.

SECTION 04. 손뼉 화살쏘기   49

19

과녁이 좌우로 움직이다가 정확히 중앙에 올 때 화살을 발사하여 과녁을 맞추는 것이 우리 게임의 시스템입니다. 그래서 과녁 스프라이트를 좌우로 움직이게 만들겠습니다.
과녁 스프라이트에서 "과녁방향"이라는 변수를 하나 만듭니다.

20

그리고 "과녁방향 = 0"이면 과녁을 오른쪽으로 움직이게 하고, "과녁방향 = 1"이면 과녁을 왼쪽으로 움직이게 하겠습니다.
변수 "과녁방향"이 0이면 오른쪽으로 5씩 움직이게 하고, 그렇지 않으면 왼쪽으로 5씩 움직이게 만듭니다.

21

그리고 과녁 그림이 x 좌표값으로 170 정도에 오면 벽에 닿기 때문에 "과녁방향" 변수에 1과 0으로 두 가지 경우를 만들어 과녁의 움직이는 방향을 바꿉니다.
그리고 화살에 맞았을 때 과녁이 3초 정도 멈추게 해줍니다.

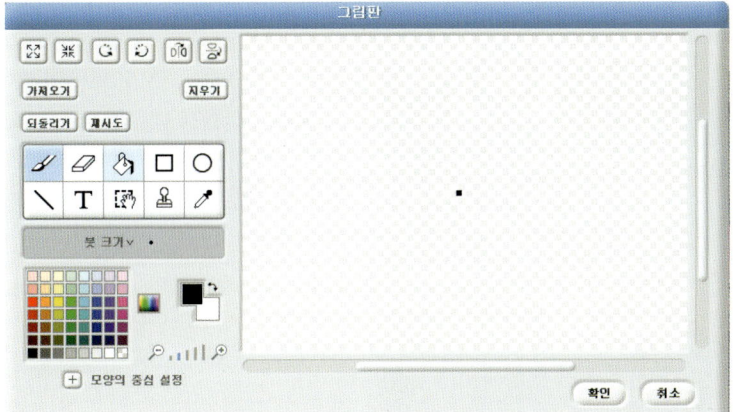

22

녹색 깃발을 클릭해서 실행시키면 과녁이 좌우로 움직일 것입니다.
이제 "새로운 스프라이트 그리기"를 눌러서 그림판에 점 하나를 찍고 스프라이트 이름을 "점"이라고 짓습니다. 이 "점" 스프라이트는 화살의 끝부분에 위치하여 과녁의 어느 색깔에 정확히 맞았는지 여부를 판별하는 데에 사용될 겁니다.

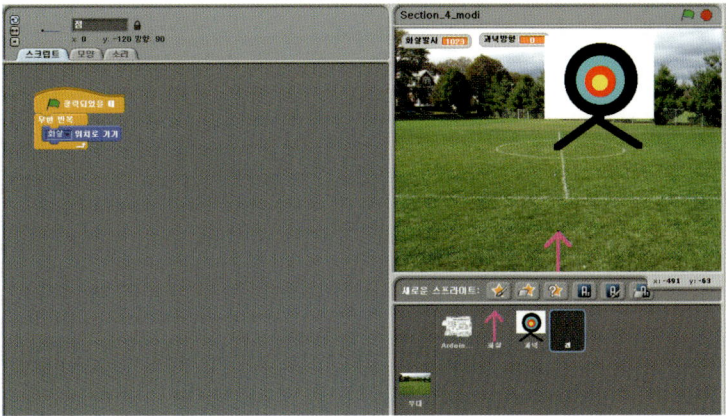

23

"점" 스프라이트가 "화살" 스프라이트 끝에 위치하도록 "점" 스프라이트에서 `화살 위치로 가기` 블록을 무한 블록 안에 삽입해 줍니다.

24

"화살" 스프라이트로 가서 화살이 과녁까지의 거리가 50 정도 이하이면 (원 반지름 길이 정도) "맞춤"이라는 방송을 하도록 만듭니다.
그리고 2초 정도 기다리기를 적용해 줍니다.

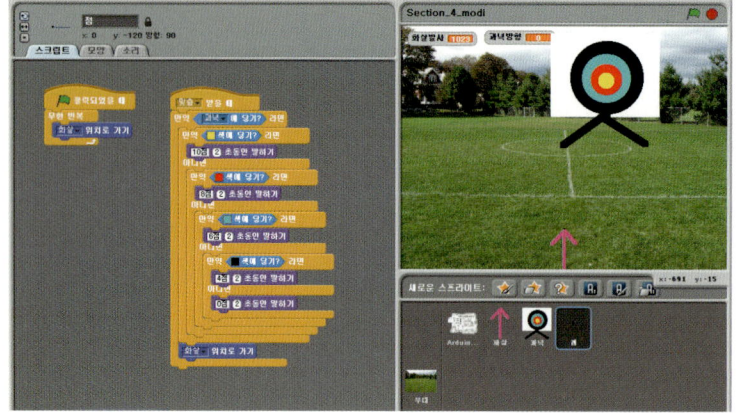

25

다시 "점" 스프라이트로 와서 "맞춤" 방송하기의 실행 내용을 만들어 줍니다. 까만색 점이 과녁의 색깔 별로 어디를 닿았는지에 따라서 점수를 부여해 주는 내용을 추가해줍니다.

이제 모든 스크래치 코드가 완성 되었습니다. 초록색 깃발을 클릭하고 혼자서 테스트를 해봅니다. 오른쪽 손으로 까만색 악어클립(GND, 마이너스에 연결됨)을 잡고, 왼손으로 빨간색 악어클립을 잡았다 놓았다를 해봅니다. 빨간색을 잡으면 화살이 발사될 것이고, 손을 놓으면 과녁이 발사되지 않을 겁니다. 과녁이 좌우로 움직이는 타이밍에 잘 맞춰서 화살을 발사해 보시길 바랍니다.

친구랑 둘이서 손뼉을 쳐서 화살을 발사시키면 더 재밌습니다. 다음 그림처럼 한 명이 빨간색 악어클립을 잡고, 친구는 까만색 악어클립을 잡습니다. 그리고 남은 한쪽 손 바닥으로 박수를 치듯이 대어 봅니다. 그러면 화살이 발사될 것입니다. 이 때 사람이 2명이 되어 몸의 저항값이 달라지니까, 변수"화살발사"의 비교 기준값을 조정해야 할 수도 있습니다.

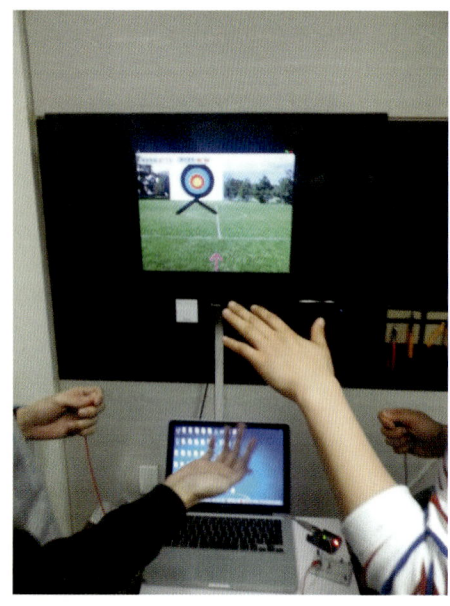
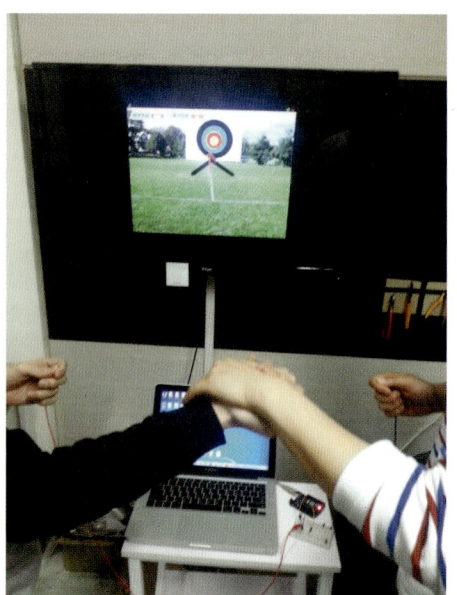

손으로 악어클립을 만지면 변수 "화살발사"의 값이 변하는 이유는?

전기가 통하는 물체를 전도성 물체라고 합니다. Chapter2의 첫 페이지에 나와있듯이 전압분배를 만들어 내는 전도성 물체 자리에 사람의 몸이 들어가도 똑같이 전압분배 효과가 나타납니다. 그래서 손으로 악어클립을 만지면 사람의 몸이라는 저항이 새로 더해져서 아두이노로 들어가는가는 전기신호가 달라집니다. 이 전기신호가 변수 "화살발사"의 숫자값을 변화시킵니다.

사람 몸 외에 전기가 통하는 물질은 많은데, 이런 원리를 이용해서 아두이노로 만든 새로운 형태의 제품 중에 "메이키-메이키" 라는 것과 "아두이노-터치키 쉴드"라는 것이 있습니다. 이 제품은 우리가 이번 시간에 했던 내용을 똑같이 할 수 있게 나온 것입니다. 그런데 기존에 아두이노를 가지고 있는 사람들은 전도성 물체의 원리를 이용한 게임을 만들기 위해 또 제품을 사야하는 부담감이 있을 수 있습니다. 하지만 "메이키-메이키"는 아두이노랑 똑같은 겁니다. 그래서 기존에 가지고 있는 아두이노에 몇 십원, 몇 백원 하는 2~3가지의 부품만 연결하면 "메이키-메이키"나 "아두이노-터치키 쉴드" 같은 제품의 효과를 똑같이 재현할 수 있습니다. 그리고 아두이노에 전자 부품을 직접 연결해서 스크래치와 같이 작동시키면, 하드웨어의 공학적 원리를 공부할 수 있고 나만의 프로젝트를 응용할 수 있는 지식을 쌓을 수 있는 이점이 있습니다.

정말로 사람 몸에 전기가 흐르는 건가요?

사람의 몸도 전기가 흐릅니다. 사람의 몸에 적은 양의 전기는 흘러도 되지만 너무 많이 흐르게 되면 몸이 감전될 수 있습니다. 아래 표에는 흐르는 전류의 양과 사람 몸의 반응에 대한 내용입니다.

전류량	사람 몸의 반응
0.1mA 이하	사람 몸에 거의 영향이 없다.
0.67mA	성인 여성이 전류가 몸에 흐르는 것을 느낄 수 있다.
1mA	성인 남성이 전류가 몸에 흐르는 것을 느낄 수 있다.
5mA	평균적인 여성이 참기 힘든 고통을 느낀다.
8mA	평균적인 남성이 참기 힘든 고통을 느낀다.
10mA	통증을 견딜 수 없다.(고통한계전류)
50mA	상당히 위험한 수준의 전류

그렇다면 사람의 몸에 전기가 흐를 수 있는 이유는 무엇일까요? 사람의 뇌는 전기신호로 몸의 모든 신경계에 명령을 내립니다. 그리고 신경은 몸 안팎에서 받은 자극을 전기신호로 바꾸어 뇌에 전달합니다. 이렇게 사람의 신경 체계가 원래 전기가 흐르기 때문에 우리는 인위적으로 사람의 몸에 전기를 흐르게 할 수 있는 겁니다. 실제로 병원에서는 사람의 몸에 약간의 전기를 흘려서 치료를 하기도 합니다. 사람의 몸 속에서 흐르는 전기의 세기는 체력과 연령에 따라 다르게 나타납니다. 체격이 큰 사람이 작은 사람에 비해 높은 전압의 전기를 가지고 있습니다. 또 어렸을 때는 작은 전압 흐르지만 어른이 될수록 높은 전압이 흐르고, 노인이 되면 다시 전압이 줄어들게 됩니다.(한국전기연구원 참조)

더 해보기!

다음의 기능을 더 추가해 봅니다.
⇨ 총 화살 개수, 남은 화살 개수, 점수판 등

SECTION 05

재밌는 음악 연주

우리는 Section 04에서 사람 몸에 전기가 흐를 수 있다는 원리를 이용해서 손바닥 치기를 이용해 화살 쏘기 게임을 만들어 봤습니다. 이번 시간에는 사람 몸 외의 전도성 물체를 이용해서 재밌고 신나는 음악 연주를 해보려고 합니다.

하드웨어 준비물

부품 사진	이름	갯수
	아두이노, USB 케이블, 브레드 보드	각 1개씩
	전선(점퍼선)	10개 정도
	악어클립 전선	6개
	1M ohm 저항	6개
전도성 물체 (과일, 연필, 은박지, 나뭇잎, 물 담은 컵, 물에 약간 적신 찰흙)		전도성 물체 6종류를 모두 준비하지 않아도 됩니다.(예를 들면, 과일 밖에 없으면 과일 6개만 준비해도 됩니다.)

SECTION 05. 재밌는 음악 연주

아두이노 실험실

01

아래 회로도 처럼 연결합니다. 5V, GND, A0~A5 구멍에 정확히 잘 맞춰서 연결하길 바랍니다. 빨간색 악어 클립의 한 쪽 입은 1 M 저항에 물려주시고, 남은 입 부분은 그림에 있는 번호 ① ~ ⑥에 해당됩니다. 번호 ① ~ ⑥의 악어 클립 입으로 과일이나 나뭇잎에 연결하게 될 겁니다. ⑦번에 해당되는 검은색 악어 클립 입은 한 쪽 손으로 잡을 부분입니다. 왜냐하면 전기가 흐르게 하려면 플러스(+, 5V)에서 마이너스(-, GND)로 끊김없이 연결되어야 하는데, 까만색 악어 클립이 GND에 연결된 전선이기 때문입니다.

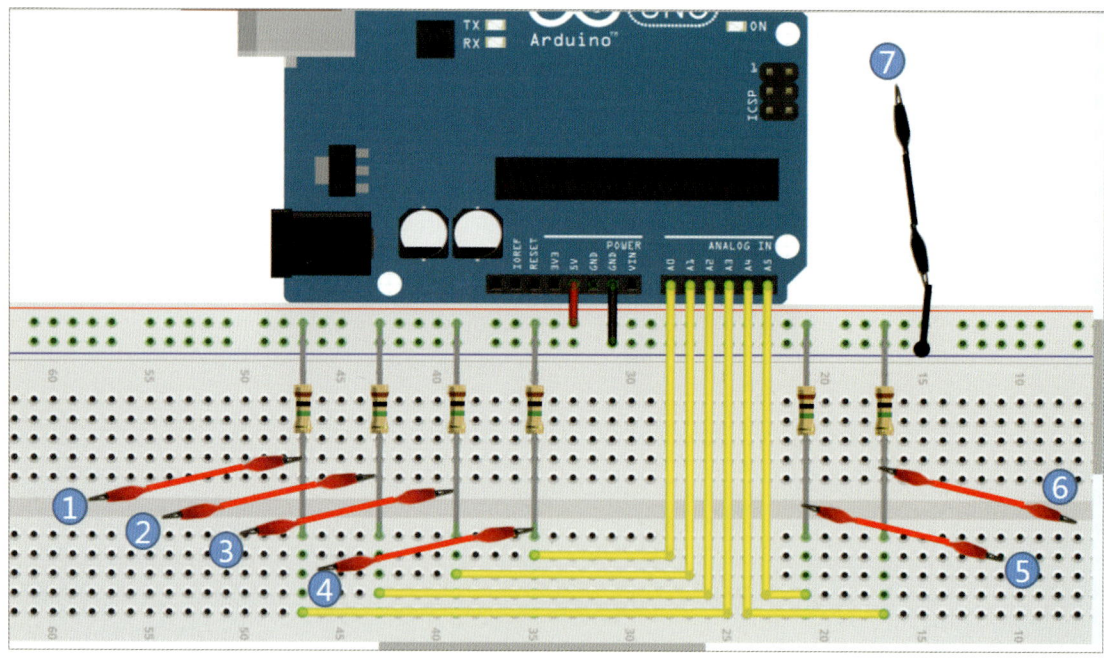

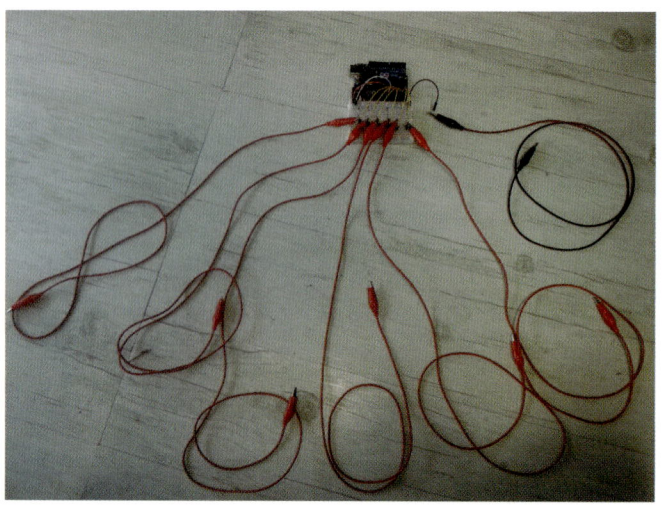

02

왼쪽 그림은 실제 연결 사진입니다. 악어클립 전선의 색깔을 반드시 빨간색, 검은색을 써야 하는 것은 아닙니다.

03

왼쪽 그림은 브레드 보드와 아두이노 연결 부분의 확대 사진입니다. 빨간색 악어클립은 저항의 다리에 물려 주시면 됩니다.

04

빨간색 악어클립의 반대편에는 은박지, 나뭇잎, 물에 약간 적신 칼라 찰흙, 종이에 연필로 그린 그림, 물 컵, 바나나를 연결했습니다. 필자가 한 것과 똑같은 전도성 물체를 하지 않아도 되고 다른 종류의 전도성 물체를 연결해도 됩니다.(연필심은 흑연으로 이루어져 있는데, 흑연은 전기가 통합니다. 그래서 **4B**연필 같은 진한 연필로 그릴 수록 전기가 더 잘 통합니다.)

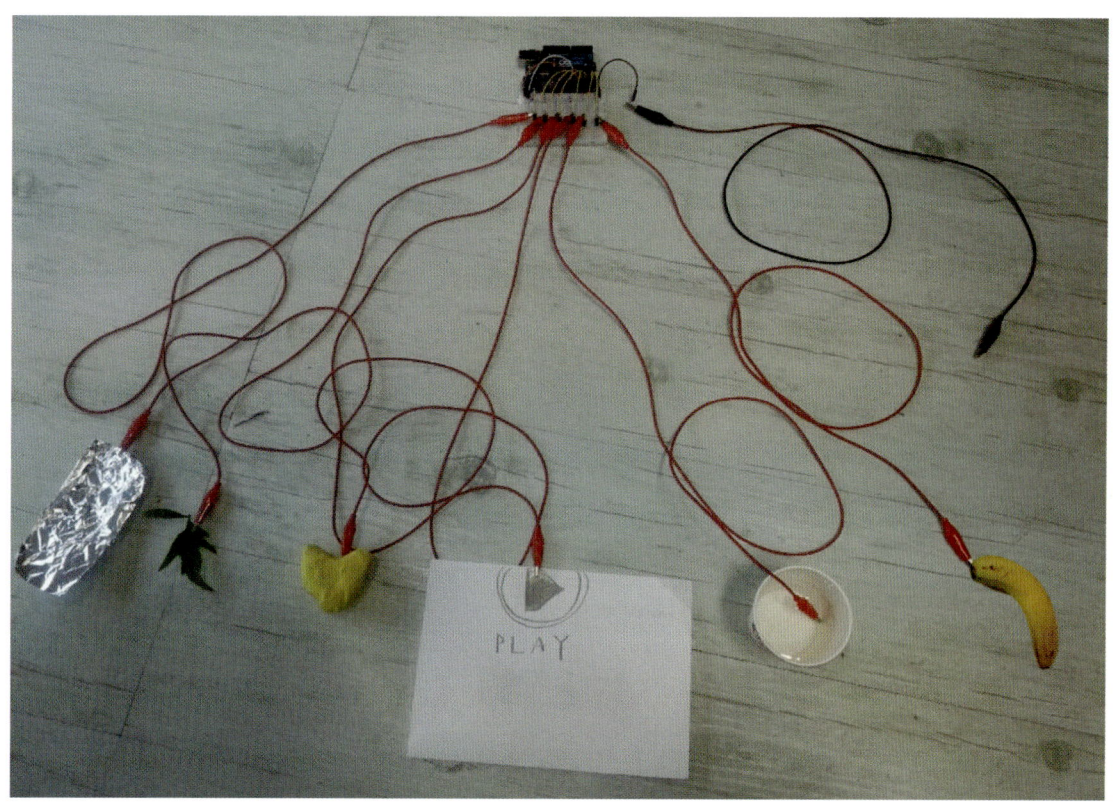

SECTION 05. 재밌는 음악 연주   **57**

05 은박지, 나뭇잎, 칼라 찰흙을 악어클립에 연결한 확대 사진입니다.

06 종이에 연필로 그린 그림, 물 컵에 악어클립을 연결한 확대 사진입니다.

07 참고로 다음 그림처럼 여러 종류의 과일로만 연결해도 됩니다.

TIP 나뭇잎이나 과일이 너무 마르면 전기가 잘 안통 할 겁니다. 그럴 때는 나뭇잎을 물로 약간 적셔주는 방법으로 하면 됩니다. 단, 젖은 손으로 아두이노나 브레드 보드 회로를 만지면 안 되고 반드시 손을 닦고 만져 주세요.

스크래치 실험실

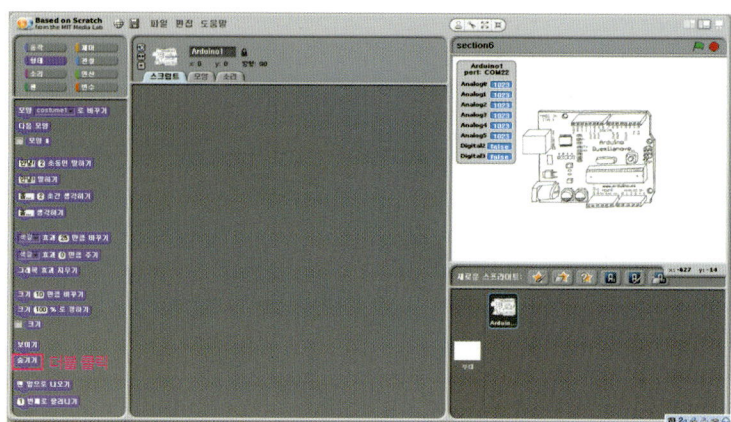

01

아두이노를 내 컴퓨터에 USB로 연결합니다. "보드 검색 중..."이라는 메시지가 사라진 상태에서 [형태] 팔레트에 가서 숨기기 블록을 더블 클릭해 줍니다. 그러면 화면상의 아두이노 그림이 사라질 겁니다.

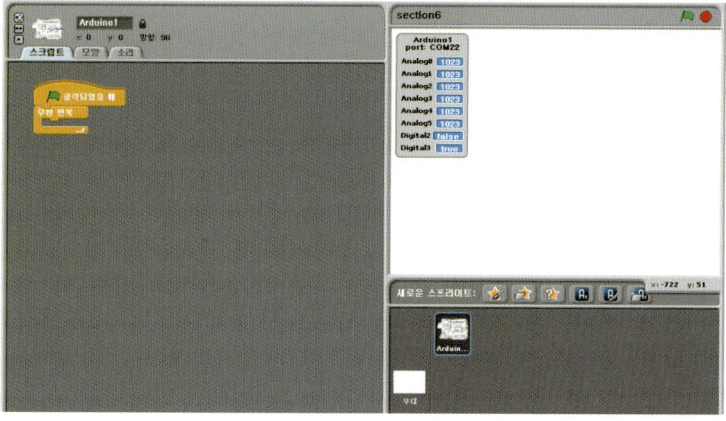

02

깃발 클릭하기 블록과 무한 반복 블록을 가져 옵니다.

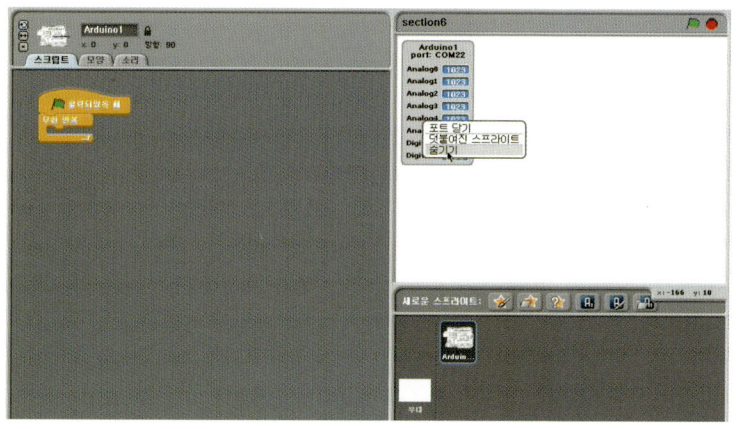

03

"Arduino1 port: COM22"라고 적혀 있는 것은 센서 보드입니다. 이 센서 보드는 없애기 위해 마우스 포인터를 센서 보드 위에 올린 뒤 마우스 오른쪽 버튼을 클릭해서 "숨기기"를 눌러 줍니다.

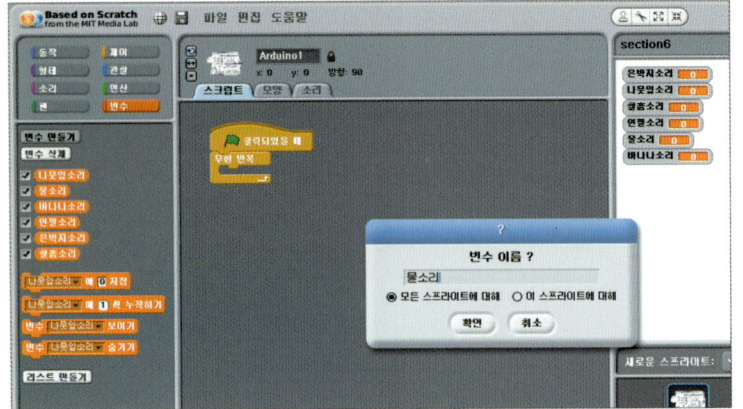

04

6개의 소리 변수를 만들어 봅니다. 도레미 음계로 할 수도 있지만, 우리가 연결한 전도성 물체에 맞는 소리를 상상하며 물체 이름을 변수로 만들어 봅시다.

예를 들면 "은박지소리" 같은 변수는 쇠 긁는 소리가 나게 할 수 있고, "물소리"는 물이 떨어지는 소리가 나게 하면 재밌을 것 같습니다. 그것들을 다 모아서 어떤 연주를 할 수도 있습니다.

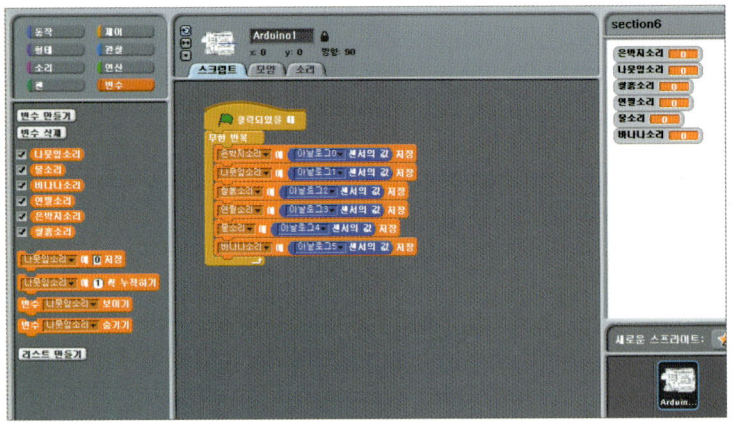

05

[동작] 탭에서 `아날로그0 센서의 값` 블록을 6개 가져옵니다.

"아날로그 0"은 아두이노 보드에 있는 "A0"라고 적힌 구멍입니다. 그 구멍에는 현재 은박지가 연결되어 있습니다. 그래서 은박지를 만지면 "아날로그 0"의 전기신호 값이 변할 겁니다. 그 값을 변수 "은박지 소리"에 저장하여 스크래치에서 소리를 발생시킬 겁니다.

필자가 만든 아두이노와 전도성 물체간의 연결 회로에서는, 은박지 – 아날로그 0(A0), 나뭇잎 – 아날로그 1(A1), 찰흙 – 아날로그 2(A2), 연필 – 아날로그 3(A3), 물 – 아날로그 4(A4), 바나나 – 아날로그 5(A5)입니다. 같은 방식으로, "아날로그 0" ~ "아날로그 5" 값 모두를 변수에 저장시켜 줍니다.

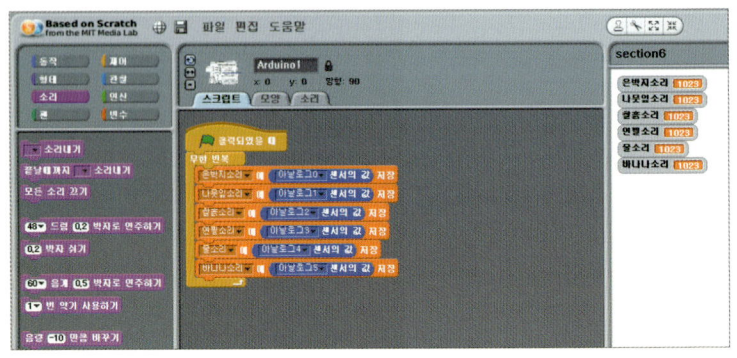

06

이제 녹색 깃발을 클릭해서 실행해 봅니다. 그러면 변수 6개 모두 1000 ~ 1023 사이 값을 유지하고 있을 겁니다.

> **07** 이 때, 오른쪽 손으로 검은색 악어클립의 입 부분을 잡고, 왼손으로 은박지, 나뭇잎, 찰흙 등을 하나씩 만져 봅니다. 다음 그림처럼 손으로 만져가면서 변수 6개의 값이 어떻게 변하는 지 관찰해 보세요.

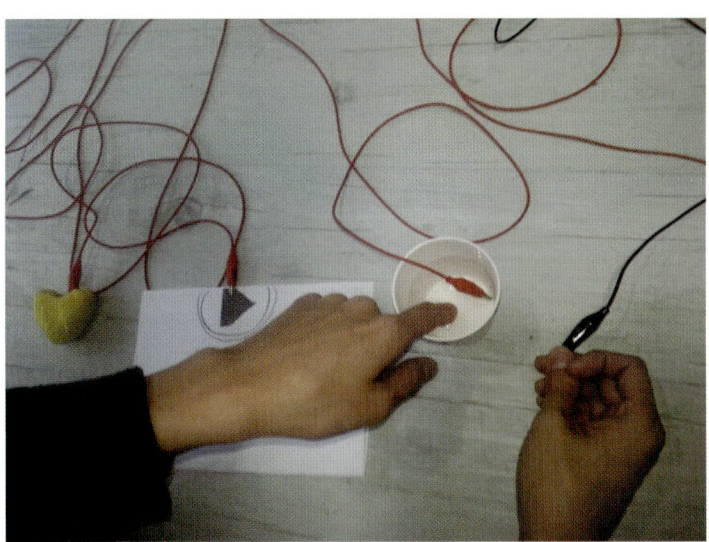

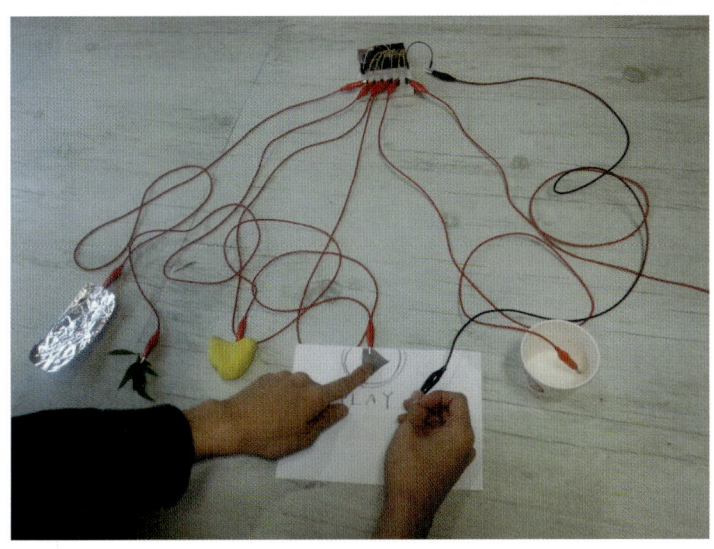

SECTION 05. 재밌는 음악 연주 **61**

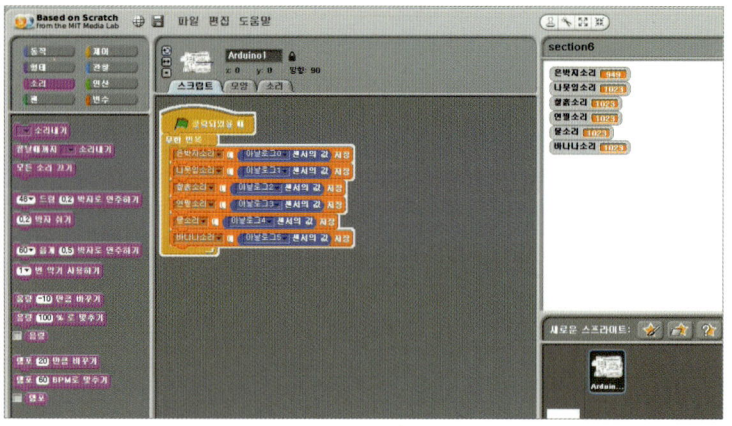

08

아마 다음 그림의 "은박지소리" 변수처럼 600 이하로 값이 떨어질 겁니다.

혹시 필자의 숫자 값과 다르다면, 그 이유는 사람마다 몸의 저항값이 다르고, 손가락에 있는 습도의 양에 따라서 아두이노로 들어가는 전기신호가 달라지기 때문입니다. 전도성 물체를 만졌을 때 변수에 들어가는 값이 다르다고 문제가 되는 것은 아닙니다. 단지 어떤 특정한 값 이하 일때 소리를 연주하는 코드를 만들 건데, 그 값을 비교하는 숫자 값이 달라질 뿐입니다.

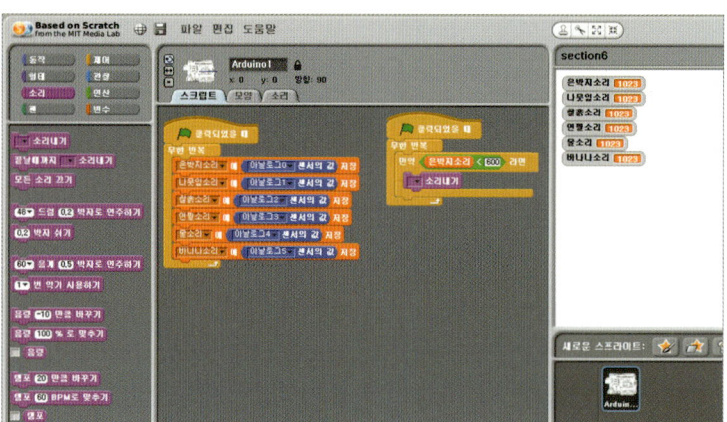

09

이제부터 물체를 만질 때 마다 특정 값 이하이면 물체에서 날 법한 소리를 내 보겠습니다. 은박지의 경우를 먼저 해 보겠습니다. 필자는 손으로 물체를 만질 때 변수 값이 600 이하 정도면 충분하지만 여러분의 경우는 다를 수 있으니 실험을 해서 적당한 비교값을 찾으시길 바랍니다. 왼쪽 그림처럼 소리내기 블록을 가져옵니다.

10

소리내기 블록을 하나 옮겨 왔기 때문에 어떤 소리를 골라서 가져올 수 있게 되었습니다. 은박지는 레이저 소리랑 어울릴 것 같아서 "Laser1" 소리를 가져오겠습니다.

11

소리내기 블록에서 "Laser1"라는 이름을 불러와 줍니다. 이제 소리 나는 부분을 총 6개 반복합니다.

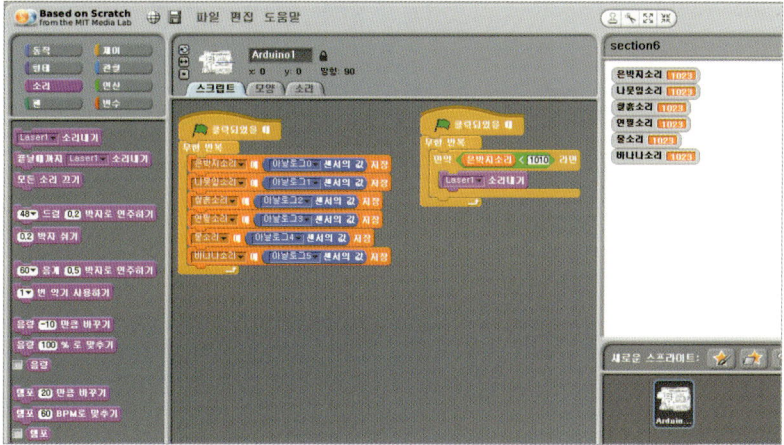

12

스크래치에 기본으로 들어있는 다양한 소리를 이용하겠습니다. 물 소리는 비슷한게 있지만 나뭇잎이나, 바나나 소리 같은 것은 없어서 여러분의 상상력을 발휘하여 이미지와 비슷한 느낌의 소리를 가져와 보세요. 아니면 자유롭게 드럼소리나 하모니카 소리를 가져와서 악기 연주라는 주제로 스크래치를 만들어도 됩니다.
가져온 소리의 길이가 너무 짧아서 물체를 손으로 만졌을 때 소리가 한번만 나야 하는데 두 번, 세 번 나는 경우가 있습니다. 그럴 때는 다음 그림처럼 0.2 박자 쉬기 블록을 이용해서 약간의 시간 지연을 시키면 됩니다.

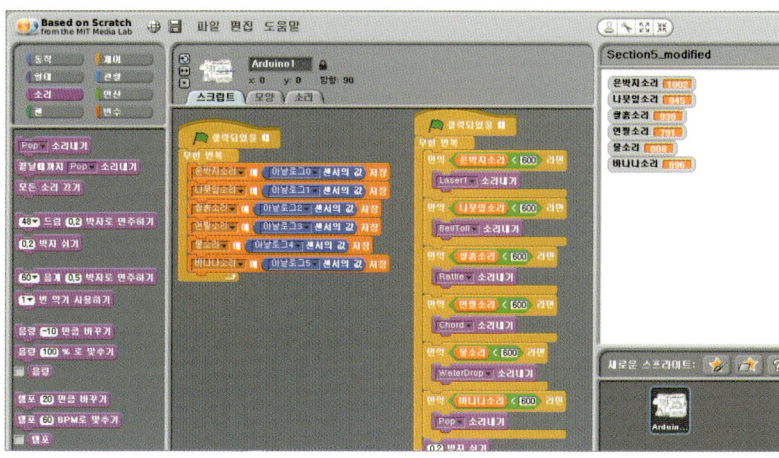

더 해보기!
도레미 음계 소리를 내는 피아노로 바꿔 봅시다.
과일로 만든다면 과일 피아노, 물 컵으로만 만든다면 물컵 피아노가 될 것입니다.

SECTION 05. 재밌는 음악 연주 **63**

SECTION 06
발판 댄스 게임(DDR)

1998년 일본의 도쿄 게임쇼에서 코나미 회사는 "댄스 댄스 레볼루션(Dance Dance Revolution)"이라는 발판 댄스 게임을 선보였습니다. 우리에게는 "DDR"이라는 이름으로 익숙한데요. 그 뒤로 세계 각지에서 인기를 끌고, 1999년 한국에서도 정식 발매되어 DDR은 선풍적인 인기를 몰고 왔습니다.

DDR은 네 개의 화살표 버튼(왼쪽, 오른쪽, 위, 아래)이 있는 발판 위에서 음악에 맞춰 올라오는 화살표가 화면 위쪽의 판정선에 도달하는 시점에 맞춰 발로 화살표를 누르는 방식으로 진행되는 게임입니다.

지금까지 우리는 손의 접촉을 이용한 스크래치 게임을 만들었습니다. 이제는 발의 접촉을 이용한 스크래치 게임인 "DDR"을 만들어 보겠습니다.

하드웨어 준비물

부품 사진	이름	갯수
	아두이노, USB케이블, 브레드 보드	각 1개씩
	전선(점퍼선)	10개 정도
	악어클립 전선	5개
	1 M ohm 저항	4개
은박지, 종이(가로30cm, 세로 30cm 이상), 양면 테이프, 가위		• 종이는 도화지, 신문지 등의 아무 종이나 써도 됩니다.

아두이노 실험실

01

DDR의 발판에 있는 화살표 모양 4개를 발로 밟으면 아두이노에 전해지는 전기신호를 스크래치로 제어할 것입니다. 그래서 아두이노에 들어오는 전기 신호는 4개이므로 이번에 연결할 회로는 Section 05에서 연결했던 아두이노 회로와 같지만 아래 그림처럼 4개의 노란색 전선만 아두이노로 연결된 것으로 바뀝니다.

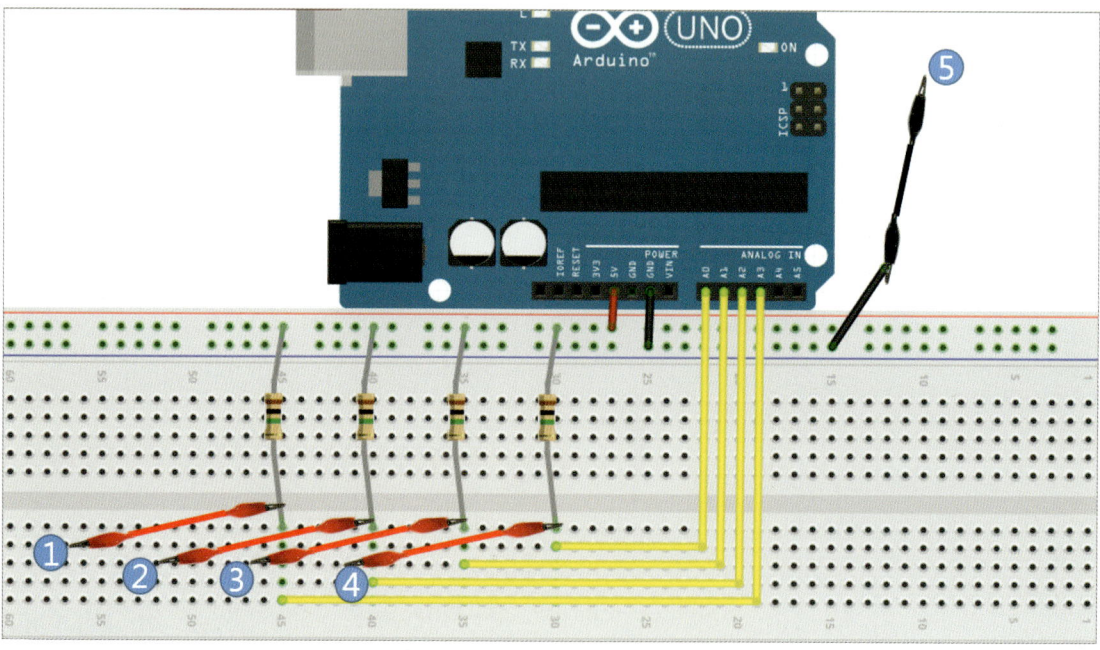

02

다음은 회로도의 실제 연결 사진입니다.

| 03 |

이제 DDR 발판을 만들어 보겠습니다. 전도성 물체 중에 발판을 만드는 데에 사용하기 쉬운 은박지를 사용하겠습니다. 은박지를 화살표 모양으로 4개 만듭니다. 그리고 준비한 도화지나 신문지 등의 종이에 아래 그림처럼 붙여서 발판을 만듭니다. 은박지는 양면 테이프로 붙인 뒤, 각 은박지에 빨간색 악어 클립을 연결합니다.

자유롭게 연결해도 되지만, 이 책에 있는 스크래치 코드를 따라할 것이기 때문에 번호 ① ~ ④를 잘 맞춰서 연결해 주길 바랍니다. 따라하기 01 번에 있는 동그라미 번호를 참고하면서 ① 번 악어클립은 왼쪽 화살표, ② 번 악어클립은 오른쪽 화살표, ③ 번 악어클립은 위쪽 화살표, ④ 번 악어클립은 아래쪽 화살표에 연결했습니다.

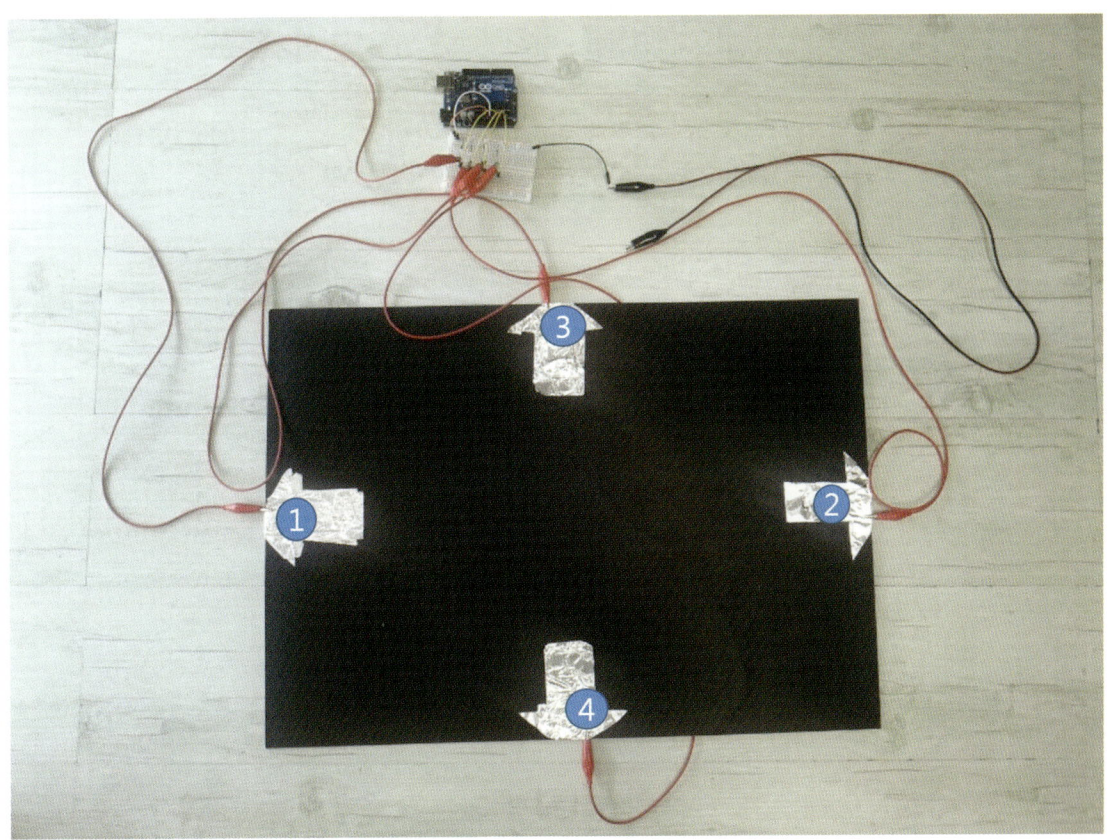

스크래치 실험실

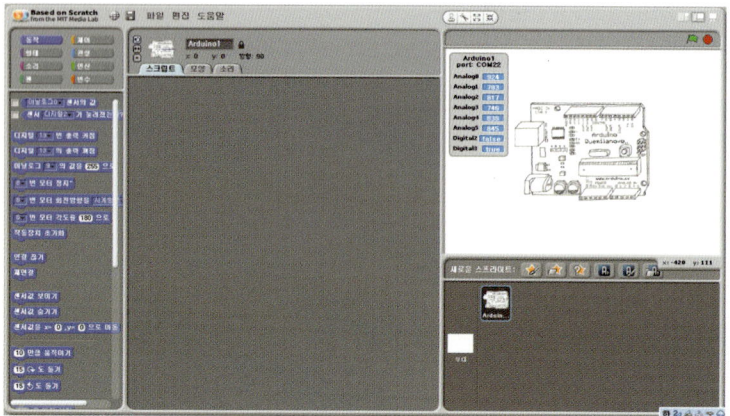

01

아두이노를 USB 케이블로 내 컴퓨터에 연결합니다. 그리고 S4A를 실행시켜서 왼쪽 그림과 같은 상태에서 시작하겠습니다.

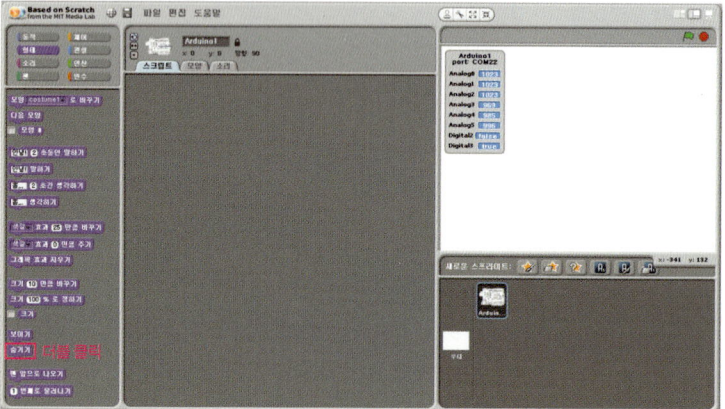

02

[형태] 팔레트에 가서 숨기기 블록을 더블 클릭하여 아두이노 그림을 없앱니다.

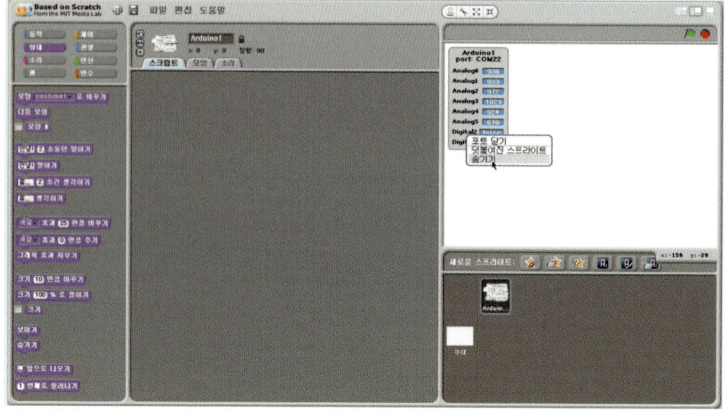

03

"Arduino 1 port: COM22" 센서 보드 화면에서 마우스 오른쪽 버튼을 클릭하여 "숨기기"를 클릭하면 센서 보드가 사라집니다.

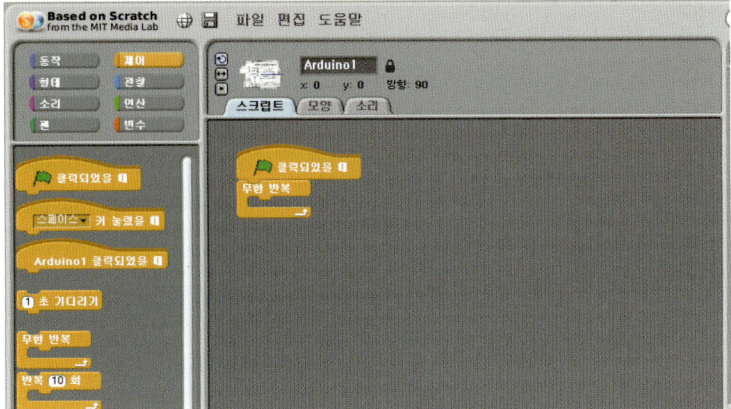

04

아두이노 스프라이트로 와서 깃발 클릭하기와 무한 반복 블록을 가져옵니다.

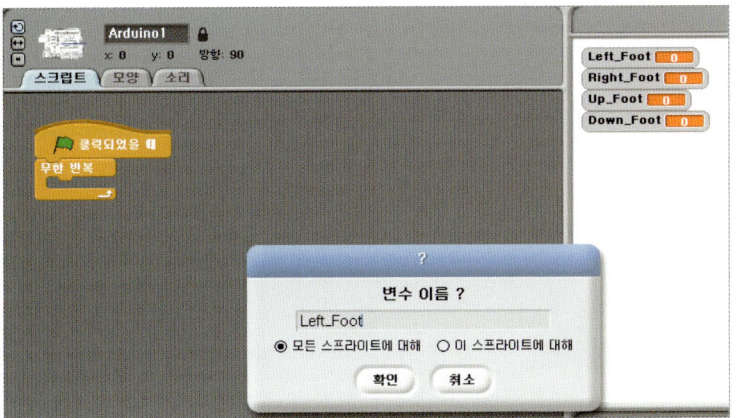

05

DDR 발판의 화살 모양의 은박지를 발로 밟으면 아두이노로 들어오는 전기신호가 달라집니다. 그 전기신호의 숫자 값을 저장할 변수 4개를 만듭니다. 이름은 화살의 방향이름이 들어가게 "Left_Foot", "Right_Foot", "Up_Foot", "Down_Foot"이라고 하겠습니다.

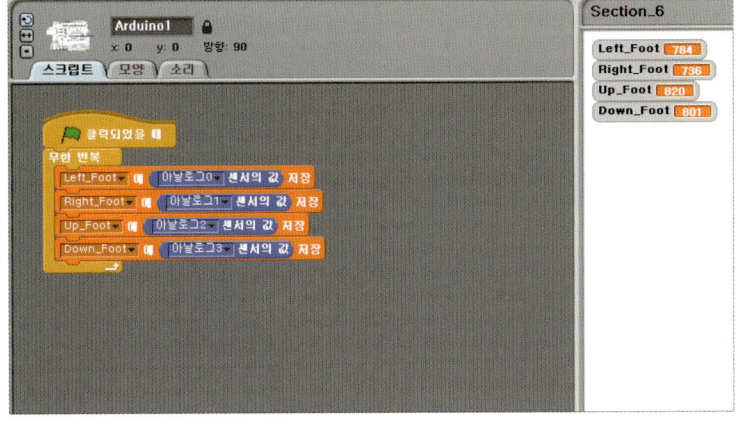

06

우리가 발로 은박지를 밟을 때 아두이노로 들어가는 전기신호는 0~1023의 숫자값으로 바뀌어서 [아날로그0 센서의 값] 이라는 블록에 저장됩니다. "아날로그 0"라는 것은 아두이노 보드에 하얀색 글씨로 적혀있는 "A0"구멍을 뜻합니다. "아날로그 0"는 왼쪽 화살표 모양의 은박지에 악어클립으로 연결되어 있습니다. 그리고 오른쪽 화살표 은박지는 악어클립을 통해서 아두이노의 "아날로그 1"에 연결되어 있습니다. 정리하면, 총 4개의 화살 모양 은박지는 방금 만든 4개의 변수(Foot변수)를 의미하고, 위의 그림처럼 4개의 변수에 "아날로그 0 ~ 3"의 값을 저장해야 합니다.

07

아두이노가 내 컴퓨터에 연결된 상태에서, 녹색 깃발을 클릭하여 실행 시켜봅니다. 그리고 왼쪽 그림처럼 오른쪽 손으로 검은색 악어 클립의 남은 부분을 잡고(금속 부분을 잡아야 합니다.) 한쪽 발로 은박지를 밟아 봅니다. 밟을 때와 밟지 않았을 때 4개의 변수 값의 변화를 잘 관찰합니다. 밟지 않으면 1000~1023 정도이고, 밟으면 거의 200정도로 떨어집니다. 사람마다 저항값이 다르니 이 값의 변화는 좀 다를 수 있습니다. 그리고 정확한 값의 변화를 보려면 양말을 신지 않은 맨발의 상태로 하는 것이 가장 좋습니다. 왜냐하면 양말은 전도성 물체가 아니기 때문입니다.(양말을 신은 상태에서도 되기는 합니다. 왜냐하면 발바닥과 양말 사이에 약간의 수분이 있기 때문입니다.)

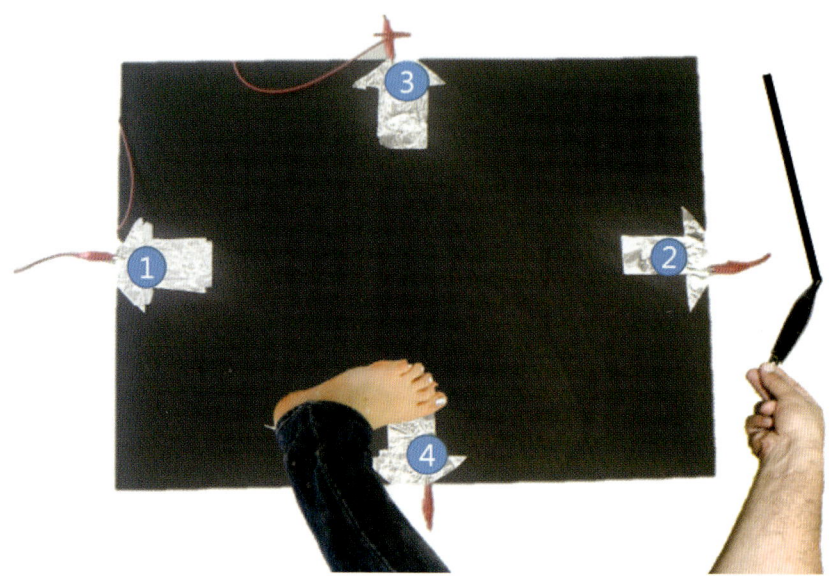

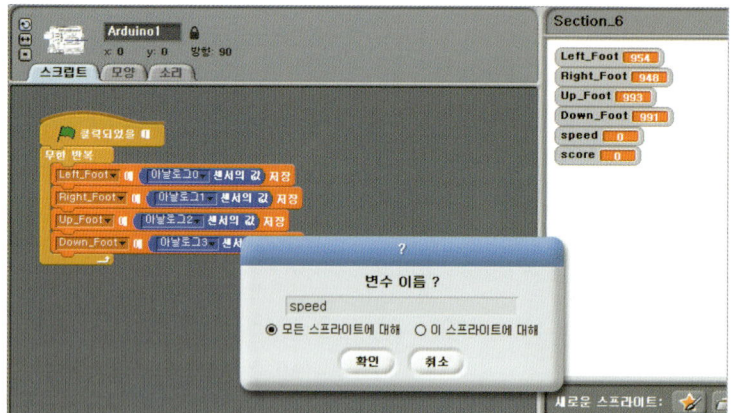

08

DDR에서는 상하좌우 모양의 화살이 올라오는 데, 그 화살의 스피드와, DDR 게임의 점수를 위한 변수를 미리 만들어 놓겠습니다.

변수 "speed", "score" 두 개를 만듭니다.

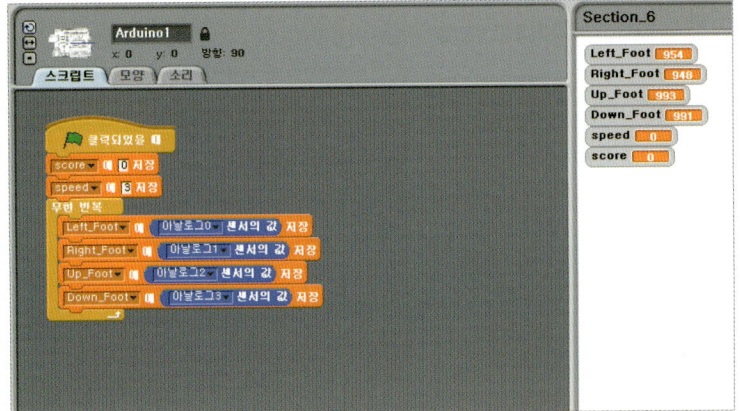

09
점수 변수 "score"에는 시작 할 때 0 점으로 만들고, "speed"는 3으로 초기화 해 놓습니다

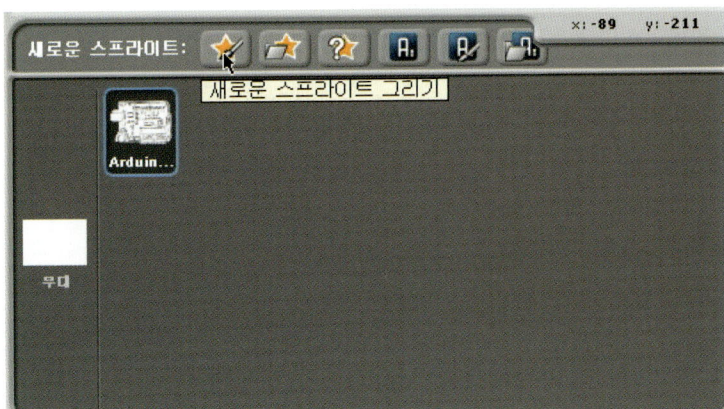

10
이제 화살 모양의 스프라이트를 만들겠습니다. 새로운 스프라이트 그리기를 클릭합니다.

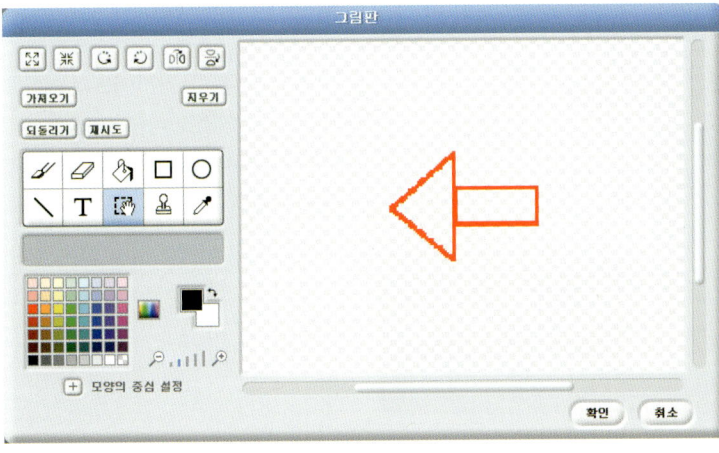

11
상하좌우의 화살표 중에서, 왼쪽 화살표 모양의 그림을 그립니다. 속이 빈 상태로 먼저 그립니다.

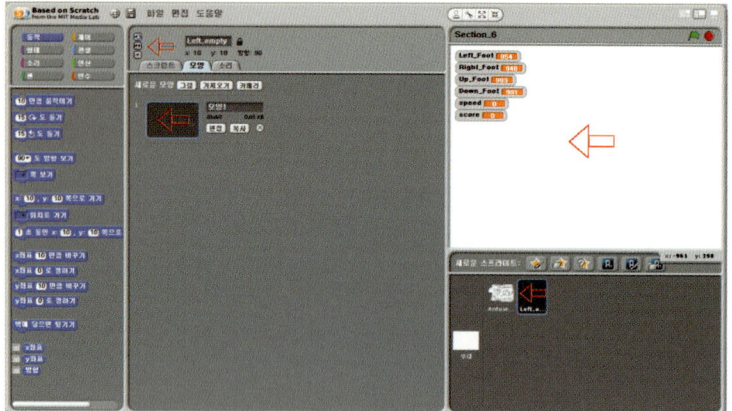

12

스프라이트를 다 그리고 확인을 누른 뒤, 왼쪽 화살표 스프라이트의 이름을 "Left_empty"라고 짓겠습니다. 빈 왼쪽 화살표라는 의미를 표시하기 위해서입니다.

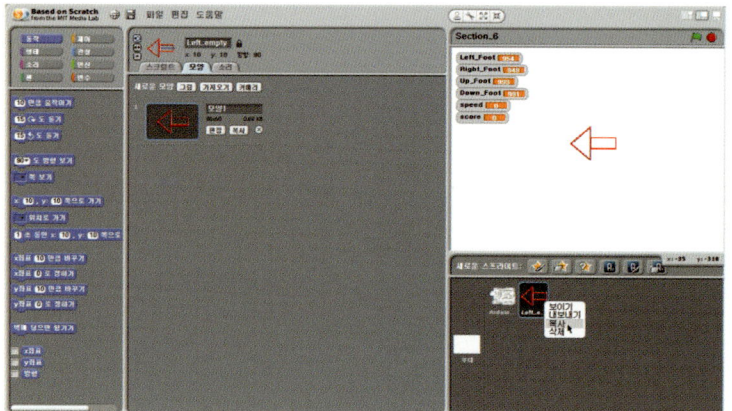

13

비어 있는 모양의 화살표는 DDR 화면의 상단에서 고정되어 있을 겁니다. 그리고 속이 꽉 찬 화살표가 올라가게 만들 것입니다. 그래서 비어있는 모양의 화살표와 속이 꽉 찬 화살표가 각각 4개씩 필요합니다. 그래서 "Left_empty" 스프라이트에서 마우스 오른쪽 버튼을 클릭한 뒤, 복사를 클릭합니다.

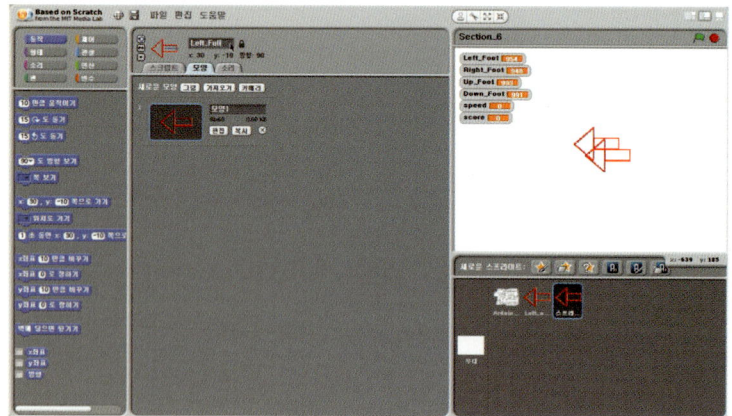

14

새롭게 복사된 스프라이트의 이름을 "Left_Full"이라고 이름 짓습니다. 꽉 찬 모양의 화살표라는 표시를 하기 위해서입니다.

15

새롭게 만든 "Left_Full" 스프라이트의 모양 탭에서 "편집"을 누릅니다.

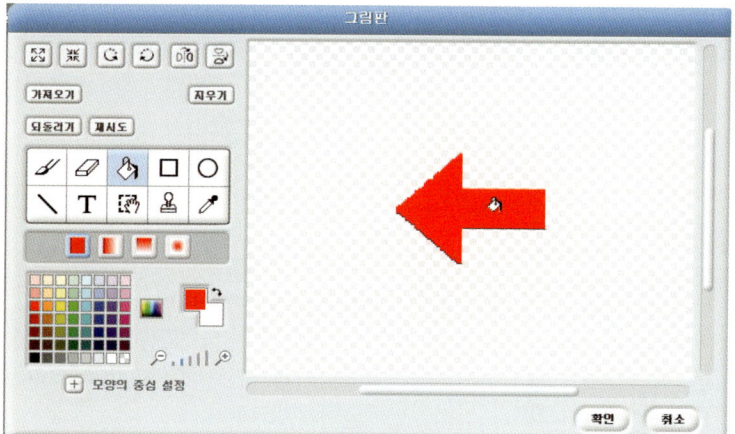

16

색 채우기를 이용해서 화살표 모양 속을 채워 줍니다.

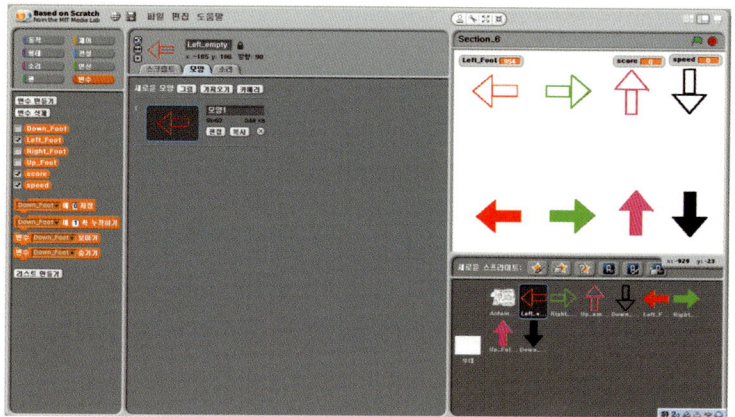

17

이런 식으로 상하좌우의 화살표 모양의 스프라이트를 만들어 줍니다. 왼쪽 그림에 나와있는 것처럼 비어있는 화살 모양이 총 4개, 속이 꽉찬 화살 모양이 총 4개입니다.

SECTION 06. 발판 댄스 게임(DDR)

18 각 화살 스프라이트의 이름은 아래 그림과 같이 지어 줍니다.

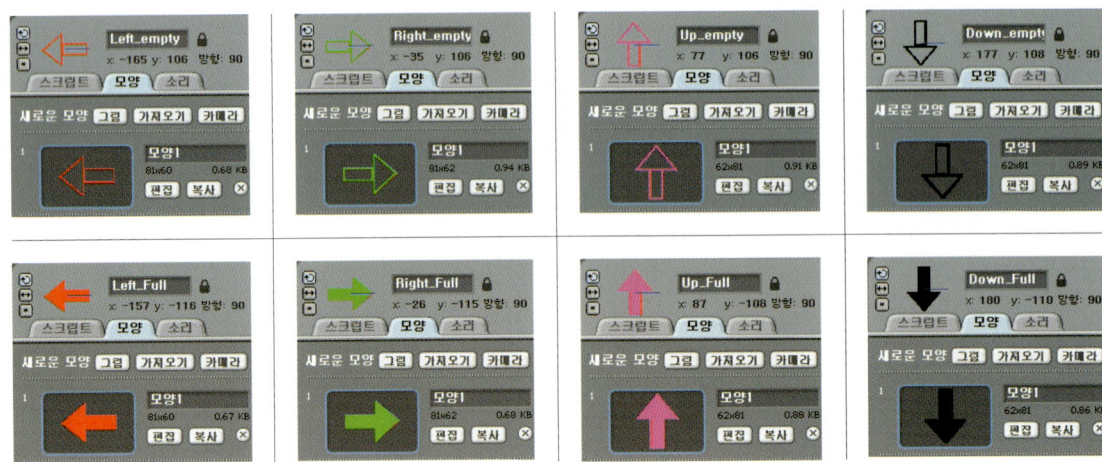

8개 화살 스프라이트의 모양과 이름

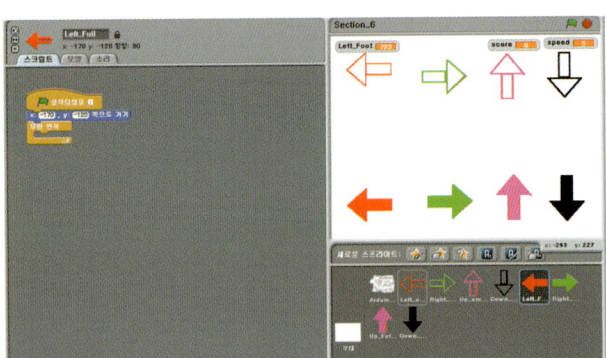

19 왼쪽 방향의 속이 꽉찬 화살표인 "Left_Full" 스프라이트로 가서 화살표의 첫 번째 위치를 정해 주겠습니다. x = −170, y = −120으로 만들고, 무한 반복 블록을 가져옵니다.

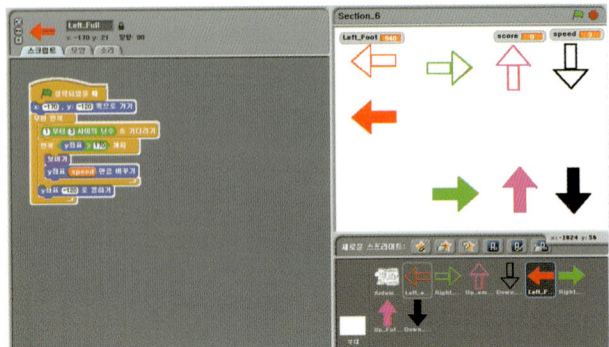

20 "Left_Full" 화살표가 위로 올라가도록 만들겠습니다. 무한 반복 블록 안에서 우선 1 ~ 3사이의 랜덤한 숫자 만큼 기다리게 한 뒤, y좌표 값이 170일 때 까지 y좌표 값을 증가시키면 화살표 모양이 올라갑니다. 이 때 y좌표 증가 값은 우리가 이전에 만들어 놓은 변수 "speed"로 하겠습니다. 나중에 "speed"값을 바꾸면 화살이 올라가는 속도가 달라질 것입니다. 그리고 y 좌표가 170을 넘으면 원래 위치인 y = −120으로 돌아오게 합니다.

21

이제 "Left_Full" 화살이 화면 상단의 "Left_empty" 근처에 왔을 때 사람이 발바닥으로 왼쪽 화살 은박지를 눌렀다면 점수를 획득하는 경우이니까 "Left_Full" 스프라이트가 사라지고 원래 위치로 돌아가게 합니다. 발바닥으로 은박지를 눌러 보면서 "Left_Foot"의 값이 얼마 이하이면 밟은 것과 밟지 않은 것이 구분될지 실험을 해 보면서 정하시길 바랍니다. 필자는 500 이하로 했습니다.

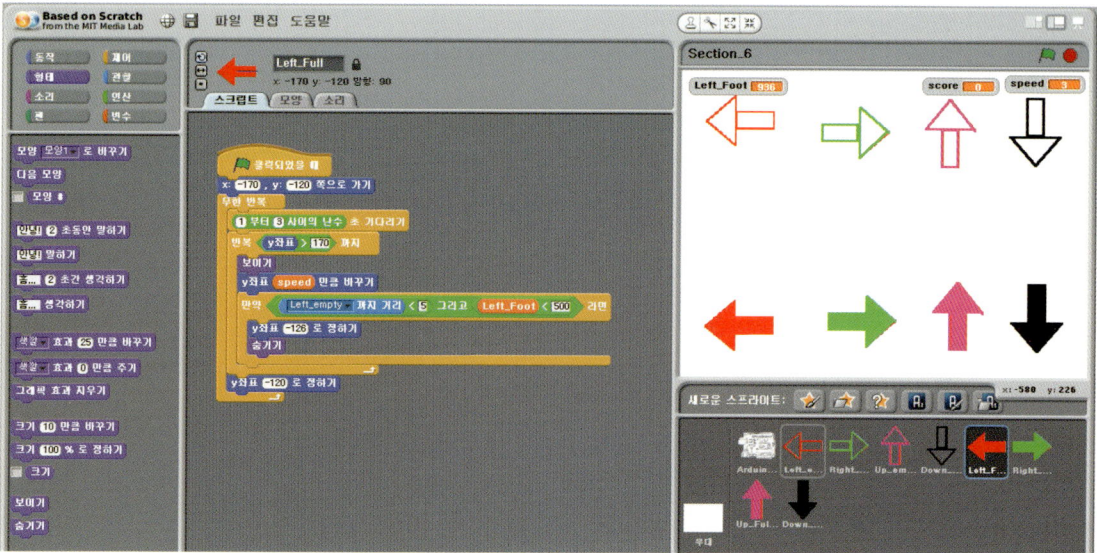

22

방송하기를 하나 만들어서, 잘 맞춰졌다는 효과를 나타내기 위해 "Left_empty" 스프라이트는 조금 커지는 효과를 나타내 보겠습니다. 그리고 점수 변수 "score"의 값도 증가시키겠습니다.

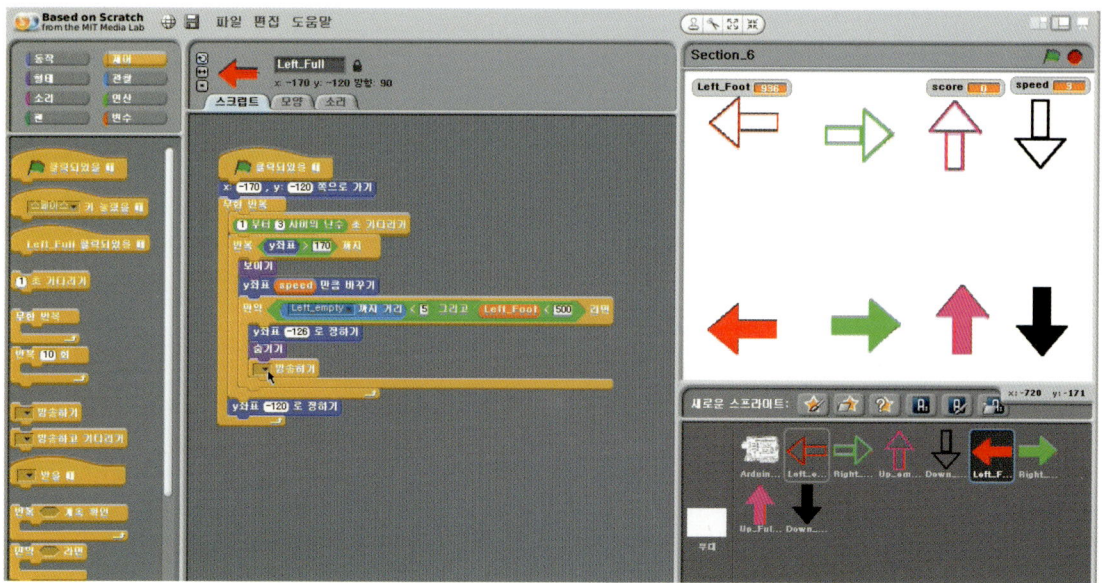

23

방송하기의 이름은 "Left_Hit"으로 하겠습니다. 왼쪽 발로 잘 맞췄다는 의미입니다.

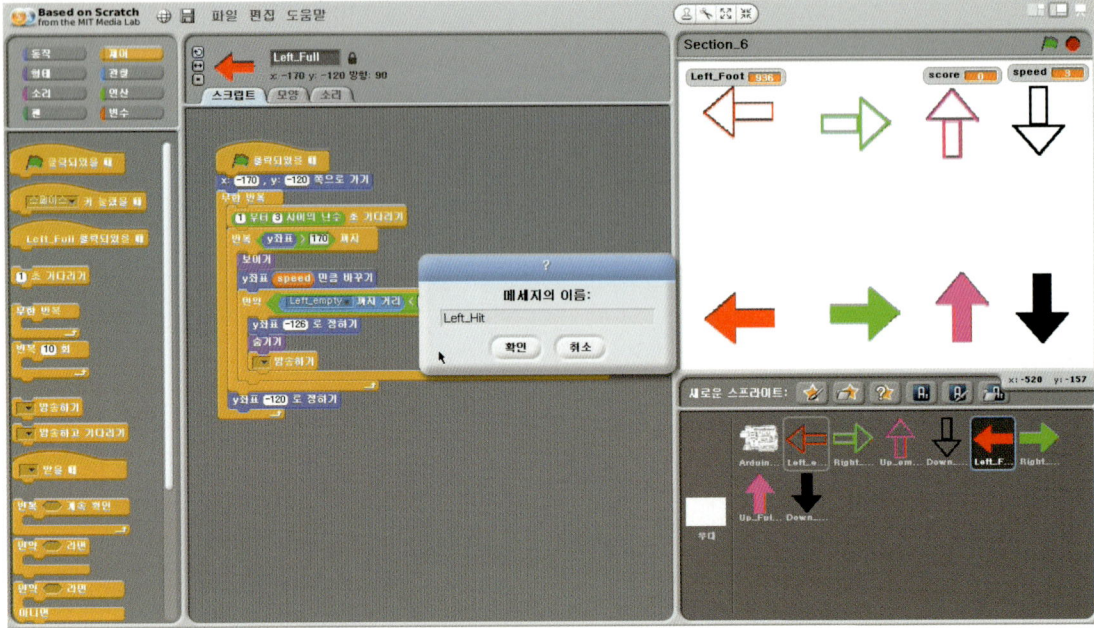

24

속이 빈 왼쪽 화살 스프라이트인 "Left_empty" 스프라이트로 와서 "Left_Hit" 방송을 받을 때 크기를 변하게 하고, 점수 변수 "score"를 1씩 누적하여 증가시켜 줍니다.

25

지금까지 만든 화살 스프라이트의 스크래치 코드는 다른 모양의 화살에서도 동일합니다. 그래서 "Left_Full" 스프라이트의 스크래치 코드를 "Right_Full", "Up_Full", "Down_Full" 스프라이트에 복사해서 붙여 넣어 줍니다.

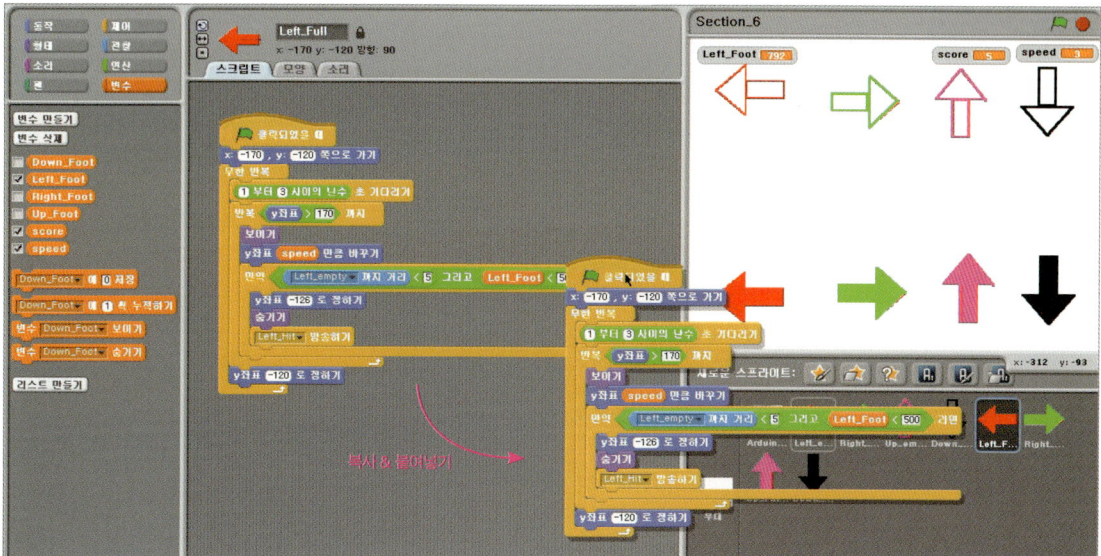

26

"Left_empty"의 스크래치 코드도 "Right_empty", "Up_empty", "Down_empty" 스프라이트에 똑같이 복사해서 붙여 넣어 줍니다.

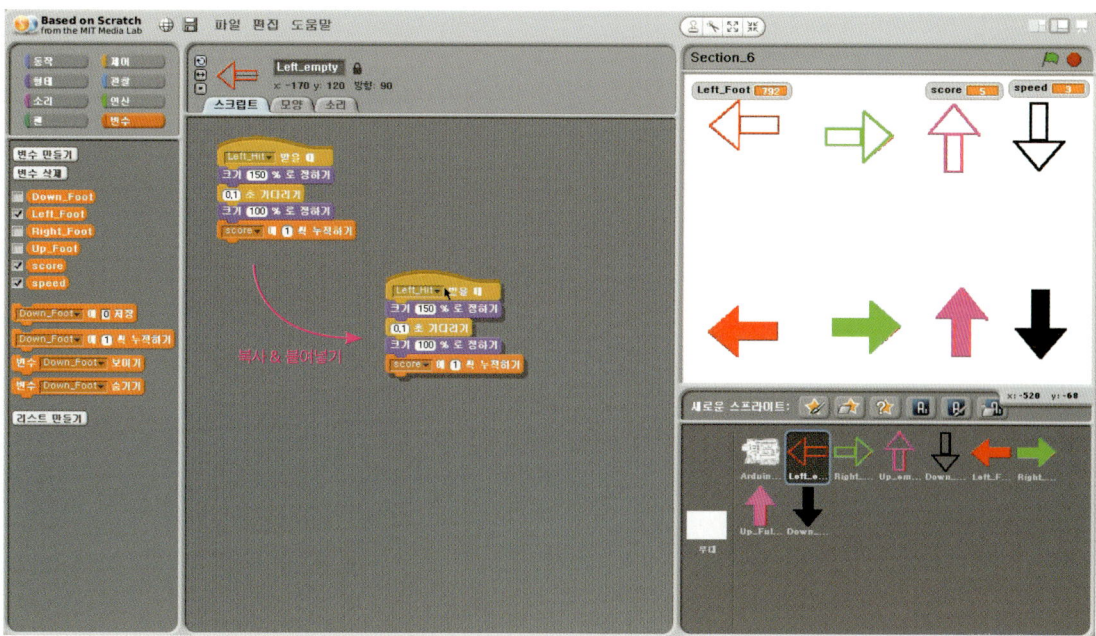

27

복사한 코드에서 반드시 수정할 부분이 세 개 있습니다. 첫 번째는, Right_Full, Up_Full, Down_Full 스프라이트 화살의 첫 위치입니다. 필자는 Right_Full의 x 좌표를 −40으로 했습니다. 그리고 Up_Full, Down_Full 화살의 첫 위치도 적당히 정해 주셔야 합니다.

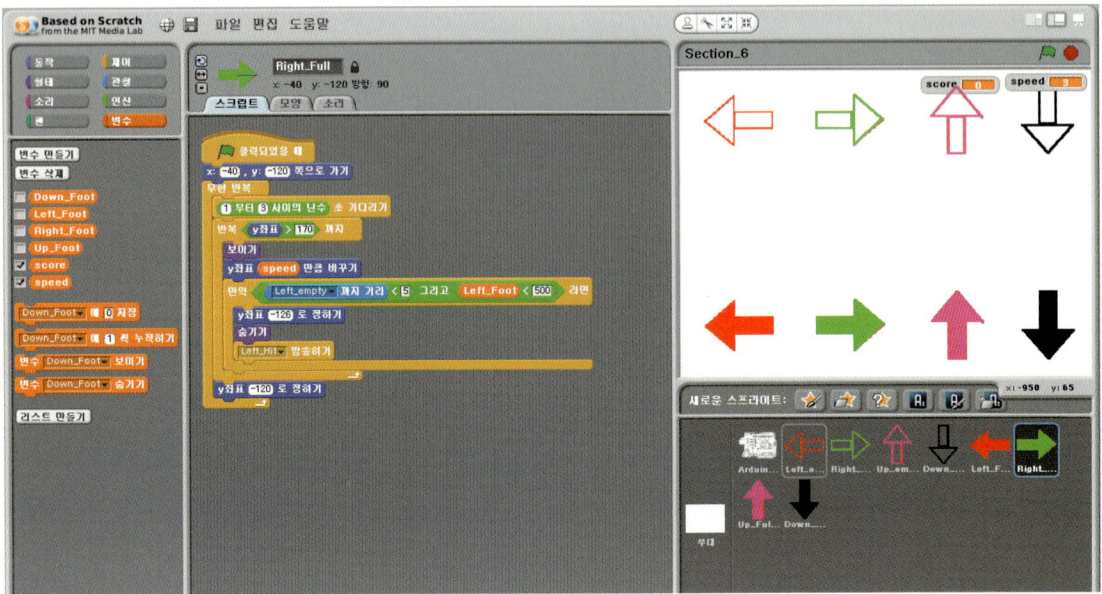

28

두 번째는, Right_Full 스프라이트에서 방송하기 블록에 가서 "새로 만들기"를 클릭합니다.

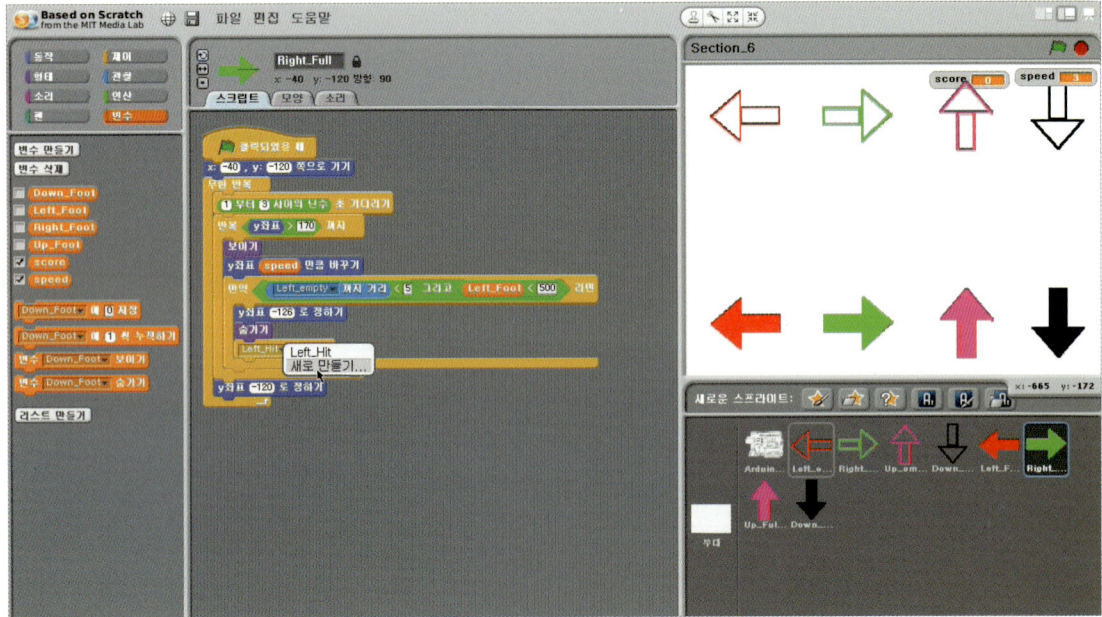

29

새 방송의 이름은 "Right_Hit"으로 하겠습니다.

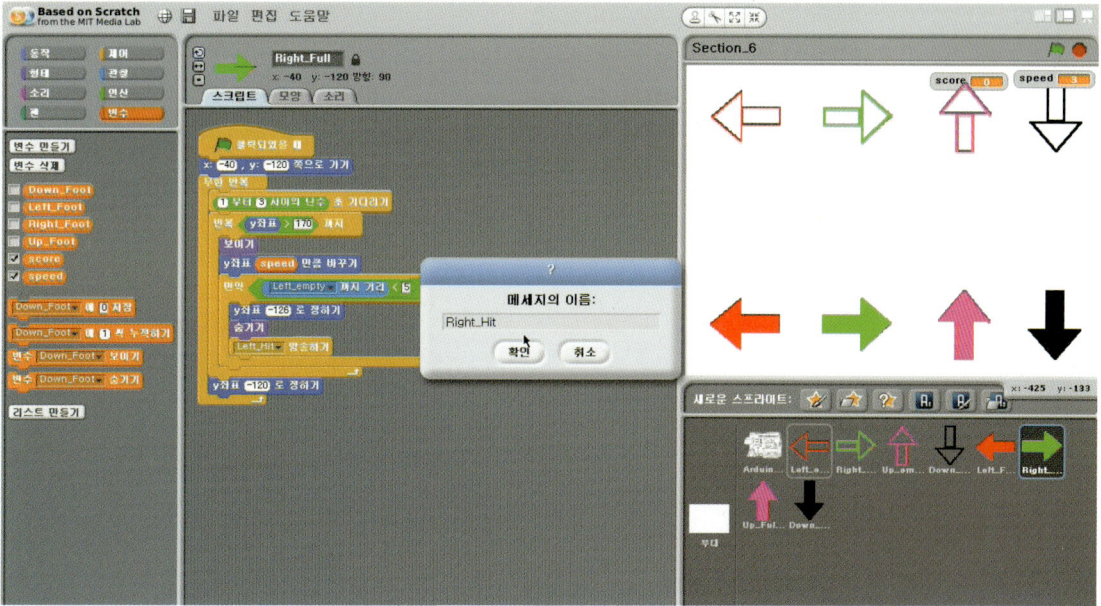

30

그리고 속이 빈 오른쪽 화살 스프라이트인 "Right_empty"로 가서 방송 이름을 "Right_Hit"로 바꿔 줍니다. 이 두 번째 수정 작업을 Up, Down 화살 스프라이트의 경우에도 똑같이 해줍니다. 단지 방송 이름을 "Up_Hit", "Down_Hit"로 해준다는 것만 다릅니다.

31

마지막 세 번째는 "Right_Full", "Up_Full", "Down_Full" 스프라이트에서 변수를 블록

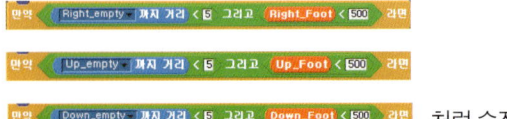
 처럼 수정해 줘야 합니다.

이제 모든 스크래치 코드가 완성되었습니다. 무대 배경을 자유롭게 가져와서 화면을 크게 한 다음, 실행을 시킵니다. 다음 그림처럼 한 손으로는 검은색 악어클립의 쇠 부분을 잡고, 발바닥으로 화살 은박지를 밟아 줍니다. 화살이 올라오는 거에 맞춰서 실제 DDR을 하듯이 하면 됩니다. 그리고 점수 "score"가 1씩 잘 올라가는 지 확인해 봅니다.

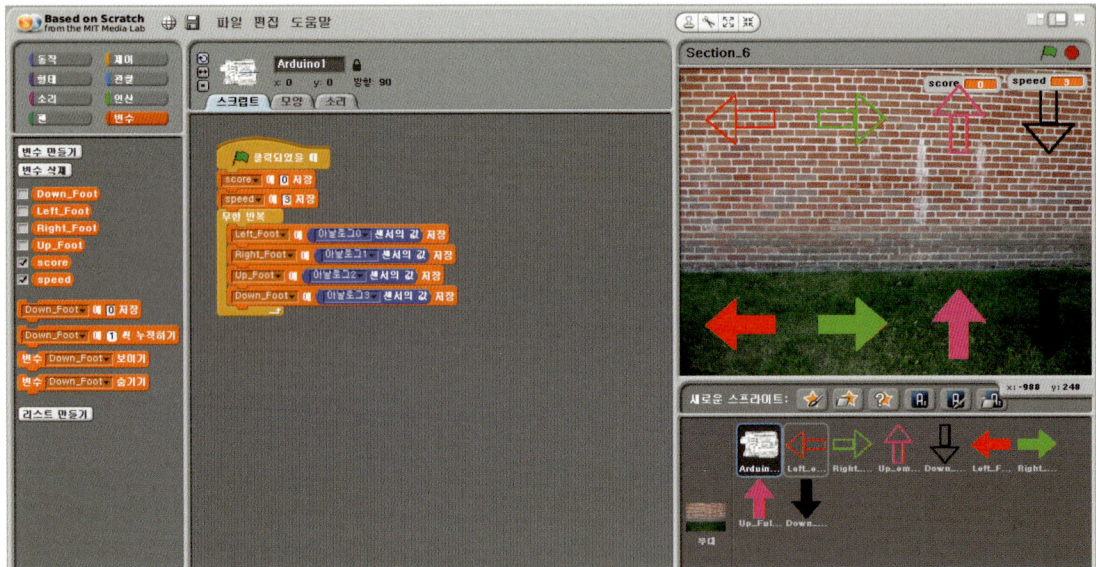

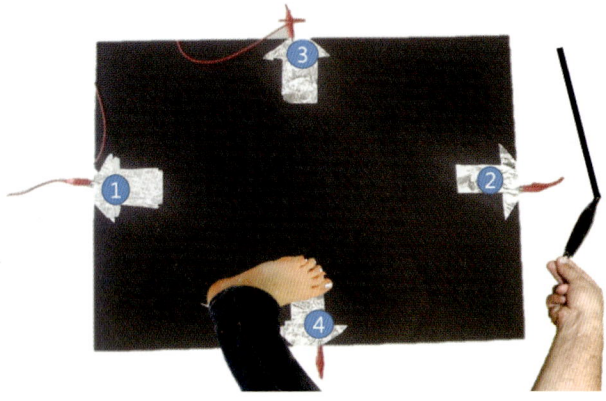

더 해 보 기 !	**10점 이상의 점수를 얻으면 화살이 올라오는 속도를 증가 시켜 봅시다.**

SECTION 07
올림픽 달리기 경주

올림픽은 세계 여러 나라에서 모인 수천 명의 선수가 참가해 여름과 겨울 스포츠 경기를 하는 국제적인 대회입니다. 오늘날의 올림픽은 기원전 8세기부터 서기 5세기에 이르기까지 고대 그리스 올림피아에서 열렸던 고대 올림피아 경기에서 비롯된 것입니다.

올림픽 종목은 총 33개 부분 52개 종목에서 약 400개의 경기로 이루어져 있습니다. 그 중에서 육상 종목의 100m 달리기는 세상에서 가장 빠른 사람을 뽑는 경기로 인기가 있습니다. 100m를 9~10초 안에 달리는 선수들을 보면 정말 대단하다고 생각됩니다.

이번 시간에는 앞에서 배운 전도성 물체인 은박지를 이용해서 올림픽 달리기 게임을 만들어 보겠습니다. 앞에서 배운 DDR 게임은 발바닥을 정확하게 터치하는 게 중요했다면 이번 시간에는 얼마나 빨리 달리느냐가 중요한 게임이 되겠습니다.

하드웨어 준비물

부품 사진	이름	갯수
	아두이노, USB케이블, 브레드 보드	각 1개씩
	전선(점퍼선)	12개 정도
	악어클립 전선	8~10개 정도
	1 M 저항	6개
은박지, 종이(도화지, 신문지, 박스지 등 아무거나 가능), 테이프, 가위		

아두이노 실험실

01

이번 시간에는 음악 연주를 했을 때 만들었던 아두이노 회로와 같습니다.

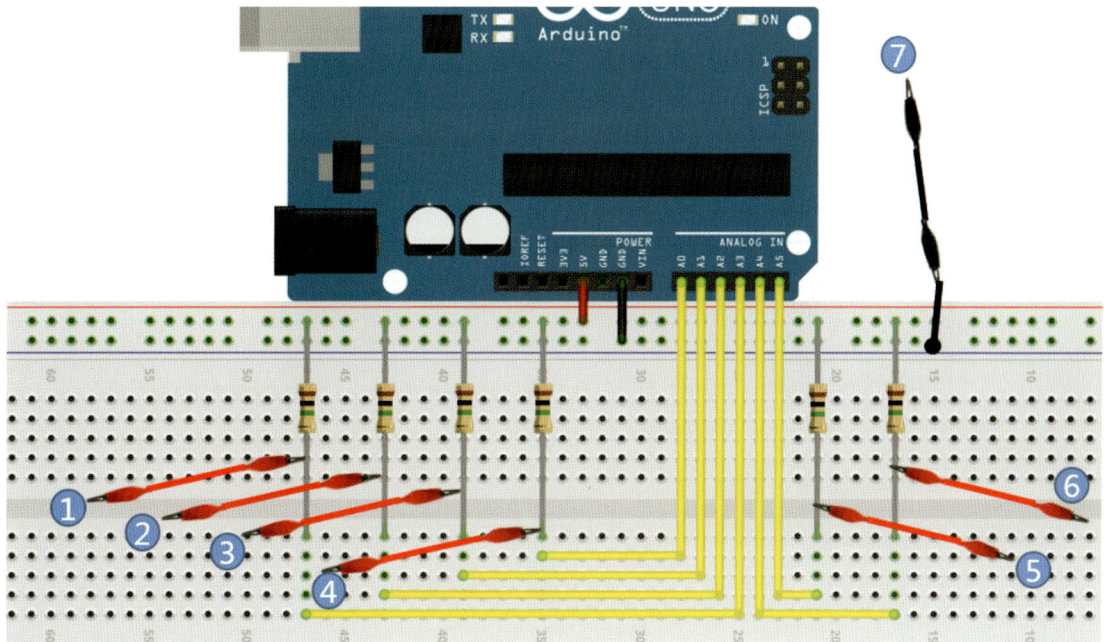

02

아두이노의 실제 연결 사진입니다.

`03`

은박지 발판을 총 6개 만들고 앞의 따라하기 이번 그림에서처럼 연결합니다. 각각의 은박지 발판에서 왼쪽 은박지에는 따라하기 `01` 번의 ① ~ ⑥ 번의 빨간색 악어 클립을 연결하고, 오른쪽 은박지 발판은 검은색 악어 클립을 연결합니다.

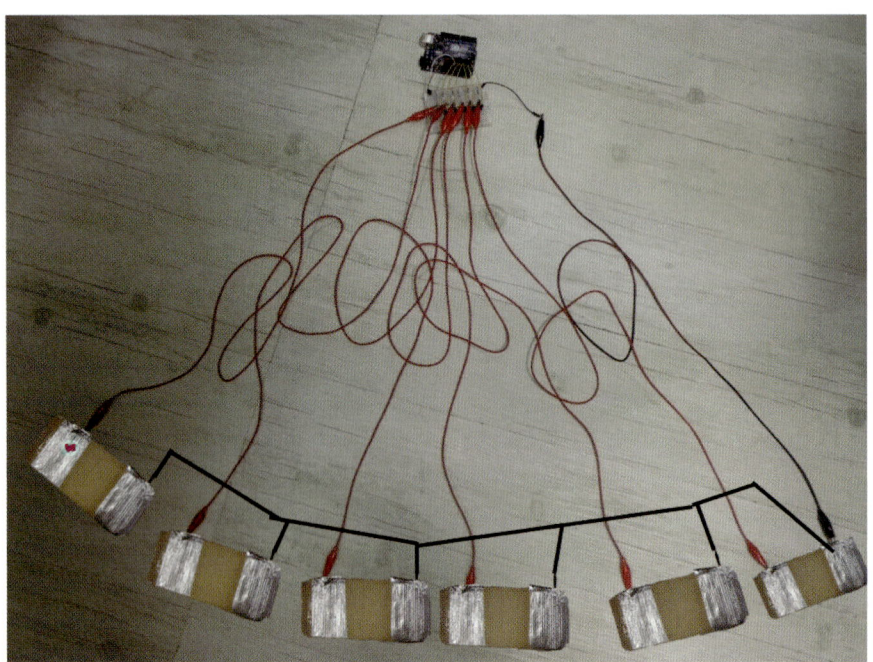

`04`

은박지 발판의 확대 모습입니다.

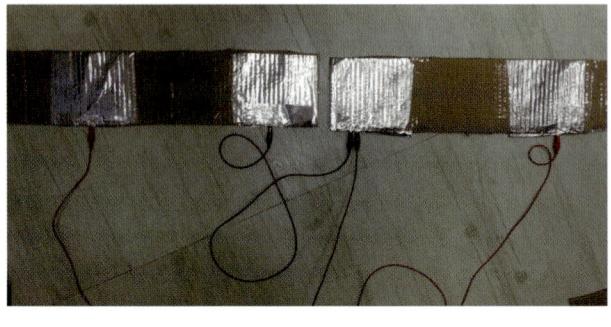

`05`

발판의 오른쪽 은박지에 연결된 검은색 악어 클립은 왼쪽 그림처럼 은박지 끼리 서로 연결해 주면 됩니다.

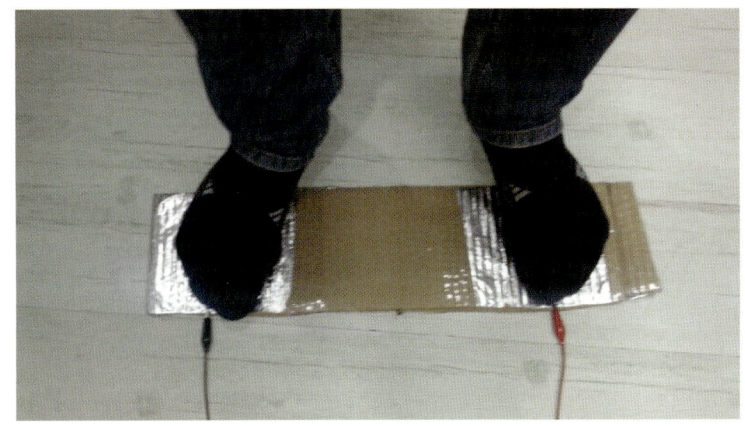

> **06**
>
> 달리기를 할 때 동작 방법은 다음과 같습니다.
>
> 먼저 두 발을 양쪽 은박지 발판에 올립니다.

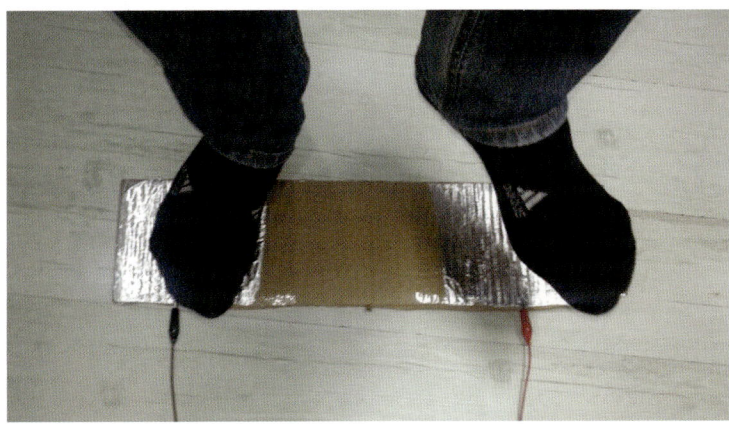

> **07**
>
> 마치 달리기를 하듯이 왼발, 오른발을 번갈아 가면서 들어 올립니다. 실제로 제자리 달리기를 하면 됩니다.
>
> 이렇게 제자리 달리기를 하면 아두이노에 들어오는 전기신호 값이 달라집니다. 그 값을 스크래치의 변수에 저장해서 올림픽 달리기 게임을 만들어 보겠습니다.

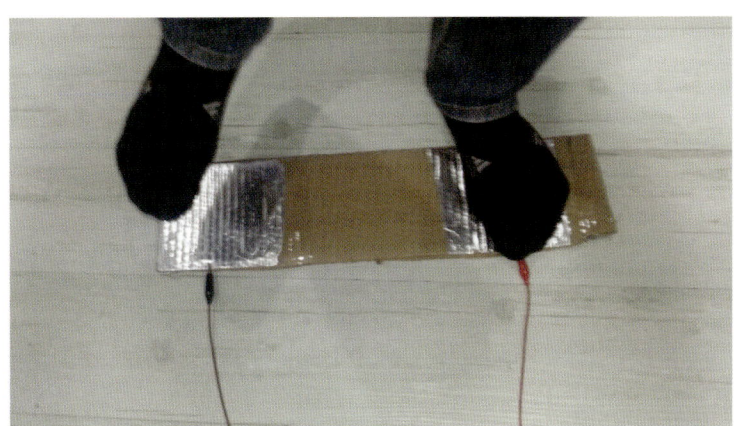

스크래치 실험실

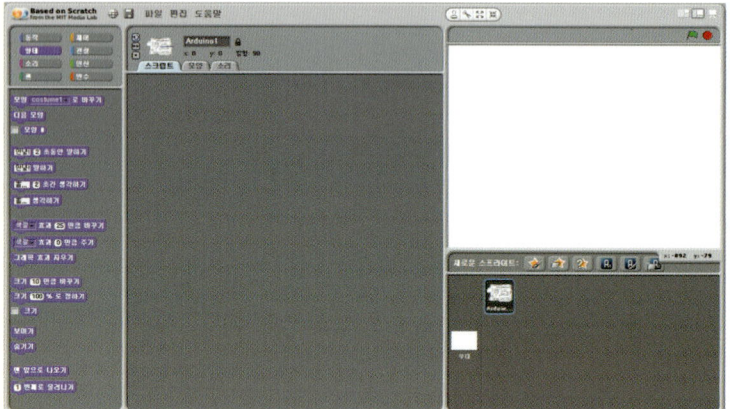

01

아두이노를 내 컴퓨터에 연결합니다. 그리고 아두이노 그림과 센서 보드 그림을 안보이게 한 상태에서 시작하겠습니다.

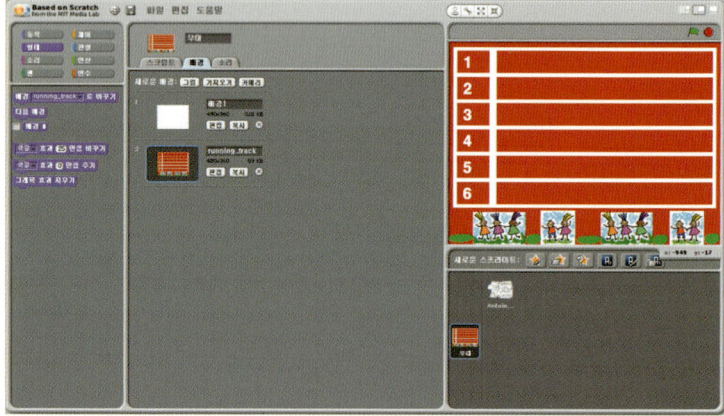

02

달리기 트랙 그림을 하나 그려서 무대 스프라이트로 가져옵니다.
(필자는 파워 포인트에서 달리기 트랙을 그렸습니다. 필자의 트랙 그림을 받고 싶으면 이메일로 연락 바랍니다.)

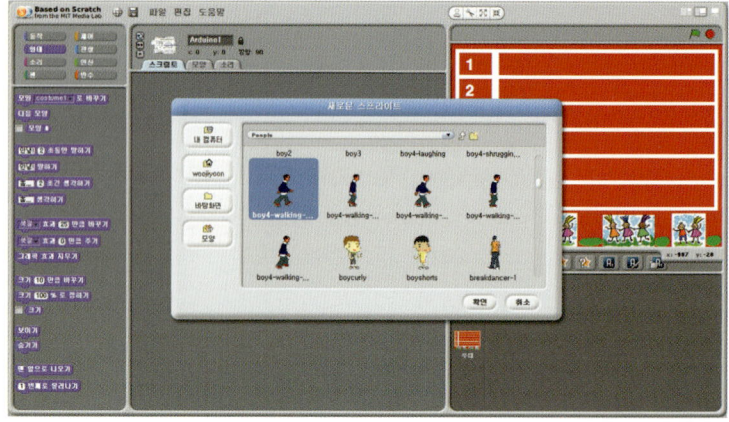

03

달리기 트랙이 총 6개 이니까 6명의 달리기 주자를 만들겠습니다. 새로운 스프라이트 파일 선택하기를 눌러서 자유롭게 캐릭터를 6개 가져옵니다. 주의할 점은 캐릭터가 달리는 모습이 되어야 하니까 다른 모양으로 2개씩 가져옵니다. 2개의 그림을 번갈아 보여주면서 마치 달리는 효과를 나타내야 하기 때문입니다.

04

첫 번째 캐릭터로 사람 캐릭터의 모습을 2개 가져왔습니다.

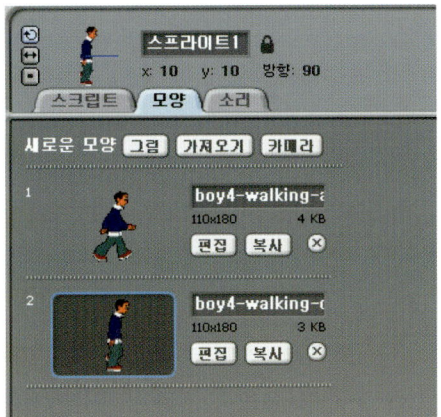

05

고양이 캐릭터는 움직이는 효과를 내기 위한 2쌍의 그림이 있습니다.

06

총 6개의 캐릭터를 다음처럼 배치합니다. 캐릭터의 크기도 적당히 줄이고 각 캐릭터 스프라이트가 움직이는 효과가 나타날 수 있게 2개씩의 그림을 가져 오는 것을 잊지 마세요.

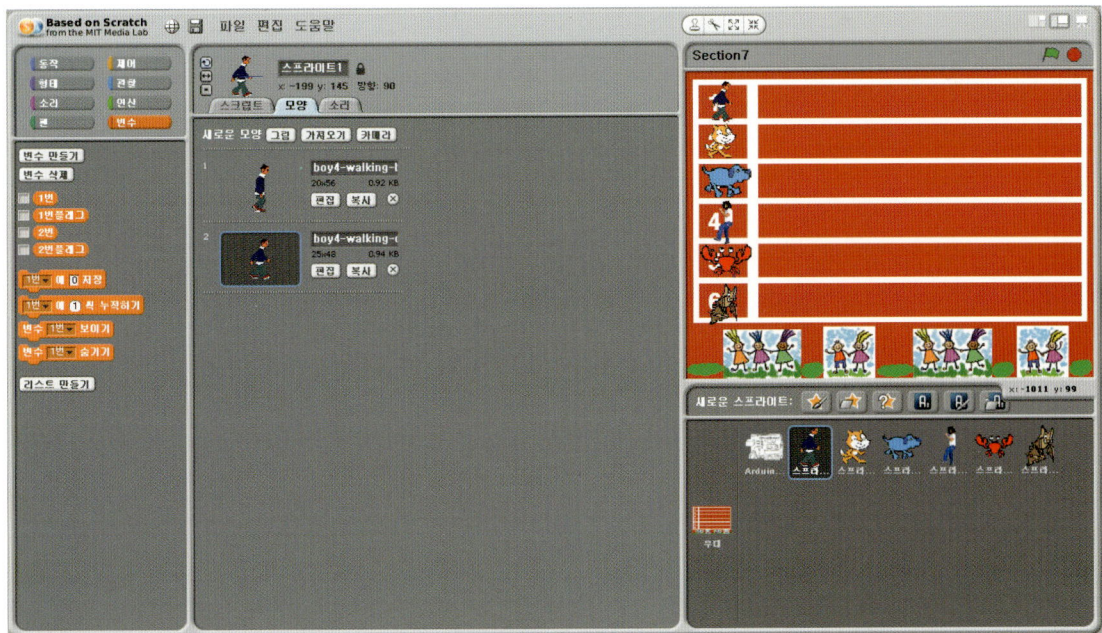

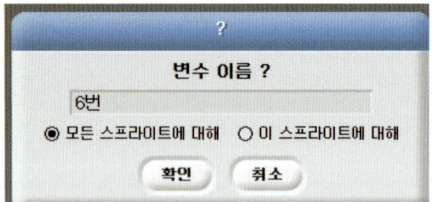

07

6개의 달리기 캐릭터를 나타낼 변수로 "1번", "2번", "3번", "4번", "5번", "6번"을 만듭니다.

08

각 번호 변수에 [아날로그0 센서의 값]을 저장합니다. "1번" 변수에는 "아날로그 0", "2번" 변수에는 "아날로그 1", "3번" 변수에는 "아날로그 2", "4번" 변수에는 "아날로그 3", "5번" 변수에는 "아날로그 4", "6번" 변수에는 "아날로그 5"를 저장합니다. 발로 은박지를 밟으면 "1번" ~ "6번" 변수 값이 달라집니다. 우리는 이 달라진 값을 이용해서 캐릭터가 마치 달리는 것 같은 효과를 만들 것입니다.

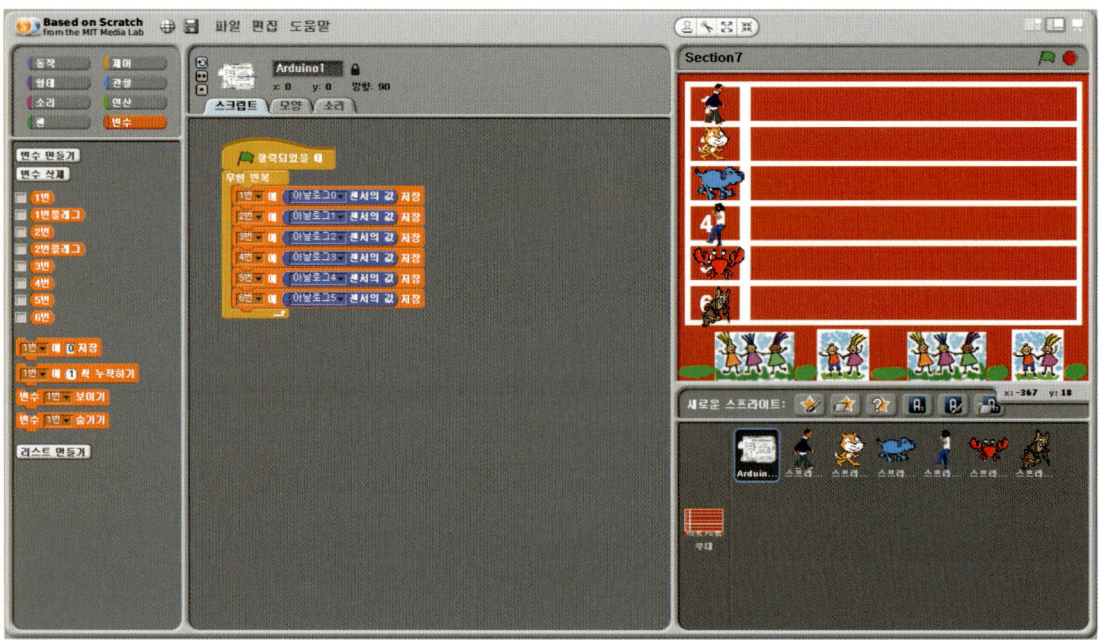

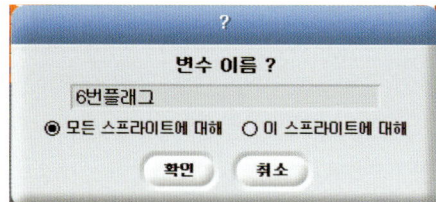

09

두 발을 은박지에 올려만 놓을 때랑 두 발을 다 떼어 놓을 때 캐릭터가 달리게 하고 싶지는 않습니다. 정상적으로 달리기 동작을 해야만 캐릭터가 달리게 하고 싶습니다. 그래서 "1번플래그", "2번플래그", "3번플래그", "4번플래그", "5번플래그", "6번플래그"라는 변수 6개를 만들어서 플래그 변수의 상태에 따라 캐릭터를 움직이는 조건을 주겠습니다. 먼저 6개의 플래그 변수를 만듭니다.

10

1번 주자 캐릭터의 스프라이트로 갑니다. 그리고 캐릭터의 위치를 정하고 "1번플래그"에 0을 저장한 뒤 무한 반복 블록을 옮겨 옵니다.

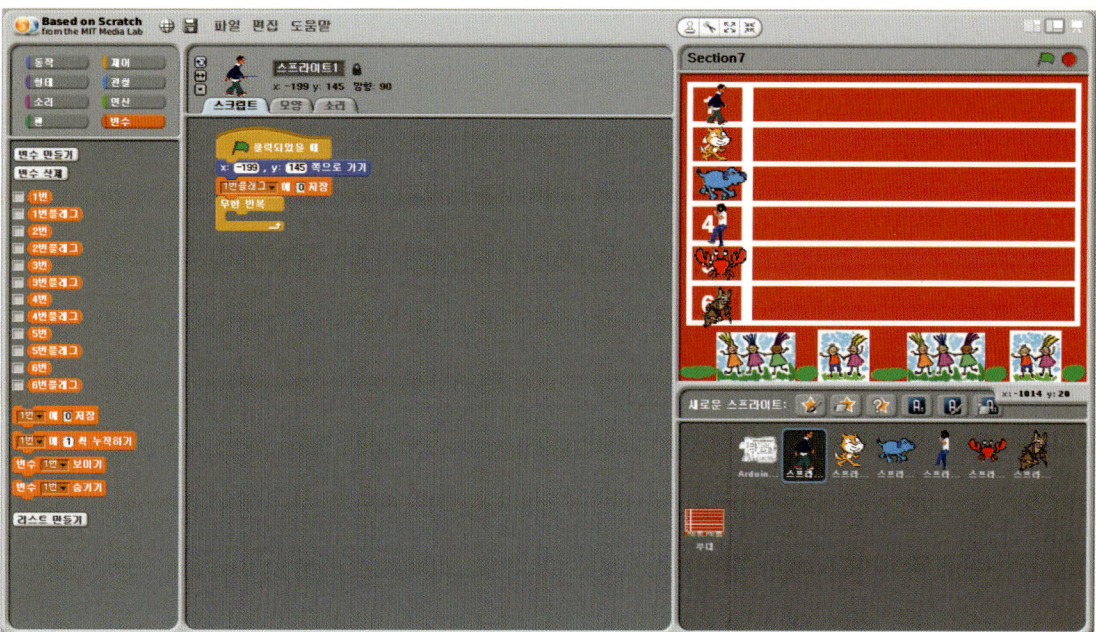

| 11 |

여기서 부터가 중요합니다. 아두이노를 컴퓨터에 연결한 상태에서 초록색 깃발을 클릭하여 "1번" 변수의 값이 어떻게 변하는 지 관찰합니다. 두 발을 은박지에 동시에 얹을 때랑 두 발을 뗄 때 "1번" 변수 값이 어떻게 변하는 지는 아주 중요합니다. 필자의 경우는, 두 발을 얹으면 400 ~ 500 정도이고, 두 발을 떼면 800~1000입니다. 발을 얹을 때와 뗄 때를 구분하기 위해 가운데 비교 값을 700으로 정하겠습니다. 그런데 사람마다 약간의 차이가 있을 겁니다. 본인의 비교 값은 여러 번의 실험을 통해 정하시길 바랍니다.(필자의 비교 값이 이전 챕터와 달라진 이유는 저항값을 100 K ohm으로 바꾸었기 때문입니다. 참고로, 1 M ohm을 사용해도 됩니다.)

"1번" 변수가 700보다 크고 동시에 "1번플래그"가 1이라면 캐릭터가 달리게 해줍니다. 모양을 두 번째 모양으로 바꾸고 x좌표를 10 정도 증가 시켜줍니다. 그리고 "1번플래그"를 0으로 저장합니다. 왜냐하면 "1번플래그"가 계속 1이면 발을 밟지 않아도 캐릭터가 앞으로 움직이는 스크래치 구문이 계속 실행되기 때문입니다. 달리기 동작을 하게 되면 "1번" 값이 700 이하로 떨어지게 되고, 그 때 "1번플래그"는 0에서 1로 변하게 해줍니다. 그리고 달리기 동작을 다시 하게 될 때 "1번"변수는 700 이상이 되고 "1번플래그"가 1로 바뀌었기 때문에 캐릭터의 x좌표를 10증가시키는 실행을 하게 됩니다. 이 내용을 스크래치 코드로 바꾸면 다음과 같습니다.

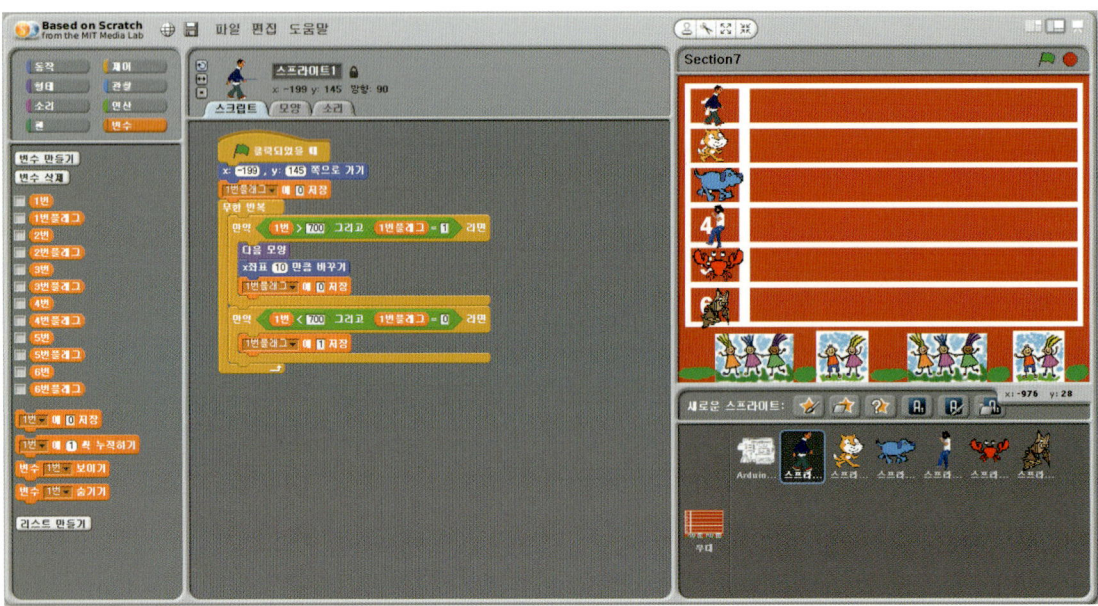

12

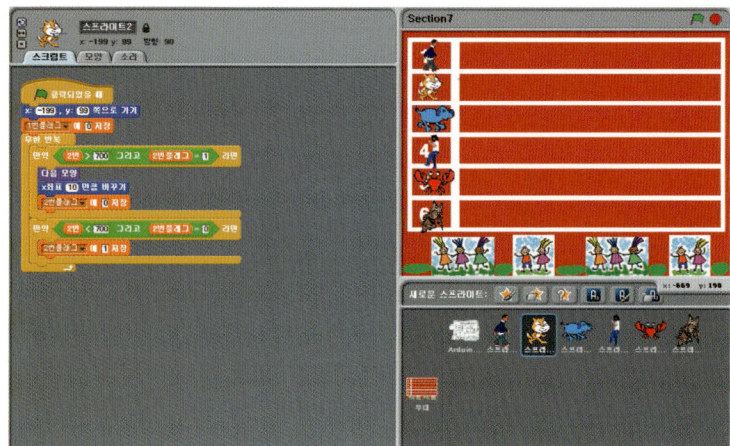

1번 주자 캐릭터의 코드가 완성되었습니다. 이 코드를 2번, 3번, 4번, 5번, 6번 주자 모두에게 똑같이 복사해서 붙여 줍니다. 그리고 변수 "1번", "2번",...., "6번"과 "1번플래그", "2번플래그",...., "6번플래그" 변수를 각 캐릭터에 맞게 변경해 줍니다.

13

이제 모든 코드가 완성되었습니다. 녹색 깃발을 클릭해서 실행시킵니다. 그리고 혼자서 먼저 테스트를 해봅니다. 은박지 발판 위에 두 발을 얹고 제자리 달리기를 합니다. 그리고 다른 사람과도 경주를 해 보면 더 재밌을 겁니다.

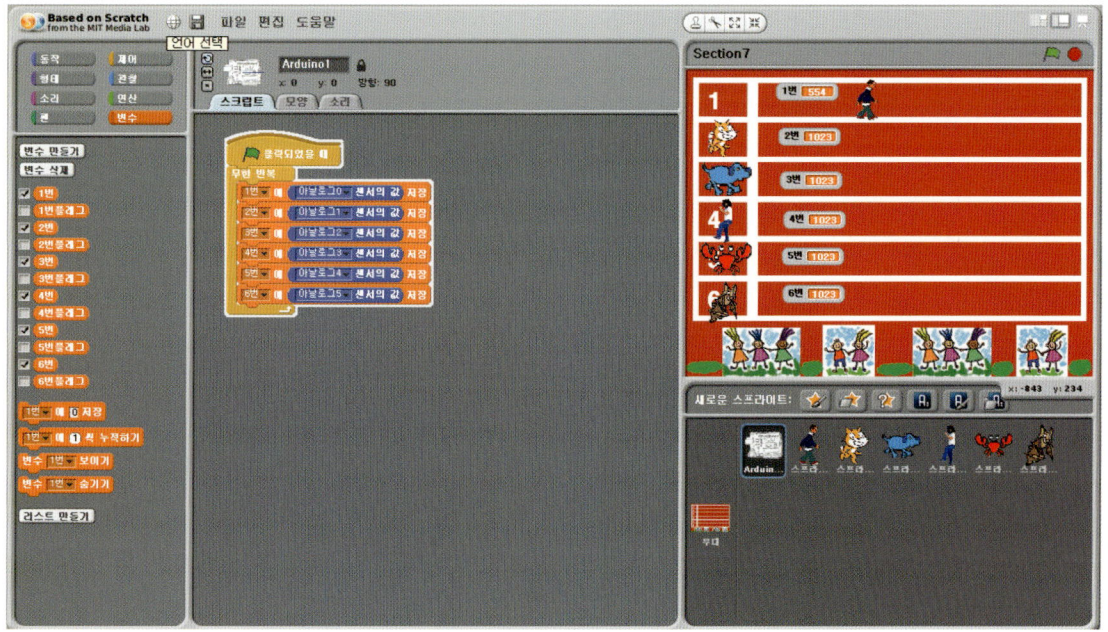

더 해보기!

달리기 게임에서 1, 2, 3등을 표시하는 스크래치 코드를 만들어 봅시다.

(힌트 : 벽에 닿기 블록을 이용)

Chapter 02에서는 전도성 물체와 내 몸을 이용한 재밌는 프로젝트를 해봤습니다. 이번 Chapter 03에서는 여러 가지 센서 부품의 특징을 알아보고 센서를 이용한 다양한 프로젝트를 만들어 보겠습니다. 다뤄볼 프로젝트로는, RGB LED, 가로등, 자동차 레이싱, 선풍기, 조종기, Etch a sketch, 레이더입니다.

센서란 무엇일까요? 이 세상의 물리적, 화학적 변화를 감지하여 전기적 신호로 바꿔주는 장치가 바로 센서입니다. 예를 들면 기울기 정도에 따라 전기 신호값이 변하는 기울기 센서, 빛의 양에 따라 저항값이 변하는 특성이 있는 조도 센서, 초음파를 발생 시켜 물체를 감지할 수 있는 초음파 센서 등 세상에는 수백 종류의 센서가 있습니다. 센서에서 발생된 전기 신호는 아두이노로 입력됩니다. 아두이노에서는 이 전기신호를 디지털 숫자로 바꿔 줍니다. 우리는 이 디지털 숫자를 이용해서 스크래치에서 코드를 만들 수 있습니다.

이번 Chapter 03에서는 센서의 공학적 원리를 잘 이해하여 스크래치에서 코드를 만들 때 수학적인 내용이 약간 들어 갑니다. 그래서 조금 어려울 수도 있기 때문에 코드와 설명을 두 번, 세 번 씩 반복하여 보기를 바랍니다. 그리고 본인이 스스로 센서의 값을 이용해 여러 가지 테스트를 해 보는 것도 센서를 이해하는 데에 도움이 될 것입니다.

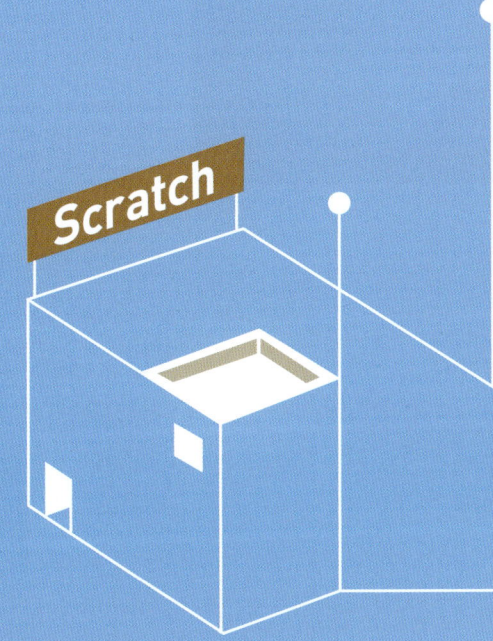

SECTION 08
RGB LED로 색깔 만들기

우리의 눈은 어떻게 물체를 볼 수 있을까요? 우리가 물체를 볼 수 있는 이유는 빛이 물체에 반사되어 우리 눈으로 들어오기 때문입니다. 그렇다면 물체의 색깔은 어떻게 구분되는 것일까요? 물체는 같은 색깔의 빛은 반사하고 다른 색깔의 빛은 흡수합니다. 물체 자신의 색깔만 반사하기 때문에 색이 다르게 보이는 것입니다.

우리의 눈에는 원뿔 세포라는 것이 있습니다. 원뿔 세포는 빛의 빨간색 영역, 녹색 영역, 파란색 영역을 감지하는 역할을 합니다. 이 세 가지 색으로 여러 가지 색깔을 볼 수 있는 이유는 세 가지 색을 혼합하면 여러 가지 색이 되기 때문입니다.

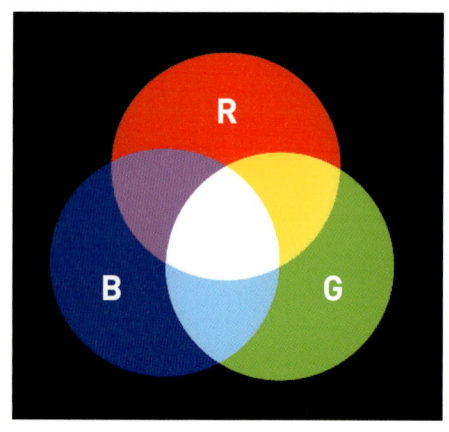

빨간색, 녹색, 파란색을 빛의 삼원색 이라고 합니다. 3가지(삼)의 주요 색이라는 의미입니다. 영어로 빨간색은 Red, 녹색은 Green, 파란색은 Blue인데, 이 용어를 따서 빛의 삼원색을 이용하여 색을 표현하는 방식을 RGB 가산혼합 이라고 합니다. 가산혼합이라는 말은 서로 더하거나 섞는다는 뜻입니다. 이때 가산의 한자말을 보면 더할 "가"에 계산할 "셈"입니다. 색깔을 서로 더하기는 하는데, 그 양을 계산해서 더한다는 겁니다. RGB의 양을 적절히 계산해서 더하면 노란색, 주황색, 갈색, 분홍색 등을 만들 수 있다는 겁니다. 여기에서 우리는 빛의 삼원색인 빨간색, 녹색, 파란색을 표현해 보고, 각각의 색의 양을 조절해서 다양한 빛의 색깔을 만들어 보겠습니다.

하드웨어 준비물

부품 사진	이름	갯수
	아두이노, USB케이블, 브레드보드	각 1개씩
	전선	10개 정도
	RGB LED (Common cathode)	1개
	저항 220 ohm	3개

이번 하드웨어 준비실에서는 RGB LED가 새로 등장했습니다. RGB LED는 우리가 앞서 사용했던 LED의 한 종류입니다. 그리고 RGB LED 하나로 세상의 모든 색을 표현할 수 있습니다. RGB LED는 다리가 4개로써 다음 그림과 같은 특징이 있습니다.

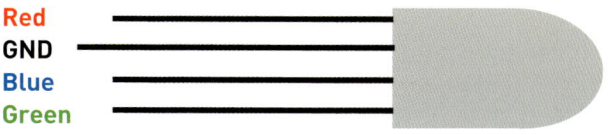

여기에서 사용할 RGB LED는 Common cathode 타입이기 때문에 가장 긴 다리 부분이 GND(마이너스)입니다. 그리고 나머지 3개의 다리는 빨간색(Red), 파란색(Blue), 녹색(Green)의 LED입니다. 이 3가지 색을 섞어서 세상의 모든 색을 표현하는 것입니다.

아두이노 실험실

RGB LED는 다음처럼 220 옴 저항 3개를 연결해 줍니다.

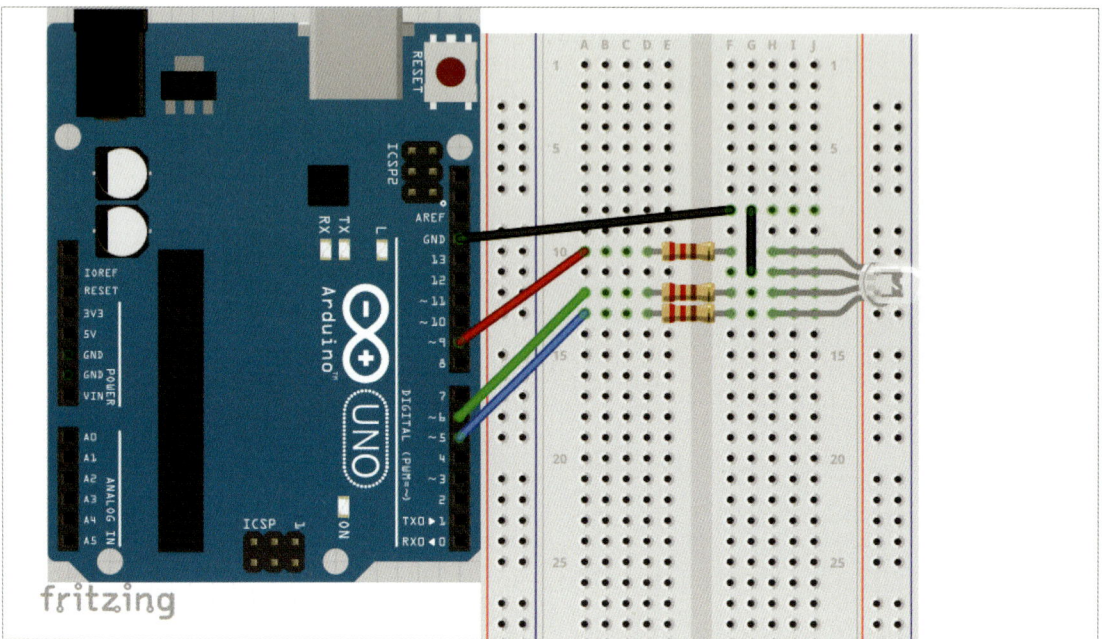

스크래치 실험실

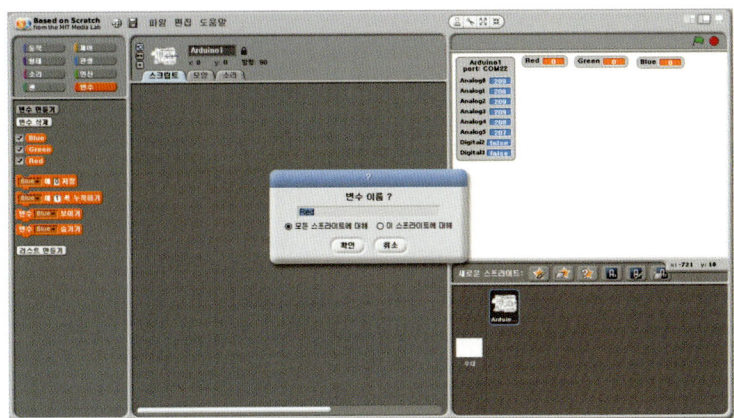

01

아두이노를 컴퓨터에 연결하고 S4A를 실행시킵니다. 이번에도 아두이노 스프라이트에서 아두이노 그림을 없애기 위해 [형태] 팔레트에서 숨기기를 눌러줍니다. 그리고 빨간색, 녹색, 파란색을 의미하는 변수 3개를 만들어 줍니다.

02

형태 동작 팔레트에 가서 `아날로그입력 9▼ 의 값을 255 으로` 블록 3개를 가져옵니다. 이 블록은 RGB LED에 전기신호를 주어서 LED 색깔이 변하게끔 해줍니다. 블록에 번호는 9, 6, 5번으로 3개를 선택할 수 있습니다. 9번은 LED의 Red 다리에, 6번은 Blue 다리에, 5번은 Green 다리에 연결 했었습니다. 그리고 변화시킬 수 있는 값은 0 ~ 255입니다. 0은 아무런 전기신호를 안준다는 것으로 만약 9번에 0을 주면 빨간색이 안 켜집니다. 1,2,....255까지 줄수 있고 값이 커질수록 그 색깔의 농도가 진해 집니다. 빨간색이면 255로 갈수록 더 밝은 빨간색이 됩니다. 이런식으로 빨간색, 녹색, 파란색의 농도를 숫자로 조절해서 서로 섞을 겁니다. 그러기 위해서는 변수 Red, Blue, Green를 `아날로그입력 9▼ 의 값을 255 으로` 블록의 "255" 부분에 넣어 줍니다.

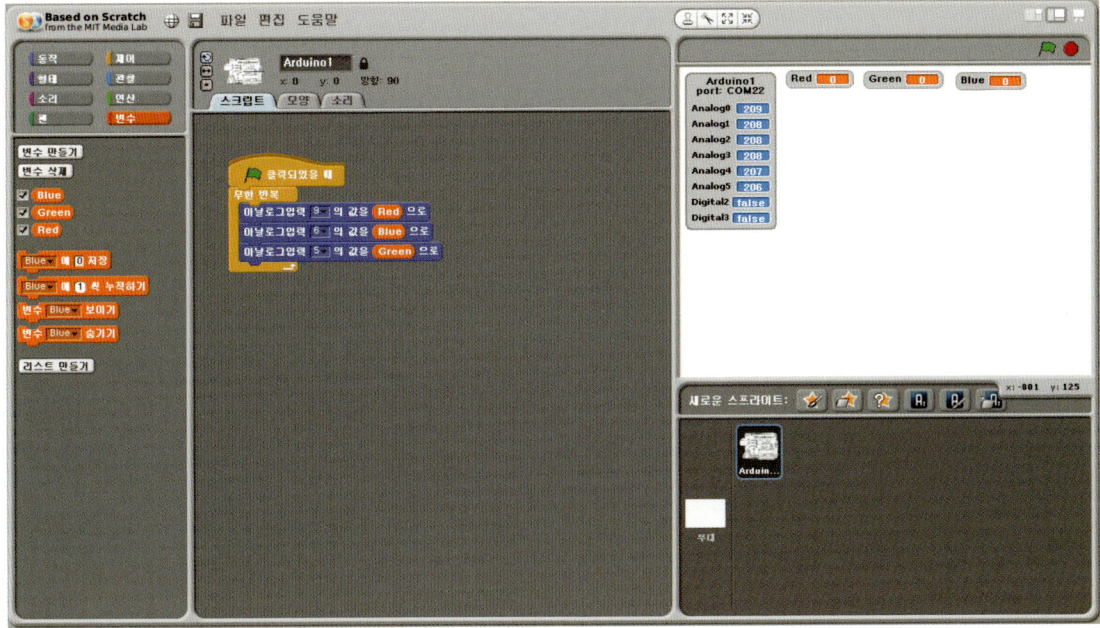

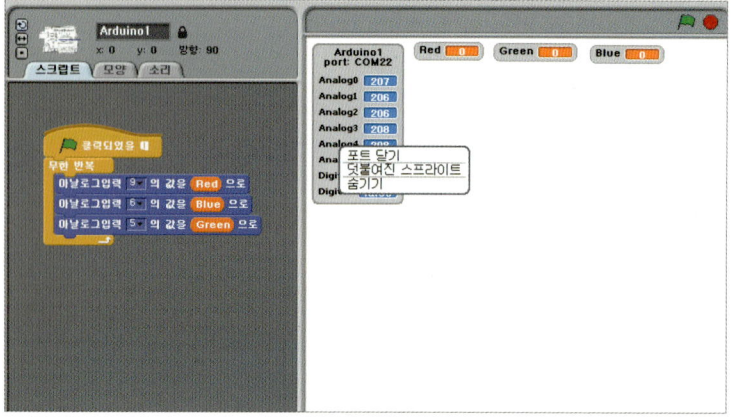

03

결과가 나타나는 우측 상단의 화면에 "Arduino1 port COM"부분이 있는데 여기에는 센서의 값이 자동으로 보여지는 부분입니다. 여기에서는 센서를 사용하지 않으니 이 부분을 안보이게 하겠습니다.

마우스 포인터를 "Arduino1 port COM"부분에 올린 다음, 마우스 오른쪽 버튼을 클릭하면 나타나는 메뉴에서 "숨기기"를 클릭해주면 센서 값이 보이는 부분이 사라집니다.

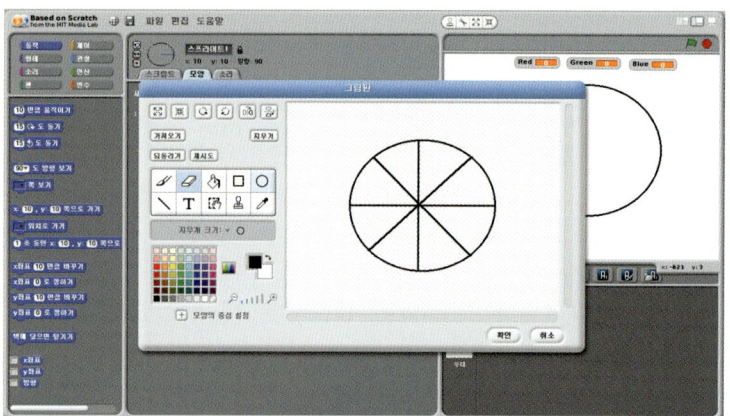

04

이제 새로운 스프라이트 그리기를 클릭합니다. 그리고 피자모양의 그림을 하나 그립니다. 원을 여러 조각으로 나누어서 각 조각에 색깔을 입힐 겁니다.

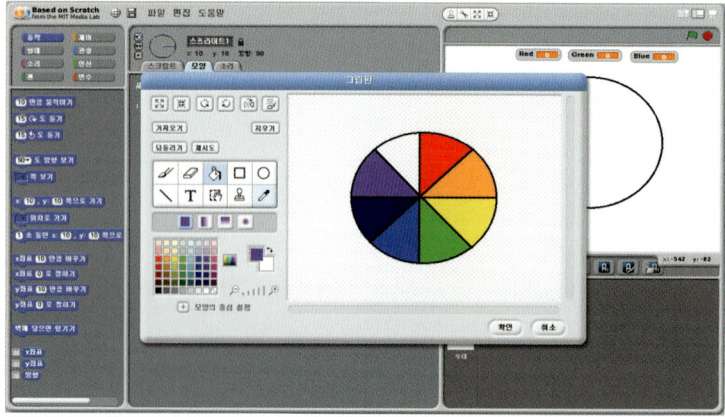

05

원의 8가지 조각을 다양한 색깔로 채워줍니다. 저는 무지개색으로 7개 칸을 채우고 마지막 칸을 흰색으로 했습니다.

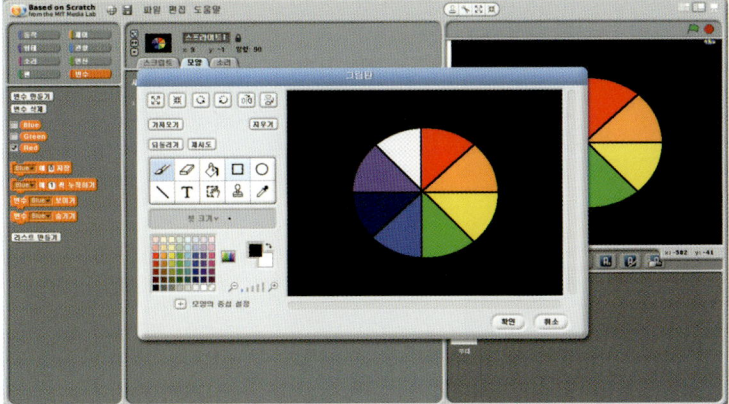

06

배경 색깔은 검은색으로 칠하겠습니다.

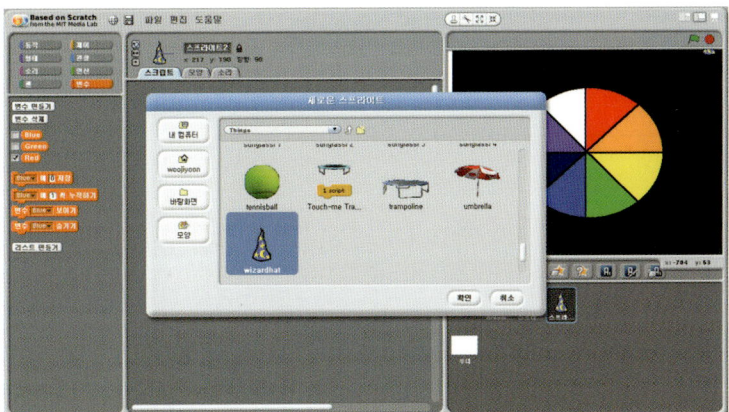

07

스프라이트를 하나 더 만듭니다. 이 스프라이트는 마우스 포인트를 따라다니면서 색깔에 닿으면 Red, Green, Blue 변수의 값을 변화시켜서 닿은 색깔과 똑같은 색을 LED에 표현하려고 합니다. 저는 모자를 스프라이트 그림으로 선택했습니다.

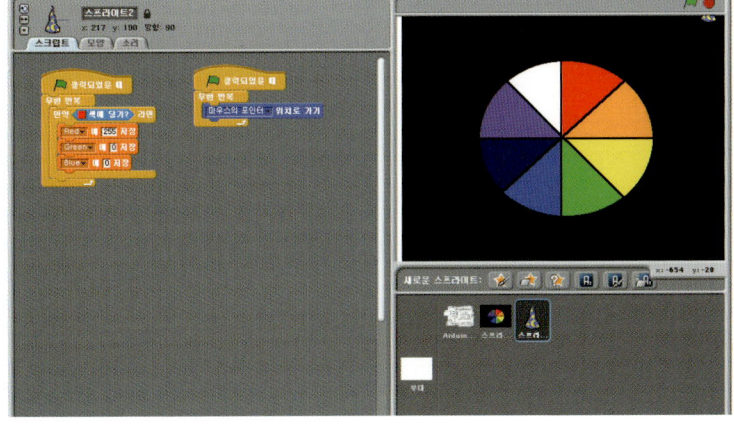

08

모자 스프라이트에서는 깃발클릭 하기를 두 개 가져옵니다. 그리고 다음 그림 코드를 만듭니다. 하나의 깃발은 색깔을 만들어 주는 부분이고 다른 하나는 모자가 마우스 포인터를 따라다니는 부분입니다. 코드를 다 만든 뒤, 마우스를 공의 빨간색에 갖다 대어 LED가 빨간색으로 변하는지 관찰합니다.

09
다음 그림은 LED가 빨간색으로 변하는 모습입니다.

빨간색	주황색	노란색	녹색
Red에 255 저장 Green에 0 저장 Blue에 0 저장	Red에 255 저장 Green에 50 저장 Blue에 0 저장	Red에 255 저장 Green에 255 저장 Blue에 0 저장	Red에 0 저장 Green에 255 저장 Blue에 0 저장
파란색	남색	보라색	흰색
Red에 0 저장 Green에 0 저장 Blue에 255 저장	Red에 0 저장 Green에 5 저장 Blue에 70 저장	Red에 100 저장 Green에 0 저장 Blue에 255 저장	Red에 255 저장 Green에 255 저장 Blue에 255 저장

10

이제 똑같은 방법으로 주황색, 노란색, 녹색 등을 만들어 봅니다. 쉽게 하기 위해서  블록을 여러 개 복사해서 사용합니다. 그리고  에서 "255" 부분을 각 색깔에 맞춰서 조절합니다. 조절할 값은 다음 표와 같습니다.

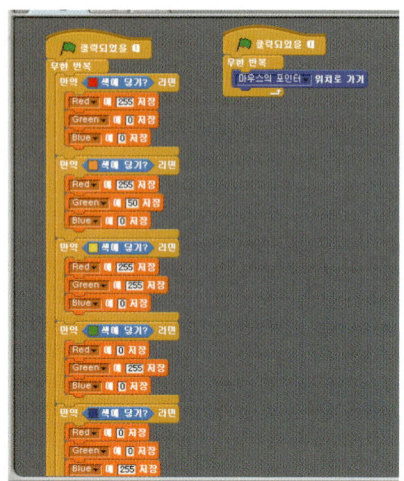

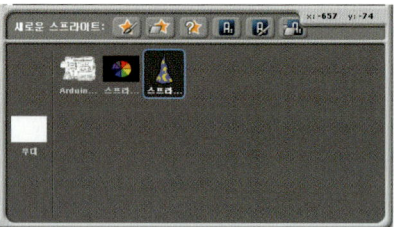

11

빨간색에서 파란색까지 표현한 코드가 나타나 있습니다. 색깔에 닿았는지 비교하는 부분과 색을 변화시키는 부분이 계속 반복되므로 복사해서 사용하면 됩니다.

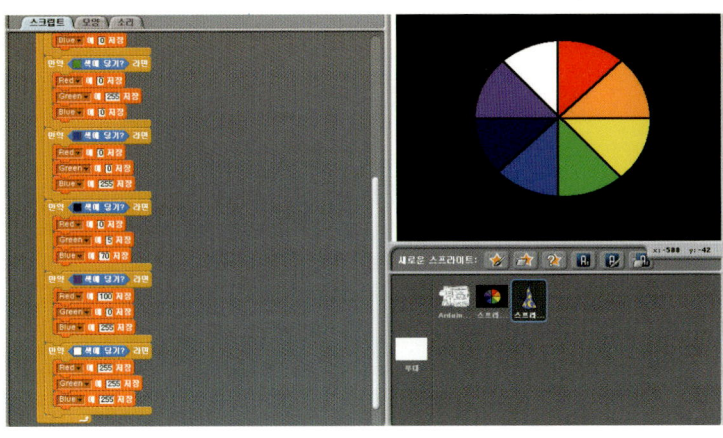

12
남색부터 흰색까지 나머지 색깔을 나타내는 코드가 오른쪽에 나타나 있습니다.

이제 모든 코드가 완성되었습니다. 깃발을 클릭해서 실행하여, 마우스 포인터를 색깔 공에 올려 봅니다. 각 색깔별로 RGB LED의 색깔이 맞게 변하는지 관찰합니다.

더 해 보 기 !

[1] RGB LED를 이용해서 아래의 색을 찾아보세요. (원하는 색에 가까운 값을 찾아보세요.)

해바라기 꽃잎의 노란색 = 빨간색(255) + 녹색(255) + 파란색(0)

자몽 속의 색 = 빨간색(   ) + 녹색(   ) + 파란색(   )

하늘색 = 녹색(   ) + 녹색(   ) + 파란색(   )

⇨ 힌트 : 인터넷에 검색창에 "RGB 색상표" 라고 검색하면 색깔 값이 나옵니다.

[2] 혼자 또는 친구와 함께 가장 신비로운 색을 찾은 다음, 그 색깔의 이름을 창의적으로 지어보세요.

예) 빨간색(100) + 녹색(70) + 파란색(100) = 빙수 위에 얹은 딸기 시럽

SECTION 09

어둠을 밝혀주는 가로등

가로등은 어두운 밤 거리를 환하게 밝혀주는 역할을 합니다. 그리고 어두운 길에서 운전자나 보행자의 시야 확보와 사고 예방 및 범죄 예방을 위해 가로등은 길 가장자리에 높게 설치되어 있습니다. 최초의 가로등은 그리스와 로마 문명에서 등장하였습니다. 주로 방랑자들을 보호하고 강도들을 막기 위한 목적으로 사용되었습니다. 이 시기의 가로등은 전기등이 아닌 석유등이었습니다. 한국에서는 1897년 1월에 서울시가 최초로 가로등을 세웠습니다. 현대의 가로등은 빛에 민감한 광전지를 이용하여 어두워지면 자동으로 점등되고 새벽에 소등됩니다. 그리고 흐린 날씨에도 잘 작동 합니다. 이렇게 될 수 있는 이유는 시간에 맞게 꺼지고 켜지게끔 컴퓨터로 설정되어 있기 때문입니다. 물론 지역별로 해가 뜨고 지는 시간의 차이도 고려되어 컴퓨터로 원격 통신을 하여 가로등을 켜고 끕니다. 하지만 깊은 산골짜기나, 도시에서 아주 멀리 있는 바닷가에 있는 가로등은 어떨까요? 컴퓨터의 통신이 원활하지 않거나 끊길 수도 있는데도 말이지요. 그런 곳은 가로등 내에 빛 감지 센서 들어가 있습니다. 타이머라는 걸로 자체적으로 시간을 계산하는 경우도 있지만, 빛 감지 센서가 빛의 양에 따라 가로등을 끄고 켜는 경우도 있습니다. 우리는 이런 빛 감지 센서를 이용해서 가로등 효과를 스크래치로 만들어 보려고 합니다.

하드웨어 준비실

부품 사진	이름	갯수
	아두이노, USB케이블, 브레드 보드	각 1개씩
	전선	5개 정도
	포토리지스터(Photoresistor)	1개
	10 K ohm 저항	1개

이번 하드웨어 준비실에서는 포토리지스터(Photoresistor)라는 새로운 부품이 있습니다. CDS 센서, 빛 센서, 포토 셀 등의 다양한 이름으로 불리기도 합니다. 포토리지스터는 이름 자체에 부품의 특성이 내포되어 있습니다. 포토(Photo)는 "빛"을 의미합니다. 리지스터(resistor)는 저항을 의미합니다. 포토리지스터는 빛의 양에 따라 저항값이 변하는 특성이 있는 부품입니다. 포토리지스터를 손으로 가리면 빛이 포토리지스터에 조금밖에 들어오지 않을 것입니다. 포토리지스터에 닿는 빛의 양이 적으면 저항(리지스터)값이 커지게 됩니다. 저항이 커지면 직렬로 연결된 전선에 흐르는 전류의 양이 작아집니다.

반대로 포토리지스터를 가리던 손을 떼면 포토리지스터에 닿는 빛의 양이 많아지고 저항(리지스터)값은 작아집니다. 저항이 작아지면 직렬로 연결된 전선에 흐르는 전류의 양은 커집니다. 이렇게 변하는 전류는 10 K ohm 이라는 고정 저항으로 흐르게 되고 아두이노의 A0로 들어오는 전압값에 변화가 생기게 됩니다. 그 변화된 전압값을 아두이노는 디지털 숫자로 변환시키게 되고 우리는 그 변환된 값을 스크래치에서 활용할 것입니다. 왼쪽의 포토리지스터의 특징을 다시 한 번 표로 정리해 보았습니다.

빛의 양에 따른 포토리지스터의 특성

	포토리지스터의 저항값	전류값
밝은 곳	작아진다	커진다
어두운 곳	커진다	작아진다

SECTION 09. 어둠을 밝혀주는 가로등

아두이노 실험실

> 01

다음과 같이 포토리지스터와 10 K ohm 저항을 연결합니다. 포토리지스터와 10 K ohm 저항은 +, - 극성은 없기 때문에 부품의 방향은 상관없습니다. 포토리지스터와 10 K ohm저항의 연결 순서를 꼭 지켜줘야 합니다. 안 지킨다고 큰 문제가 되는 것은 아니지만 스크래치에서 코드가 조금 다르게 될 것이기 때문입니다.

> 02

포토리지스터를 앞의 그림처럼 연결하는 이유를 다음 그림을 통해서 알아보겠습니다. 그림에서 처럼 10 k ohm 저항을 R1, 포토리지스터를 R2라고 하겠습니다. 그리고 5V를 Vs, R1에 걸리는 전압을 Vin이라고 하겠습니다.

옴의 법칙 V = I x R, (전압 = 전류 x 저항)을 이용해서 아두이노의 A0에 걸리게 되는 전압값 Vin을 나타내 보겠습니다. 5V ~ GND까지 연결된 전선은 하나의 선으로 연결된 직렬입니다. 직렬 연결에서 흐르는 전류는 하나 뿐입니다. 왜냐하면 전류가 흐를 수 있는 길이 하나이기 때문입니다. 전류는 5V에서 시작되어 포토리지스터와 10 K ohm 저항을 거쳐 GND로 흘러갑니다. 이때 흐르는 전류는 $\frac{Vs}{R1+R2}$ 입니다. 왜냐하면 I = V/R 이고, R = R1 + R2이기 때문입니다. 여기에서 $Vin = \frac{Vs}{R1+R2} \times R_2$가 됩니다. 왜냐하면 V = I x R이기 때문입니다. R2에 흐르는 전류를 곱하면 R2에 걸리는 전압 Vin이 됩니다. 이 Vin 은 아두이노의 A0에 걸리는 전압이 됩니다. 아두이노는 A0로 들어오는 전압값을 디지털 숫자로 바꾸어 줍니다. 우리는 이 값의 변화를 스크래치에서 확인할 것입니다.

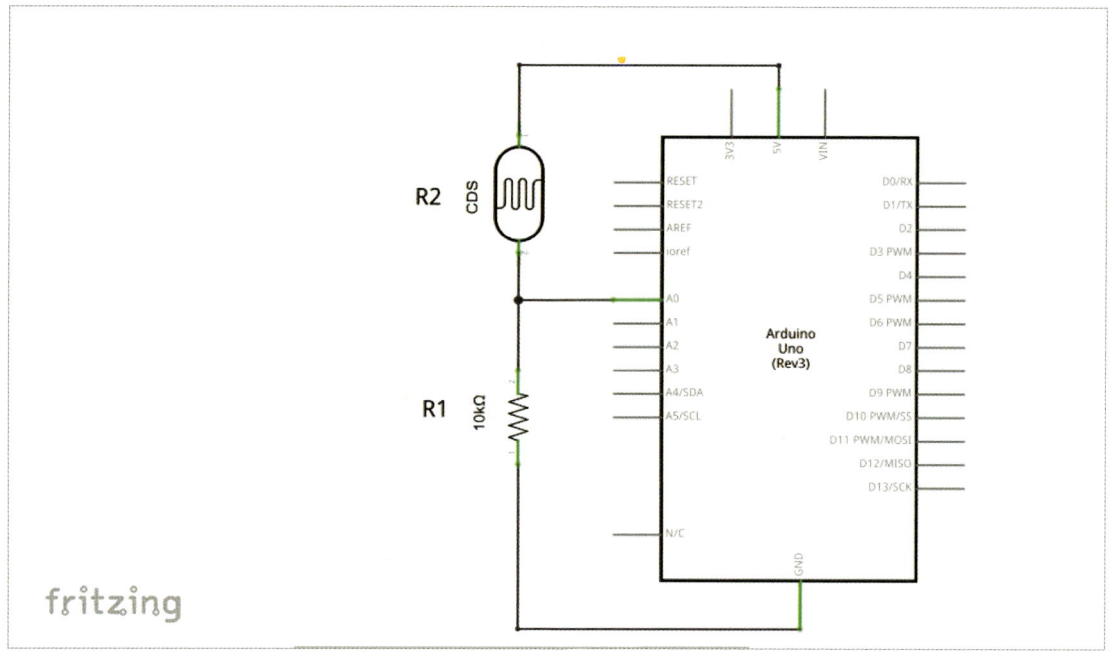

스크래치 실험실

01

이번 시간에 필요한 4개의 스프라이트는 다음 그림과 같습니다.

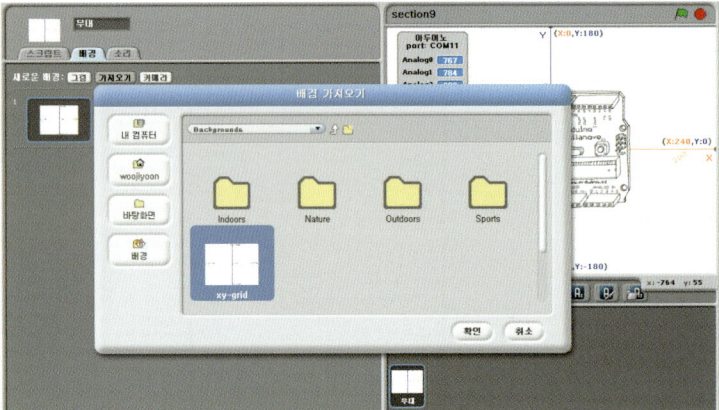

02

아두이노, 태양, 사람, 가로등 순서로 스프라이트를 만들면서 스크래치 코딩을 해봅시다.
무대 스프라이트를 클릭해서 배경 탭으로 간 다음, 새로운 배경 목록에서 가져오기로 들어갑니다. 그리고 xy-grid 배경을 선택합니다. xy-grid 배경을 선택한 이유는 x, y 좌표값을 보면서 다른 스프라이트 그림들을 배치하기 위해서입니다. 가장 마지막에는 무대를 다른 그림으로 변경할 것입니다.

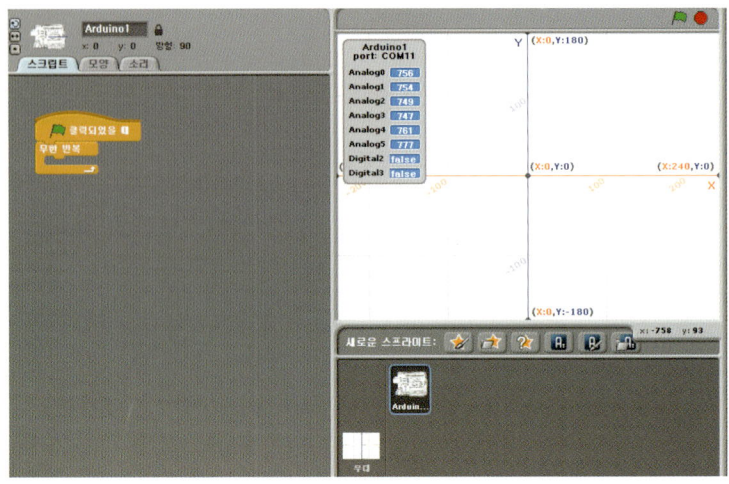

03

아두이노 스프라이트를 클릭합니다. 그리고 [형태] 팔레트에서 숨기기 블록을 클릭해 주어 아두이노 그림을 안 보이게 해줍니다. 이 상태에서 [제어] 팔레트로 갑니다. [제어] 팔레트의 블록과 블록을 스크립트로 옮깁니다.

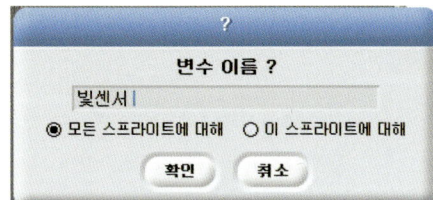

04

변수 팔레트로 가서 "빛센서"라는 이름으로 변수를 하나 만듭니다. 이 변수에 포토리지스터의 전기신호값을 담을 것입니다. 그리고 빛센서 변수에 ☑빛센서 체크표시를 하여 빛센서 변수값이 화면에 나타나게 합니다.

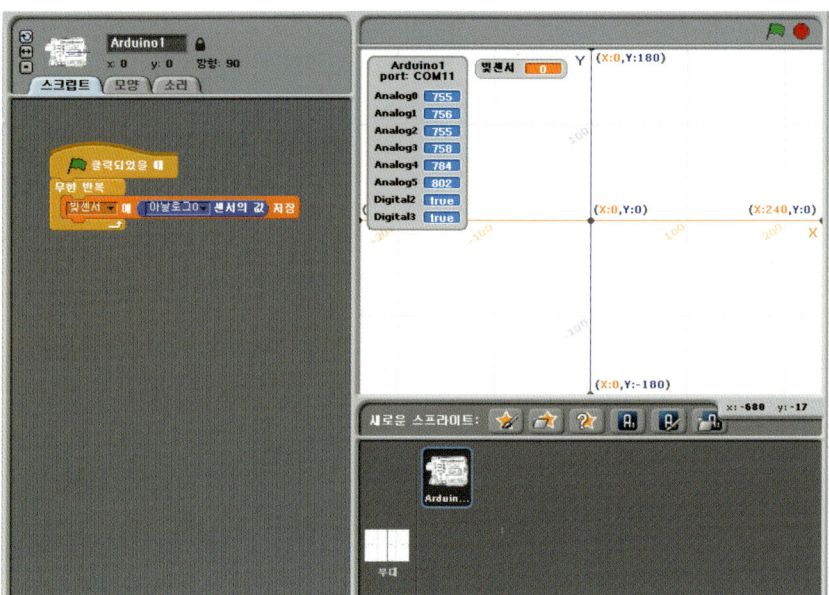

05

[변수] 팔레트에서 "빛센서"라는 변수에 [동작] 팔레트의 아날로그0 센서값 블록을 저장시키는 의미의 빛센서▼에 아날로그0▼ 센서의 값 저장 블록을 만들어 무한 반복 블록안에 넣어 줍니다.

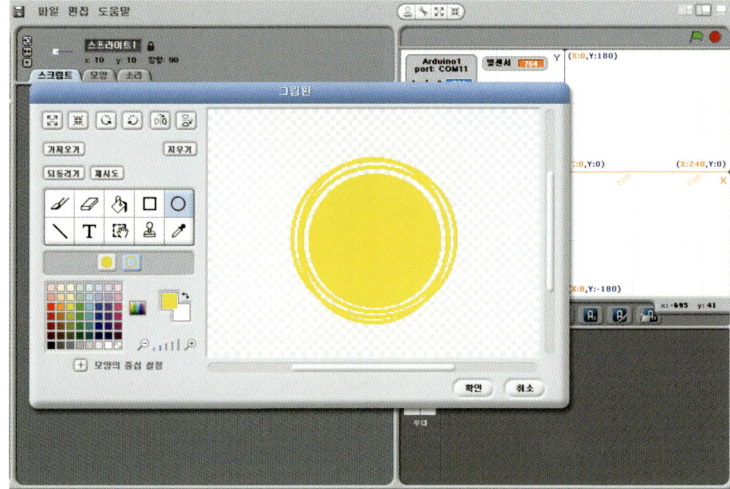

06

아두이노가 컴퓨터에 USB로 연결된 상태에서, 깃발을 클릭하여 손으로 포토리지스터를 가렸다가 떼 봅니다. 그러면 ☑빛센서 의 값이 변하는지 확인해 봅니다. 손으로 가리면 빛센서 값이 작아지고 손을 떼면 커지는지 확인합니다.

새로운 스프라이트 그리기를 클릭하여 다음 그림과 같이 태양을 그립니다. 태양의 모양은 자유롭게 그리면 됩니다.

07

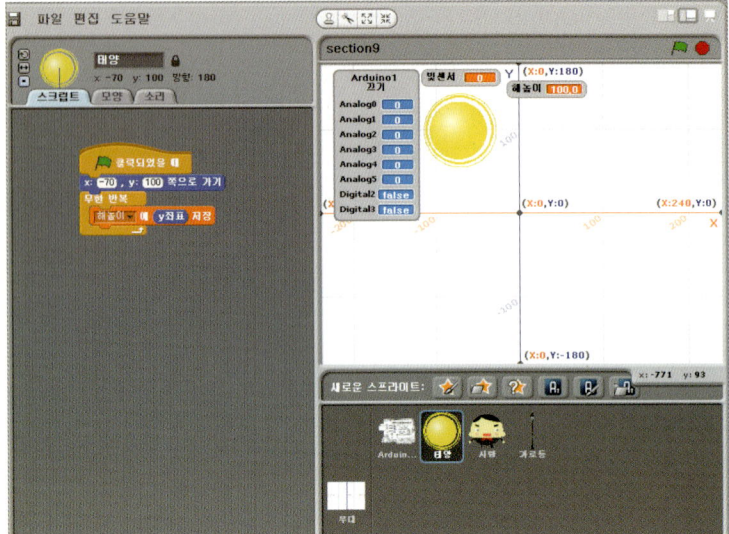

태양 스프라이트는 다음과 같이 스크래치를 만듭니다. 태양의 높이 값을 알기 위해 [변수]팔레트에서 "해높이"라는 변수를 하나 만듭니다. 그리고 적당한 위치에 해를 놓습니다. x, y 좌표값을 이용해 태양의 첫 위치를 정해줍니다. 필자는 x = -70, y = 100 으로 했습니다. 그리고 "해높이" 변수값에 y좌표를 저장시켜 줍니다.

08

이제 포토리지스터에 비춰지는 빛의 양에 따라서 태양이 뜨고 지는 효과를 나타내 보려고 합니다. 포토리지스터에서 빛의 양에 따른 전기 신호 값은 "빛센서" 변수에 저장되어 있습니다. 만약~아니면 블록을 이용해서 "빛센서" 변수의 상황을 2가지로 나누겠습니다. 손으로 포토리지스터를 가려서 빛센서 값이 600보다 작으면 해높이의 y좌표 값에 -5만큼 더해서 해의 높이를 점점 낮아지게 했습니다. 만일 손으로 가리지 않았서 빛센서 값이 600 이상이면은 해가 원래 위치로 가게끔 했습니다. 그리고 해가 아래로 내려가다가 어느 정도 높이가 되면 사라지게 했는데, 그 기준 높이 값은 -75로 했습니다. 빛센서 값 600, 해 높이 -75의 값은 여러분들이 값을 바꾸는 실험을 하면서 자유롭게 정해도 됩니다.

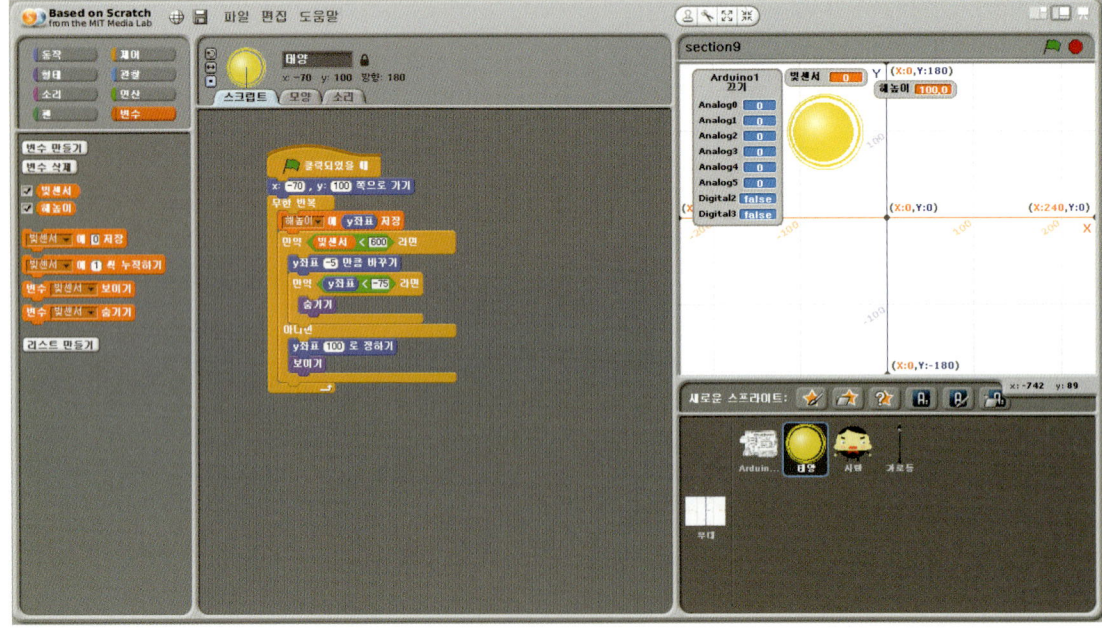

09

새로운 스프라이트 그리기를 클릭하여 사람모양의 그림을 하나 가져옵니다.

10

사람 그림도 적당히 태양 아래에 위치를 정해 줍니다.

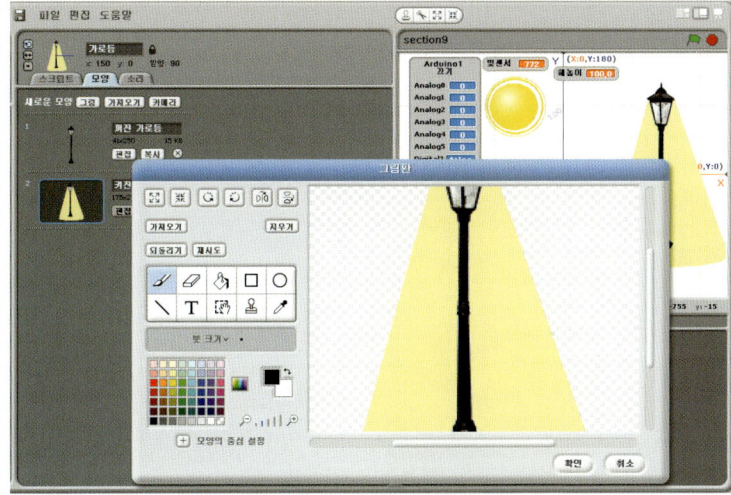

11

또 하나의 새로운 스프라이트 그리기를 클릭하여, 이번에는 가로등을 그려봅니다. 새로운 모양 가져오기에서 가로등과 비슷한 그림을 가져와도 되지만, 필자는 직접 그렸습니다. 전등불이 꺼져있는 가로등 그림과 켜져있는 가로등 그림 2개가 필요합니다. 전등불이 꺼진 모양의 가로등의 이름을 "꺼진 가로등"이라고 짓고, 전등불이 켜진 모양의 가로등은 "켜진 가로등"이라고 이름을 짓겠습니다. 가로등 그림은 여러분들이 자유롭게 인터넷에서 가져오거나 직접 그리면 됩니다.

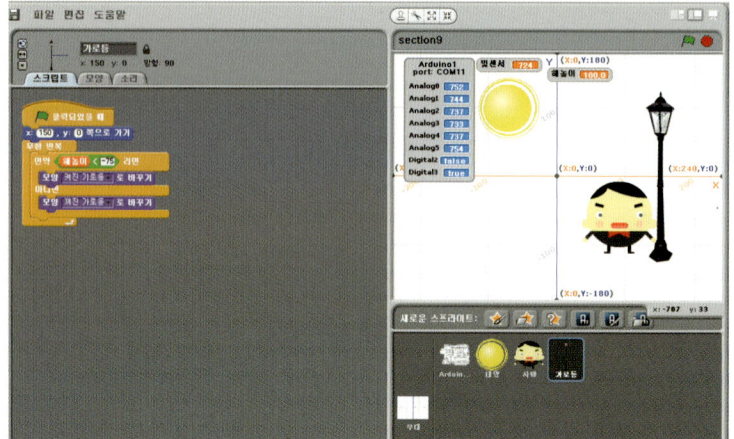

12

"해높이" 변수는 해의 y좌표 값입니다. 해가 점점 내려와서 해높이 값이 -75보다 작으면 해를 숨기고 밤을 표현하게 했기 때문에, 가로등 스프라이트에서도 해높이 값이 -75보다 작으면 가로등이 켜지게 하고 그렇지 않으면 가로등이 꺼지는 효과를 나타내려고 합니다.

만약~아니면 블록을 이용해서 경우의 수를 나누어 켜진 가로등 그림과 꺼진 가로등 그림을 나타나게 해줍니다.

13

이제 무대 스프라이트로 갑니다. xy-grid 배경 대신에 적당한 야외 배경을 골라줍니다. 필자는 "boardwalk"라는 배경을 선택하겠습니다.

14

무대 스프라이트에서는 해높이가 점점 내려갈 때마다 주위가 조금씩 어두워지게 하면 됩니다. `밝기 효과 25 만큼 바꾸기` 블록을 이용해서 해높이에 따른 주변 밝기를 적당히 조절합니다.

| 15 |

이제 스크래치는 모두 완성 되었습니다. 손으로 포토리지스터를 가려봅니다. 해의 높이가 점점 낮아지다가 주변이 어두워지고 가로등이 켜지는지 확인합니다.

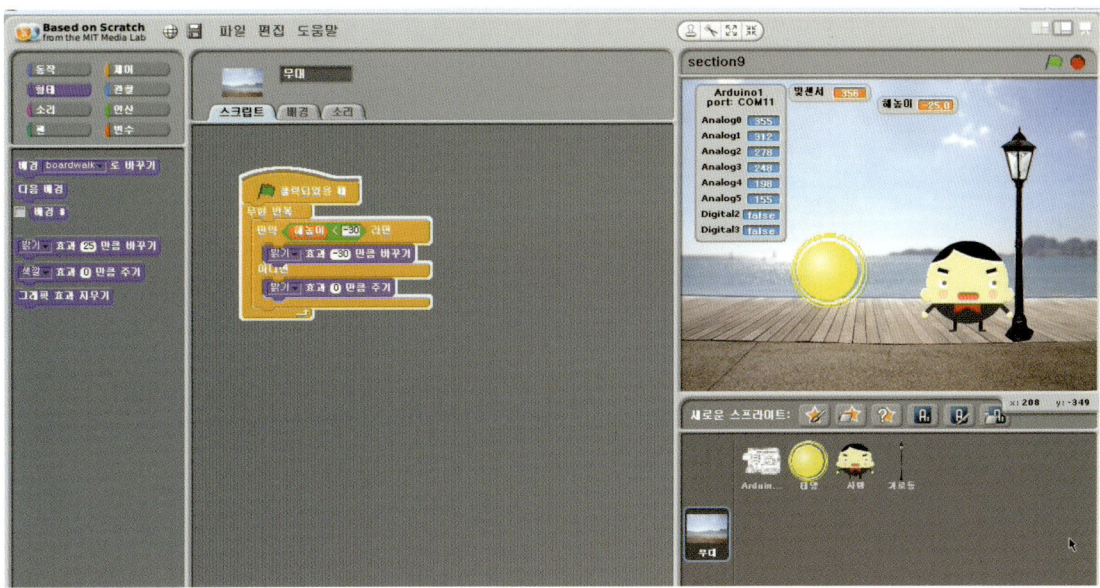

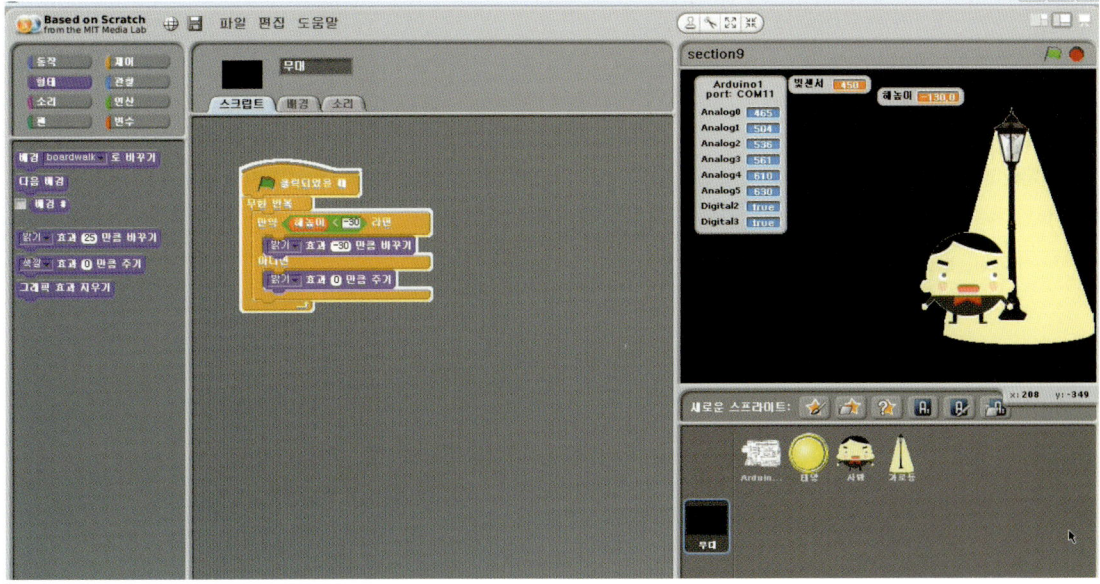

> **더 해 보 기 !**
> 아두이노로 LED를 동작시킨 기억을 떠올리며 아두이노 12번 핀에 LED와 저항 220 ohm을 직렬로 하나씩 연결합니다. 그리고 이번 챕터에서 만든 스크래치에서, 해가 지면 가로등이 켜질 때 LED도 켜지게끔 해봅니다. 그리고 다시 해가 뜨면 LED가 꺼지게 해봅니다.

SECTION 10

자동차 레이싱

스크래치를 많이 해 봤다면 스크래치를 이용해서 자동차 레이싱 게임을 다른 사람이 만든 것을 해봤거나 자신이 만들어 본 적이 있을 겁니다. 스크래치만을 이용해서 자동차 레이싱 게임을 만들면 보통 키보드의 화살표 키를 이용해서 자동차를 운전했을 것입니다.

그런데 실제 오락실에 가 보면 다음 그림처럼 자동차 핸들과 악셀 페달, 브레이크 페달로 자동차 레이싱 게임을 하는 것이 있습니다. 키보드로 하는 것보다 실제 자동차를 운전하는 실감이 더 들 수 있는데요. 이것을 아두이노로 만들 수는 없을까요?

이번 시간에는, 스크래치로 자동차 레이싱 게임을 만들고 아두이노를 이용해서 자동차 핸들과 악셀 페달, 브레이크 페달을 실제 자동차처럼 만들어 보겠습니다. 핸들, 페달 같은 하드웨어는 비싼 장비가 아닌 우리 주변에서 쉽고 싸게 구할 수 있는 장비를 최대한 이용하겠습니다.

하드웨어 준비실

부품 사진	이름	갯수
	아두이노, USB케이블, 브레드보드	각 1개씩
	전선	긴 거 5개 정도, 짧은 거 4개 정도
	회전형 가변저항 (10 K ohm)	1개
	악어 클립	3 개
	1 M 옴 저항	2개
본드 또는 글루 건		1개
가위, 스티로폼(성인 손가락 크기 정도만 필요), 테이프, 양면 테이프, 쿠킹 호일, 박스(성인 주먹만 한 것)		1개씩
	스티로폼 접시(자동차 핸들로 쓸 만한 둥근 모양)	1개

아두이노 실험실

01

다음 그림처럼, 브레드 보드에 먼저 부품을 연결한 다음 손가락 만한 스티로폼 크기를 가변저항의 손잡이에 꽂은 다음 본드나 글루건으로 고정합니다. 그리고 핸들이 될 스티로폼 접시를 반대편에 본드(또는 글루건)로 고정시켜 줍니다.

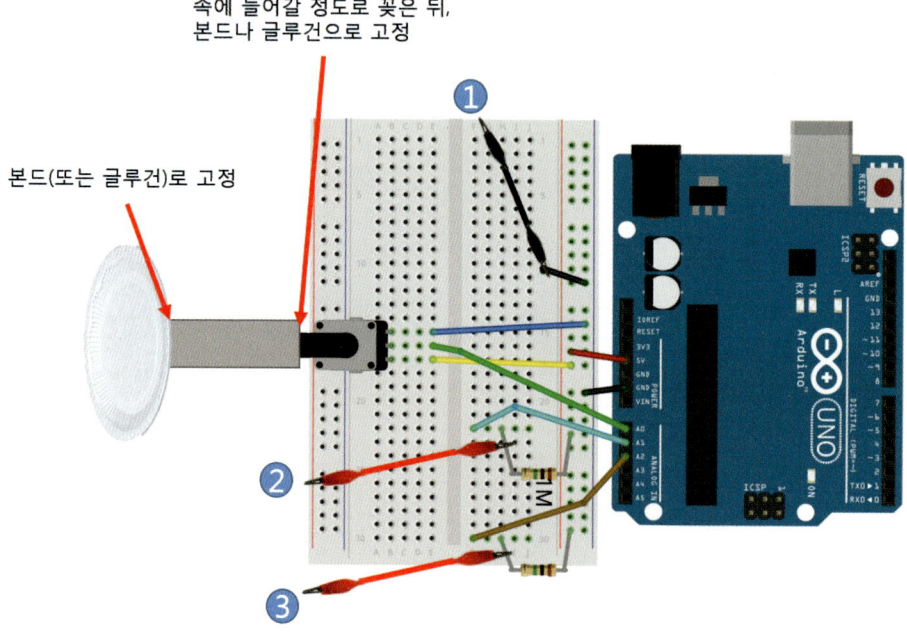

02

자동차 핸들과 페달을 만든 실제 사진이 다음 그림에 나와 있습니다.

또는 회전형 가변저항의 손잡이 부분에 얇은 박스 종이를 꽂고 끝 부분을 갈라지게 만들어서 일회용 접시에 붙여도 됩니다. 이렇게 하면 회전형 가변저항 부분에 글루건을 사용하지 않아도 고정이 잘 됩니다.

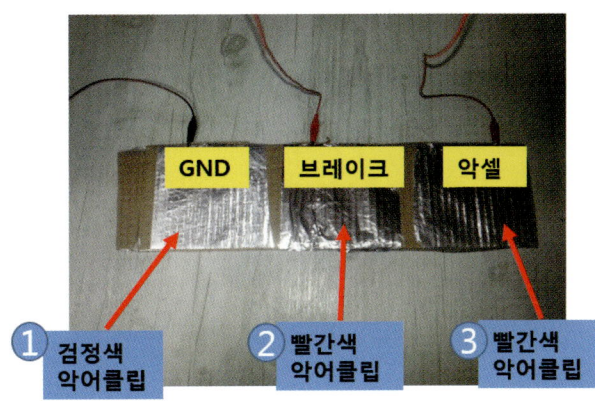

03

브레드 보드에서 ①, ②, ③ 번의 악어클립의 남은 연결 부분을 다음 그림처럼 호일로 만든 판에 연결해 줍니다. GND에 왼쪽 발바닥을 항상 올리고 있는 상태에서 오른쪽 발바닥으로 브레이크와 악셀 호일 부분을 밟으면서 작동 시킬 것입니다.

04

자동차 조종기의 전체 사진이 다음 그림에 나와 있습니다.

위의 그림 처럼 다 만든 뒤, 스티로폼 핸들을 돌려서 회전형 가변저항이 잘 돌아가는 지 테스트 합니다. 연결 부분이 약할 수 있으므로 너무 세게 돌리지 않도록 주의 합니다.

스크래치 실험실

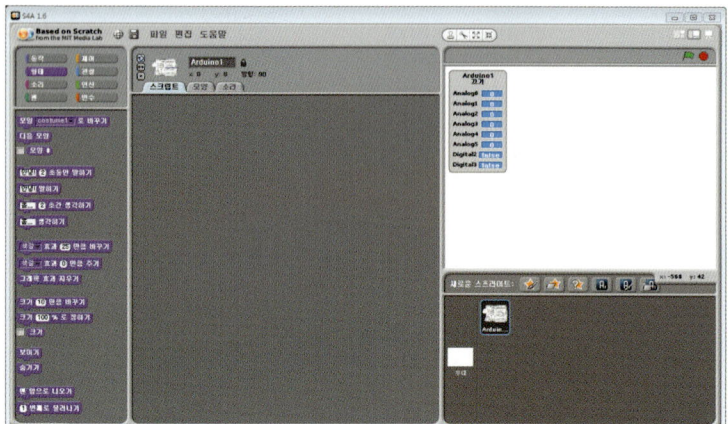

01
아두이노를 내 컴퓨터에 연결한 뒤, S4A 프로그램을 실행합니다.

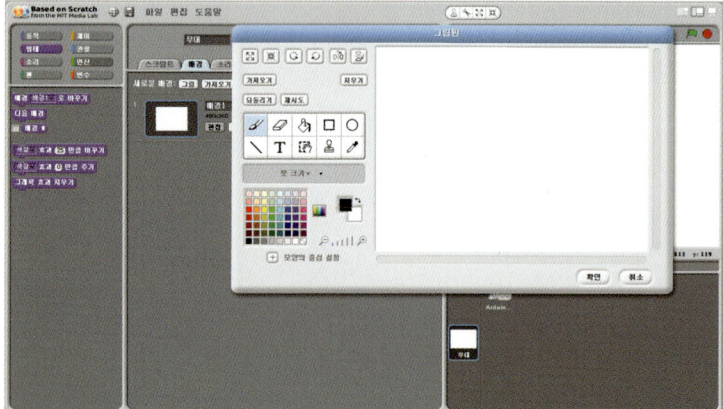

02
무대 스프라이트의 배경에서 "편집"을 눌러 그림판을 엽니다. 무대 스프라이트에 자동차 레이싱 경기장을 그리겠습니다.

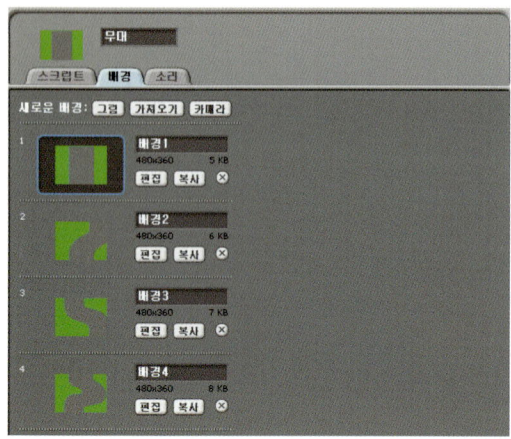

03
자동차 경기장은 여러개가 필요합니다. 그리고 각 배경에서 자동차 길(회색부분)은 서로 자연스럽게 연결이 되게 그려야 합니다. 녹색 부분은 잔디입니다. 잔디는 자동차의 속도가 느려지는 부분입니다. 여기에서는 배경1에서 자동차가 시작되어 배경4까지 화면 전환이 이루어지게 만들겠습니다. 경기장 배경을 몇 개 그립니다.

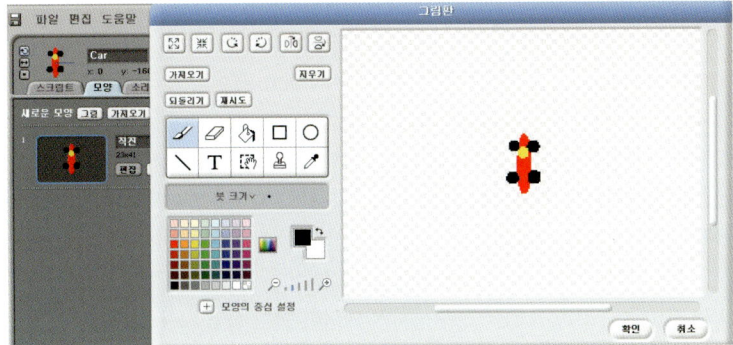

04

그리고 자동차 그림 모양의 스프라이트를 하나 그립니다. 자동차 스프라이트의 이름은 "Car"로 합니다.

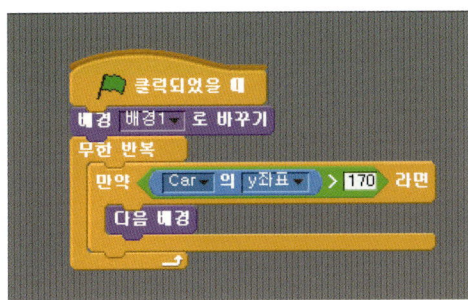

05

이제 자동차 레이싱 게임에 필요한 그림은 모두 완성했습니다. 이제 스크래치로 코드를 만들면 됩니다.
무대 스프라이트에서 필요한 작업은 자동차가 꼭대기에 닿으면 배경 화면을 전환해 주는 것입니다. 자동차가 꼭대기에 닿을 때의 y좌표값은 170정도입니다. 그래서 자동차 스프라이트의 y좌표가 170보다 크면 "다음 배경"으로 바꾸는 코드를 만듭니다.

06

자동차 레이싱 게임에 필요한 5개의 변수를 만들겠습니다. 필요한 변수의 이름은 "x속도", "y속도", "센서값", "악셀", "브레이크"입니다. 변수의 목록은 스크래치 코드의 왼쪽에 나와 있습니다.

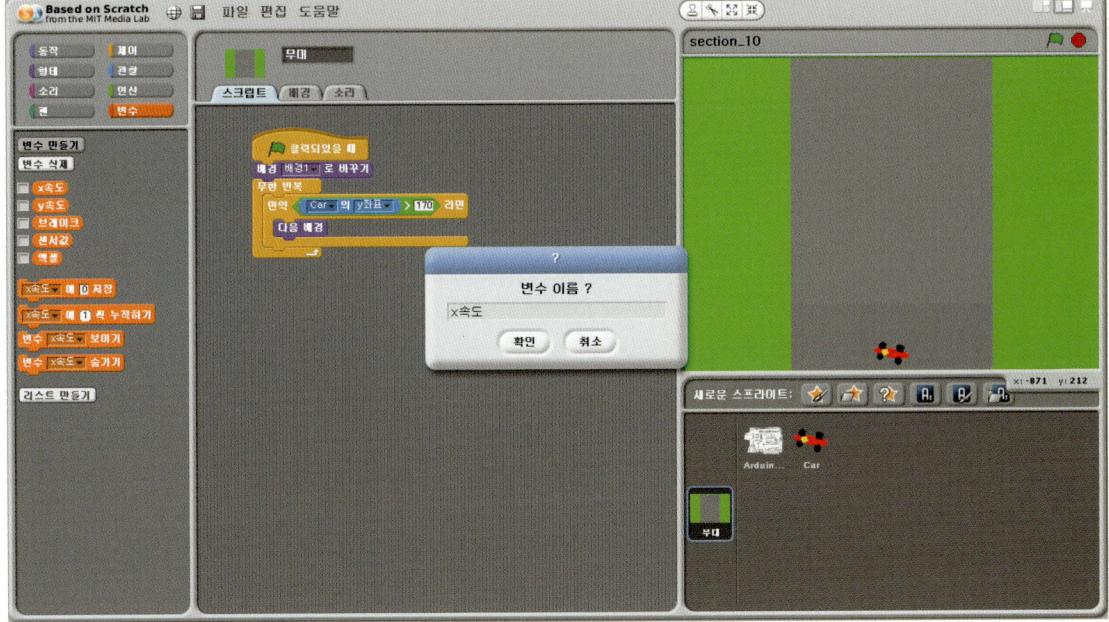

07

브레드 보드 회로에서 보듯이 아두이노 핀의 A0에는 핸들이 꽂힌 가변저항이, A1과 A2에는 악셀과 브레이크를 담당할 호일이 연결되어 있습니다. 아두이노 핀의 A0는 스크래치에서 "아날로그0 센서의 값" 블록이고, A1은 "아날로그1 센서의 값", A2는 "아날로그2 센서의 값" 블록입니다. 이 블록을 변수 "센서값", "엑셀", "브레이크"에 저장해 놓으면 자동차의 상태를 변화시키는 데에 편리하게 사용할 수 있습니다. 그래서 각 변수에 아날로그 0 ~ 2를 저장합니다. 그런데 "센서값" 변수에는 가변저항의 값 범위 0 ~ 1023을 -10 ~ 10으로 변환해서 저장하려고 합니다. 그 이유는 가변저항에는 핸들이 달려 있어서 핸들의 좌우 회전이 곧 센서값이 됩니다. 센서값이 0 ~ 1023인 것 보다 -10 ~ 10으로 바꾸면 자동차 스프라이트를 좌우 각도로 꺽는 명령을 내리기 편리합니다. 따라서 다음의 수식처럼 데이터 변환 식을 사용하여 변수 "센서값"에 -10 ~ 10이 저장되게끔 스크래치 코드를 만듭니다.

$$D_{out} = (S_\in - S_{min}) \times \frac{(D_{max} - D_{min})}{S_{max} - S_{min}} + D_{min}$$

$S_\in$: 센서 입력값(sensor input value)
S_{min} : 센서 최소값(minimum of sensor value)
S_{max} : 센서 최대값(maximum of sensor value)
D_{out} : 변환된 값(mapped value)
D_{min} : 변환 최소 값(mapped minimum value)
D_{max} : 변환 최대 값(mapped maximum value)

[수식 1. 데이터 변환 식]

| 08 |

이제 Car 스프라이트를 선택합니다. Car 스프라이트에서는 센서값에 따라 자동차의 움직임, 속도를 결정하는 코드를 만들겠습니다. 가장 먼저, 녹색 깃발 클릭하기와 스페이스 키 눌렀을 때 블럭을 가져옵니다. 그리고 녹색 깃발 클릭하기에서는 속도를 조절하고 스페이스 키 눌렀을 때 블록에서는 자동차의 좌표값을 조정해서 실제로 자동차를 움직이겠습니다. 자동차의 초기 위치를 설정해 주는 코드를 추가하면서 무한 반복 블록을 붙여줍니다. 그리고 새로 만든 5개의 변수의 값이 화면에 보이게 체크해 줍니다.

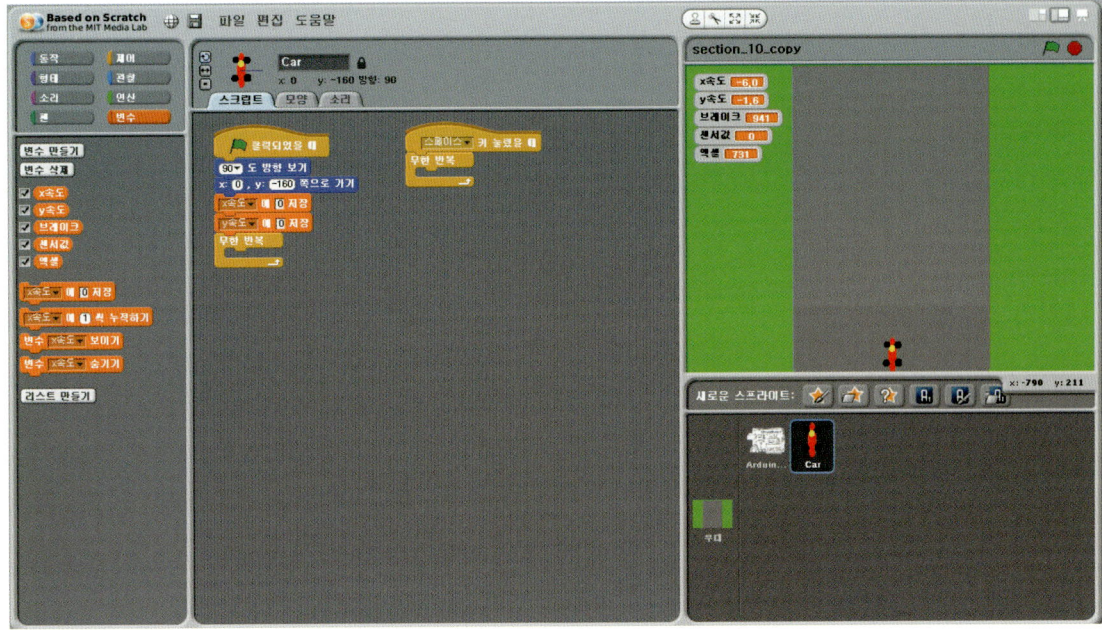

09

깃발 클릭 블록 아래에 있는 무한 블록에서는 엑셀과 브레이크 페달을 밟을 때 자동차의 속도가 변하게 하려고 합니다. 악셀과 브레이크 페달을 밟는 방법은 다음 그림에 나와 있습니다. 각 페달을 밟을 때와 밟지 않았을 때 변수 "악셀", "브레이크"의 값은 큰 차이가 있음을 확인하셔야 합니다. 여러분들의 값과 필자의 값은 다를 수 있습니다. 필자의 경우에는 밟았을 때 값이 100 이하로 떨어지고, 밟지 않으면 800 ~ 1023 사이에 머물고 있습니다. 그래서 대충 300이하일 때 엑셀과 브레이크 페달을 밟았다고 단정 짓겠습니다. 여러분들은 값이 다를 수 있으니 스스로 테스트 해 보고 기준 값을 정하길 바랍니다.

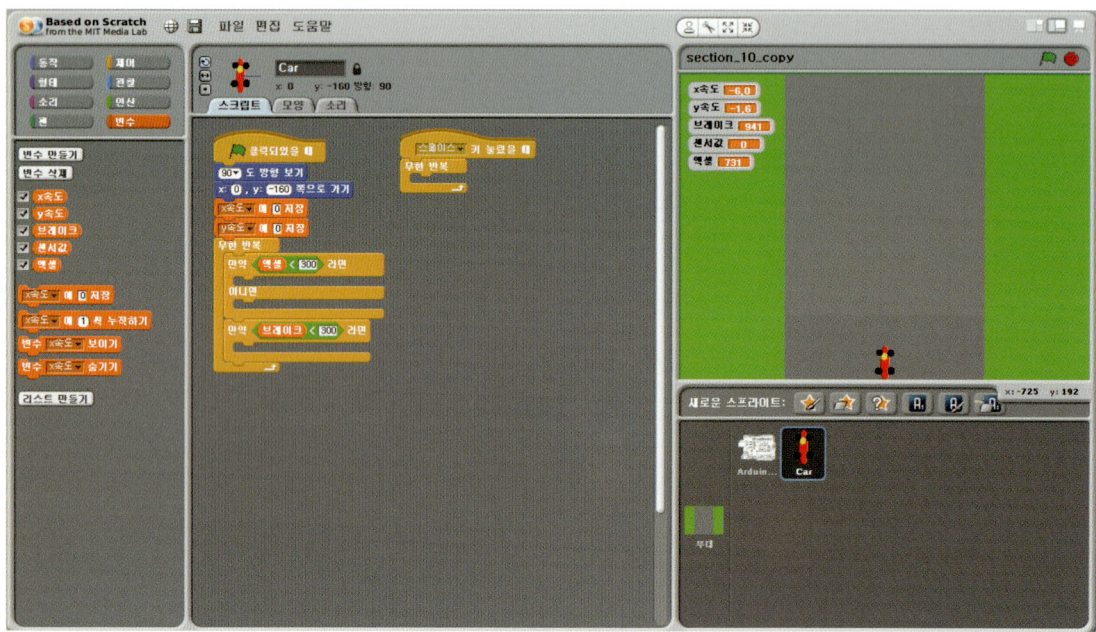

10

다음은 엑셀 페달을 밟는 방법을 나타냅니다.

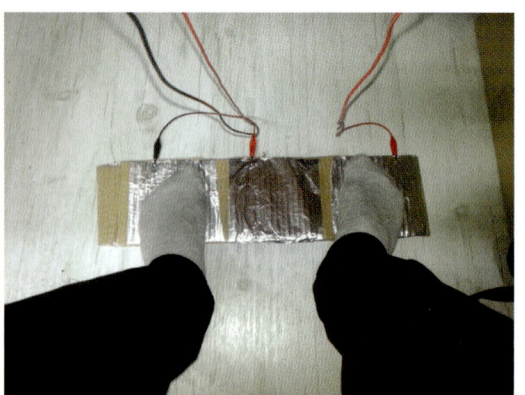

11

다음은 브레이크 페달을 밟는 방법을 나타냅니다.

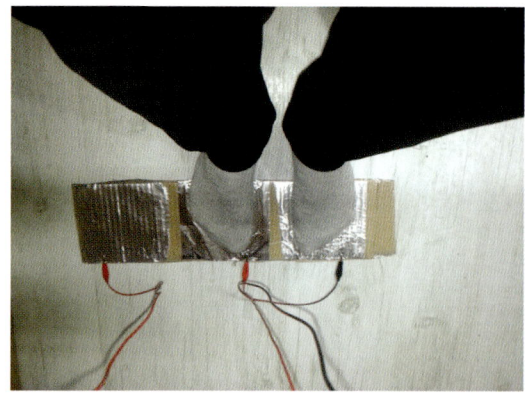

| 12 |

엑셀 페달을 밟았을 때(엑셀페달 < 300) 자동차의 y축 방향의 속도는 증가해야 합니다. 그리고 밟지 않으면 감소해야 합니다. x축 방향의 속도는 핸들을 좌우로 회전할 때의 값에 따라 달라지게 해야 합니다. 여기에서 변수 "센서값"은 -10 ~ 10사이의 값으로서 핸들의 좌우 회전 정도를 나타냅니다. -10은 왼쪽으로 끝까지 회전했을 때이고 핸들을 가운데로 돌리면 0, 오른쪽 끝까지 돌리면 10입니다. 그래서 센서값이 양수, 음수, 0 일 때 변수 "x속도"의 값을 정해주면 됩니다. 여기서 정한 경우의 수 보다 더 자세하게 하면 더 부드러운 자동차의 움직임을 나타낼 수 있을 것입니다.

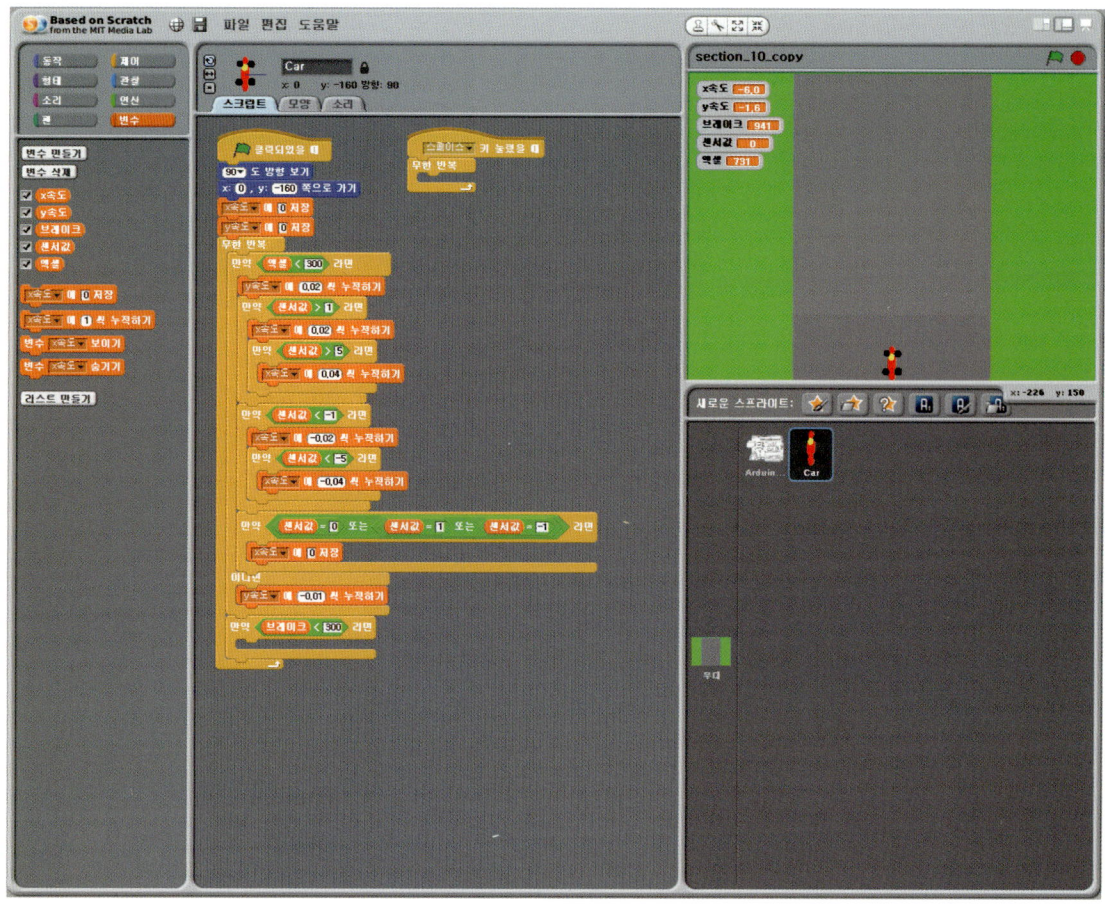

| 13 |

이제 브레이크를 밟았을 때(브레이크 < 300) x, y속도를 [그림 1_26] 처럼 변화 시키면 됩니다. 주의 할 것은 x속도는 +, - 가 있기 때문에 경우의 수를 나누어서 속도 변화를 시켜줘야 합니다. 그리고 핸들의 회전 방향과 자동차 그림의 모양을 일치 시키기 위해 마지막 코드 부분에 "몇도 방향보기" 블록을 추가해 줍니다. 그리고 그 각도의 값은 자동차의 초기 방향인 90도에 센서값(핸들의 회전정도로서 -10 ~ 10사이의 값)을 적당히 크게 한 것을 더해 주면 됩니다. 저는 센서값에 8배를 해주었습니다.

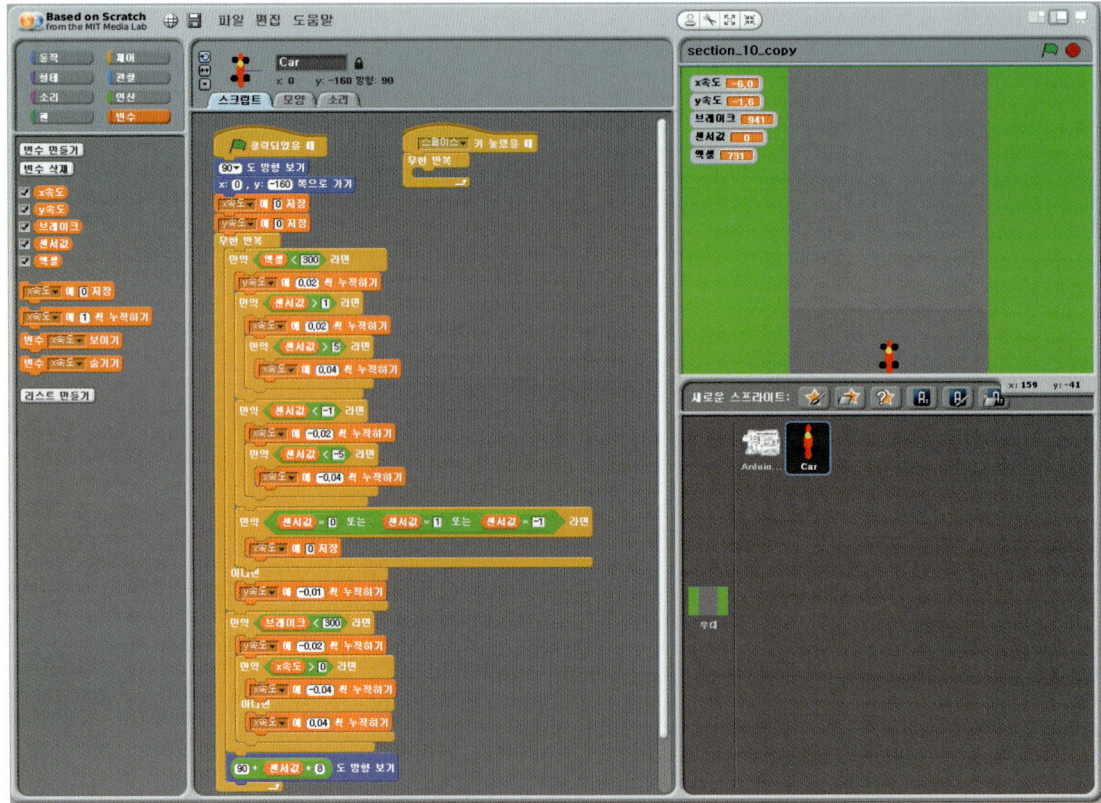

| 14 |

이제 "스페이스 키 눌렀을 때" 블록을 완성하도록 하겠습니다.

여기에서는 자동차의 x, y좌표값을 정해주어서 자동차가 실제로 움직이게 하는 것이 핵심입니다. 그리고 몇 가지 경우의 수를 따져 주는 것도 넣겠습니다. 첫 번째로 y속도가 0이하로 떨어지지 않게 하겠습니다. 여기에서는 자동차의 후진이 없다고 가정하려고 합니다만, 여러분들은 넣어주셔도 됩니다. 그리고 자동차가 녹색 잔디에 닿으면 속도를 0.9배로 줄이겠습니다. 자동차가 회색의 도로 밖을 벗어나면 느려지게 만들려는 의도입니다.

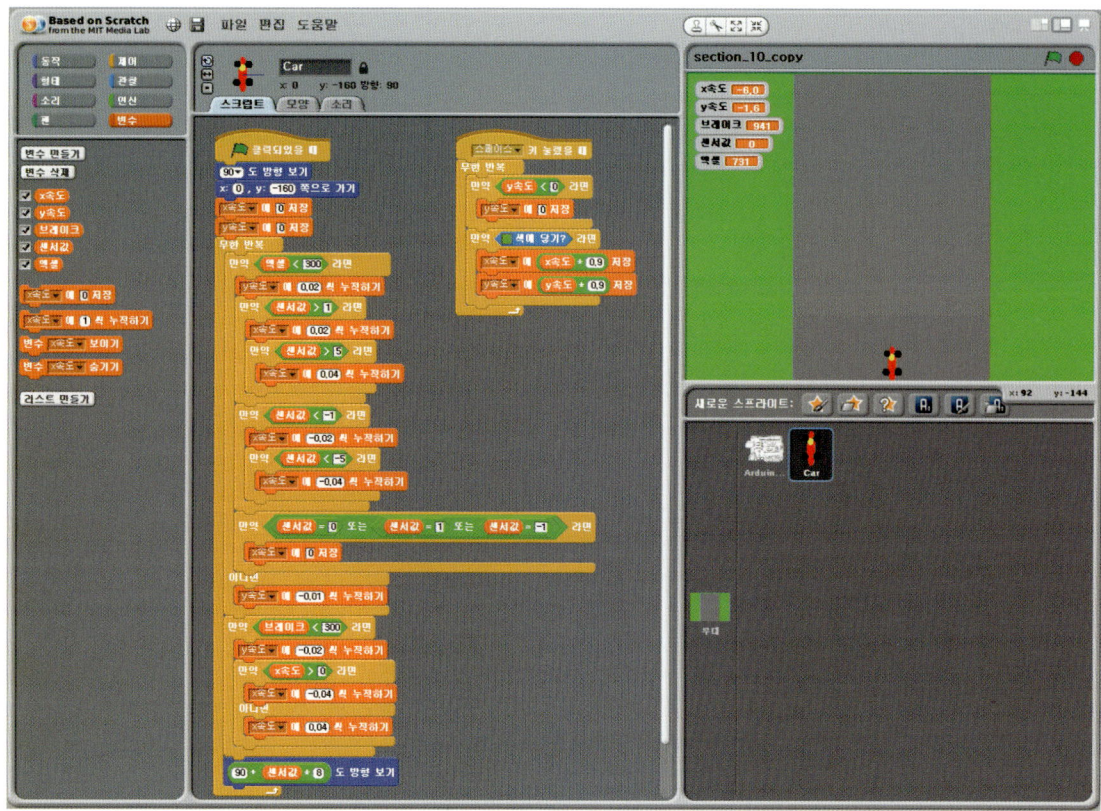

| 15 |

우리는 무대 스프라이트에서 "Car" 스프라이트의 y 좌표가 170이 넘으면 다음 배경으로 바꾸는 코드를 추가 했었습니다. 이 때 자동차도 꼭대기 위치에서 아래 위치로 옮겨져야 자연스러운 레이싱 게임이 됩니다. 그래서 자동차가 위로 움직이다가 꼭대기에 닿아서 다음 배경으로 전환이 될 때, 자동차 스프라이트의 y 좌표를 처음 위치로 돌려놔야 합니다. 필자는 y = -190으로 하니까 자연스럽게 되었습니다. 그리고 마지막으로 자동차의 x, y좌표값에 변수 "x속도", "y속도"를 저장해 주어서 자동차가 움직이게 만들어 줍니다.

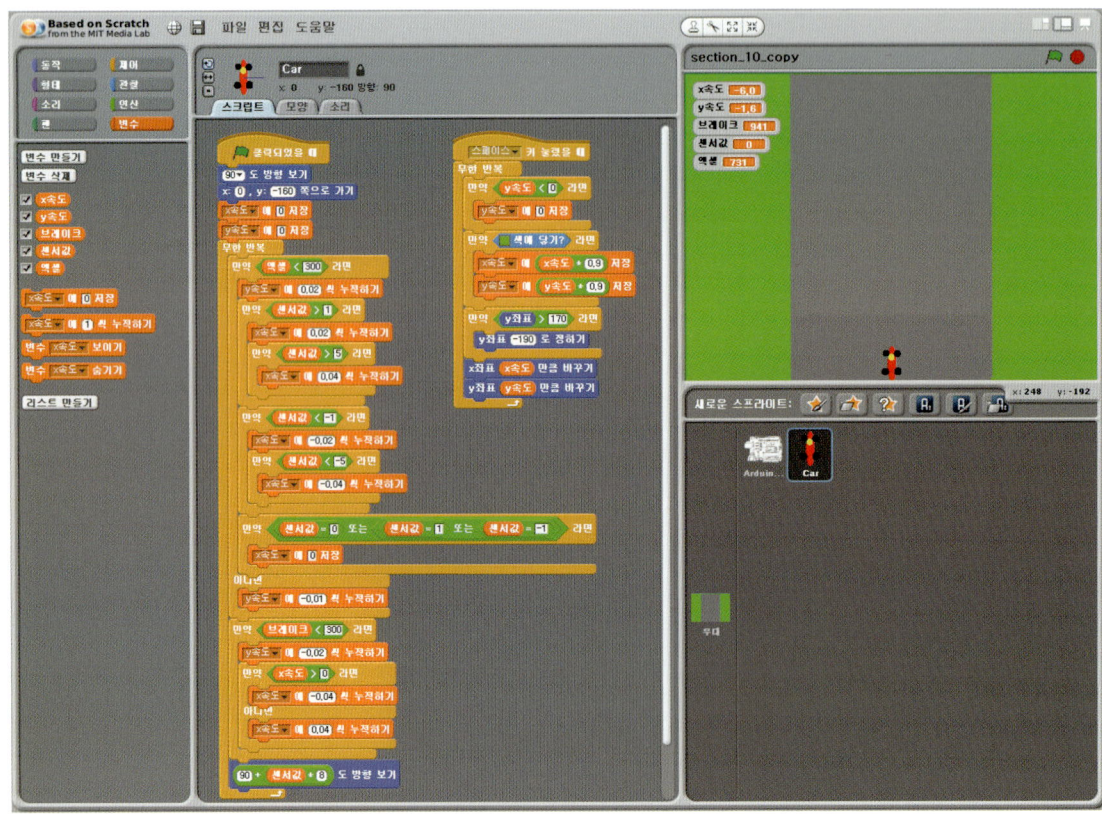

이제 모든 스프라이트의 코드가 완성되었습니다. 녹색 깃발을 클릭하고, 스티로폼 핸들을 좌우로 돌려서 자동차가 세로로 서게 만듭니다.(또는 변수 "센서값"이 0이 되게 만듭니다.) 그리고 나서 스페이스 키를 누르면 시작이 됩니다. 실제로 엑셀과 브레이크를 눌러 가면서 자동차를 움직이거나 정지 시켜 봅니다. 핸들을 좌우로 움직여서 방향 전환도 테스트 해봅니다.

필자가 직접 테스트 해 본 동영상을 보는 것도 도움이 될 것입니다. 다음의 유투브 주소에 접속해서 자동차 레이싱 게임 테스트 동영상을 참고하길 바랍니다.

> **이거는 꼭!** 자동차의 후진 기능, 시간 기록 측정, 더 어려운 난이도의 경기장을 만들어 보고 친구들과 대결을 해 봅니다.

SECTION 11

선풍기

이번 시간에는 모터를 이용해서 스크래치로 동작하는 선풍기를 만들어 보겠습니다.

여름이 되면 빼놓을 수 없는 것 중의 하나가 바로 선풍기입니다. 에어컨이 일반화되기 전에는 선풍기만이 더위를 식혀주는 소중한 도구였습니다. 최근 들어서는 날개 없는 선풍기가 나오면서 선풍기도 조금씩 발전을 해가고 있습니다. 지금은 흔하게 여기는 선풍기가 사실은 엄청난 역사를 가지고 있는데요.

기계적인 선풍기로 처음 기록된 것은 1800년대 초의 중동에서 쓰인 "푼카"라는 선풍기였습니다. 1800년대 말에 산업 혁명이 일어나면서 공장의 물레바퀴의 전력으로 벨트로 움직이는 선풍기가 도입되기도 했습니다. 직접 작동시킬 수 있는 최초의 기계 선풍기 가운데 하나는 러시아의 알렉산드르 알렉산드로비치 사블루꼬프가 1831년에 발명한 것으로 그는 이를 에어 펌프(Air Pump)라고 불렀다. 오늘날과 같은 전기식으로 된 선풍기는 미국의 에디슨이 고안해 낸 것입니다. 미국에서 선풍기가 널리 보급된 것은 1890년대 말에서 1920년대 초에 이르는 시기라고 합니다.

20세기에 선풍기는 어디서나 찾아볼 수 있을 정도로 실용화되었으며, 20세기 후반부터 대중에 보급된 에어컨과 함께 사용하면 전기를 효율적으로 사용하면서 시원하게 생활할 수 있게 되었습니다.

이번 섹션에서는 작은 DC모터와 서보모터를 이용해서 미니 선풍기를 만들어 보겠습니다. 단순히 바람만 만들어 내는 선풍기를 넘어서서 회전 기능과 바람 세기의 강약 조절도 되는 기능을 추가하겠습니다.

> **하드웨어 준비물**

부품 사진	이름	갯수
	아두이노, USB케이블, 브레드보드	각 1개씩
	악어 클립	2개
	전선	20개 정도
	서보모터	1개
	DC 모터	1개
	DC 모터 드라이버 (L293D)	1개

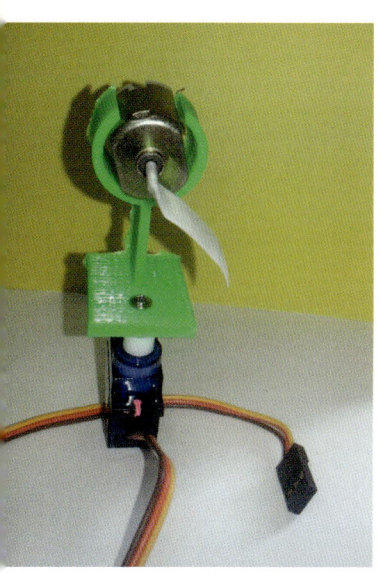

이번 하드웨어 준비실에서 새로 나온 부품은 서보모터, DC모터, DC모터 드라이버 3가지입니다. 서보모터는 0도 ~ 120도 정도의 각도를 움직여서 정확한 위치에 멈출 수 있는 기능이 있습니다. 우리는 이 기능으로 선풍기의 회전기능을 나타낼 것입니다. 그리고 DC 모터는 날개를 달아서 바람을 일으키게 만드는 부품이 될 것입니다. DC모터는 서보모터와는 다르게 계속 회전을 하는 모터입니다. 하지만 회전속도를 조절할 수 있습니다. 이 기능으로 선풍기의 바람속도를 약, 중, 강으로 조절하게 할 것입니다. DC모터 드라이버는 DC모터를 안정적으로 제어할 수 있게 도와주는 부품입니다. DC모터 드라이버는 다리 개수가 많아서 좀 복잡해 보이지만 아두이노 실험실에서 그림을 잘 보고 회로를 만든다면 어렵지 않을 것입니다.

3D 프린터로 DC 모터에 딱 맞는 선풍기 프레임을 만들었습니다. 선풍기 프레임의 아래에 서보모터를 달고 구멍 부위에 나사 하나를 조입니다. 그리고 DC모터의 끝 부분에 색 테이프를 감아서 날개 처럼 만듭니다. 선풍기 프레임의 머리 부분에 DC모터를 끼우면 됩니다.

선풍기 프레임의 옆 면입니다. 서보 모터를 끼울 때는 하얀색 날개를 먼저 서보모터에 꽂은 다음에 프레임 구멍에 맞추어 나사를 박으시기 바랍니다.

선풍기 프레임을 땅에 고정시키기 위해 칼라 찰흙으로 서보 모터 아랫부분을 다음 그림처럼 고정시켜도 되고, 오른쪽 그림처럼 3D 프린터로 만든 바닥 프레임을 써도 됩니다. 바닥 프레임을 사용하면 테이프를 붙여줘서 단단히 고정을 시켜 주시길 바랍니다.

아두이노 실험실

01

다음 그림처럼 각각의 부품을 아두이노에 연결합니다. 아두이노는 컴퓨터에 연결시키지 않은 상태를 유지합니다.

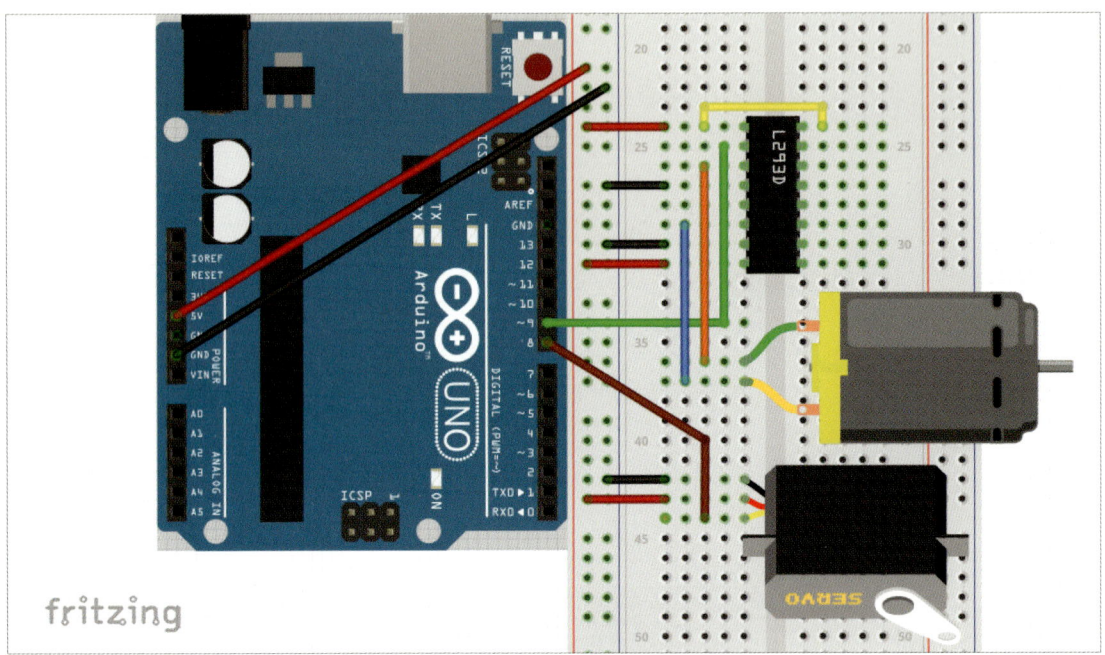

02

다음 그림은 실제로 연결한 사진입니다. DC모터와 DC모터 드라이버를 연결하는 부위에는 악어클립을 사용하면 편리하게 연결할 수 있습니다.

스크래치 실험실

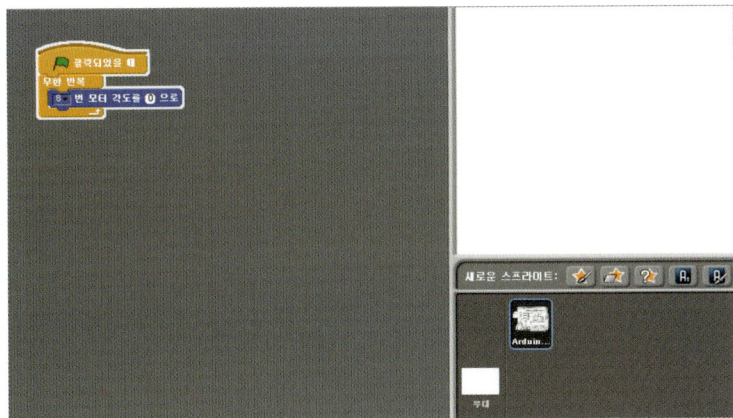

01

아두이노를 컴퓨터에 연결하고 서버 모터를 작동시켜 봅시다. 다음 그림 처럼 코드를 만든 뒤, 모터 각도값으로 0~120의 아무 숫자나 넣어 봅니다. 0을 입력하면 서보모터가 한쪽 방향으로 움직인 뒤 멈출 겁니다. 그곳이 서보모터의 0도 위치입니다. 이제 값을 1,2,3,...10,20,.....100 이런식으로 넣어보고 서보모터가 어떻게 움직이는지 관찰 합니다.

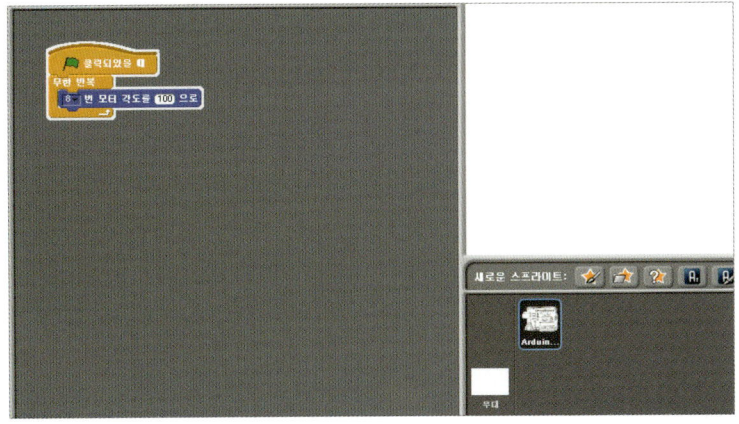

02

서보모터 값으로 100을 넣어 보았습니다.

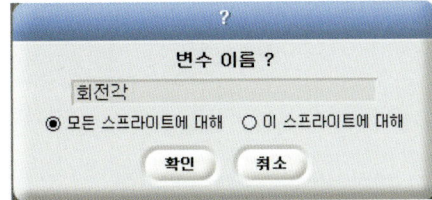

03

실제 선풍기가 회전을 하는 각도는 약 0~120도 정도 이지만 여기에서는 0~100도를 하겠습니다.
이제 선풍기의 회전을 0~100도가 되게끔 코드로 만들어 봅시다.
첫번째로 서보모터의 회전을 제어하기 위해 필요한 변수를 만들겠습니다. 서보 모터의 회전각을 나타낼 변수의 이름으로 "회전각" 이라는 것을 하나 만들겠습니다.

04

그리고 회전하는 서보모터의 "각도증가량"이라는 변수도 하나 만들겠습니다. "각도증가량"은 +1, -1 둘 중에 하나가 선택될 것이고, +1이 되면 "회전각"변수에 누적시켜서 계속 "회전각"값이 계속 증가되게 할 것입니다. "각도 증가량"이 -1이 되면 "회전각"변수에 역시 누적되면서 "회전각"값이 계속 감소하게 될 것입니다.

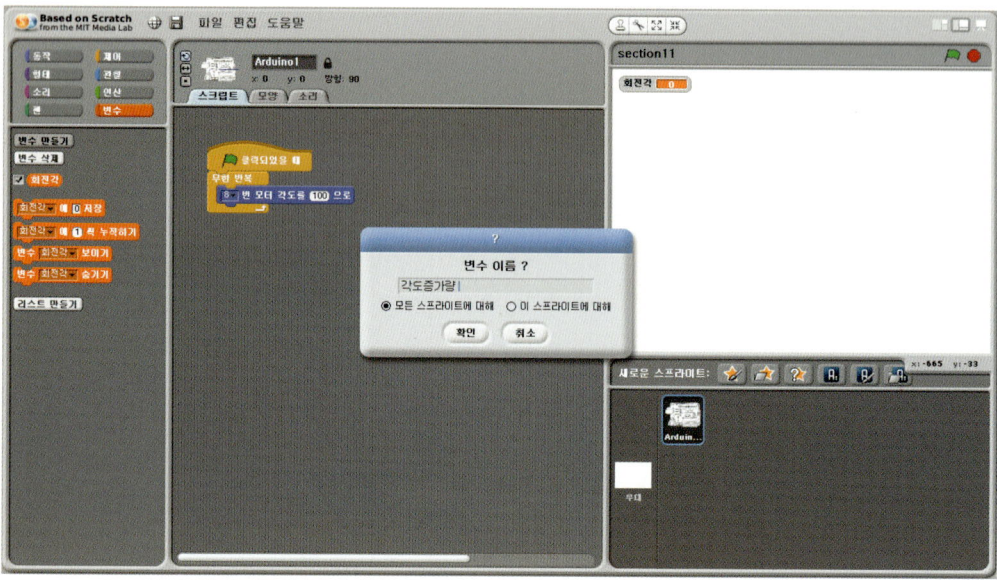

05

그림처럼 코드를 만든 뒤 "각도증가량" 변수에 1을 대입하고 깃발을 클릭해서 실행을 시켜 봅니다.(아두이노가 컴퓨터에 연결된 상태) 서보모터가 한쪽방향으로 1도씩 움직이는 것을 확인 할 수 있습니다.

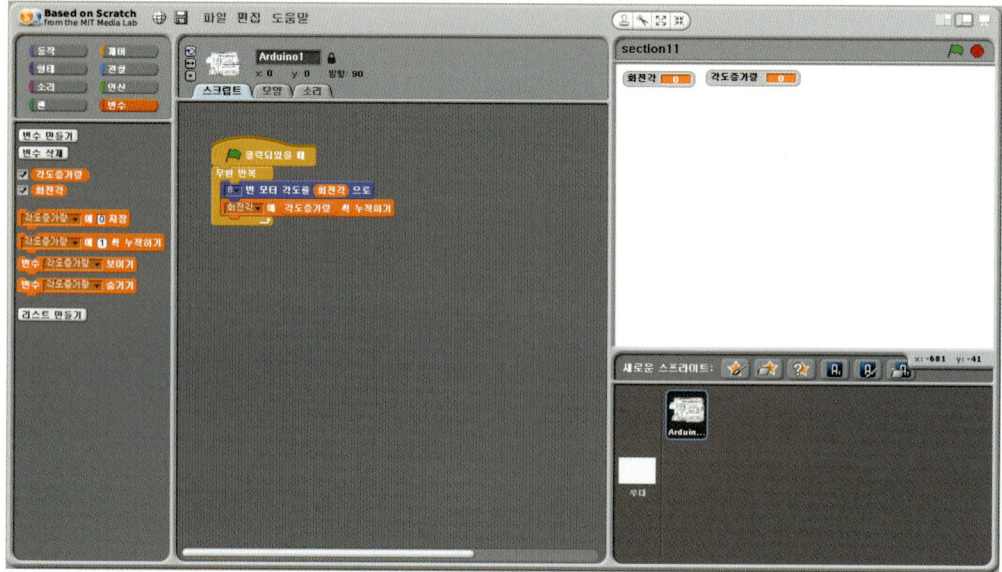

06

이제 회전각이 0~100도 사이에서만 변하게 만들어 줍니다. 그리고 다시 깃발을 클릭해서 서보모터가 좌우로 1도씩 잘 움직이는지 관찰합니다.

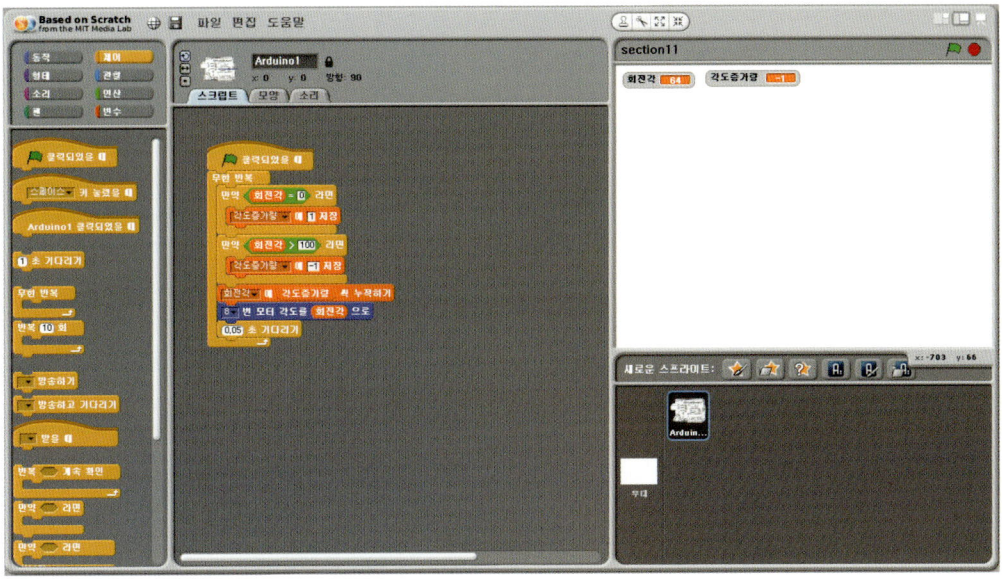

07

"회전스위치"라는 이름의 변수를 하나 만듭니다. 그리고 "회전스위치"값이 1이면 서보모터를 돌게 만들고, 1이 아니면 멈추게 할 것입니다. 그리고 "회전스위치"값이 1인지 아닌지를 선택하는 스위치를 다른 스프라이트에서 그릴 겁니다.

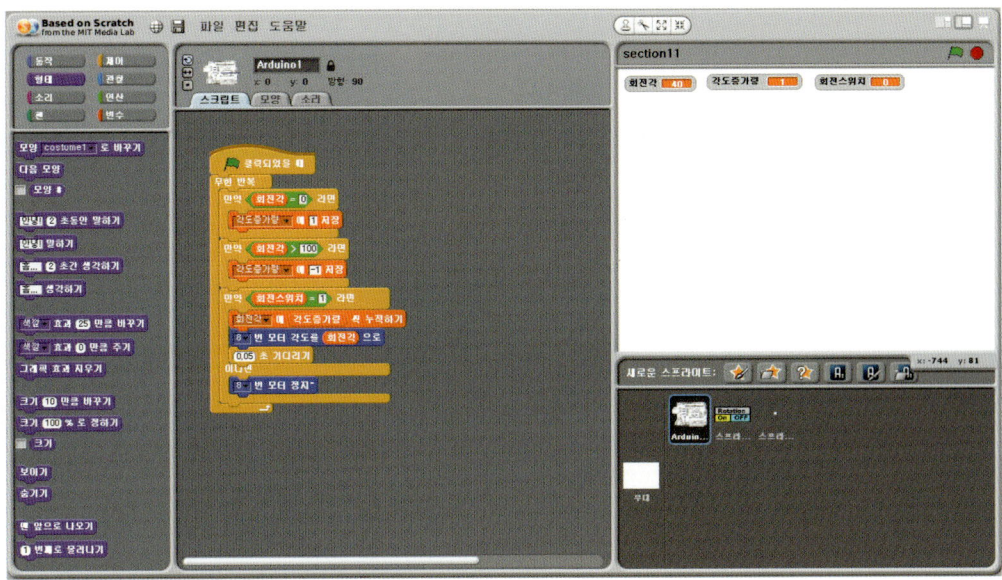

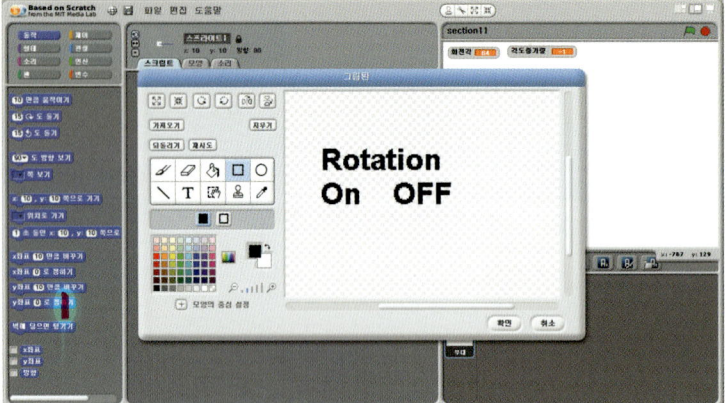

08

새로운 스프라이트 그리기를 선택해서 스위치를 그려봅시다. 다음 그림처럼 우선 글씨를 써줍니다.

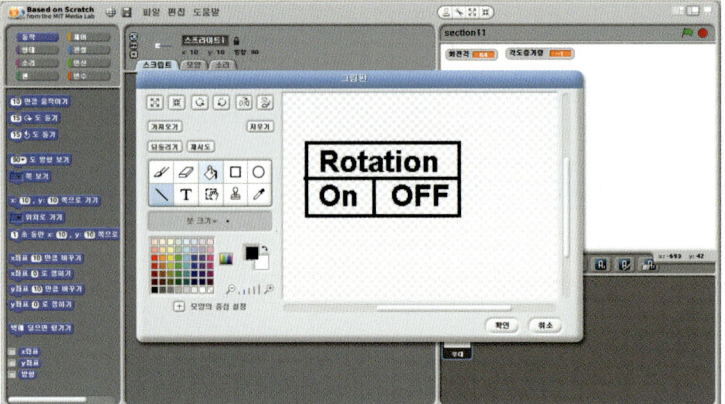

09

각 글자가 구분이 되게끔 네모박스와 직선을 그어 줍니다.

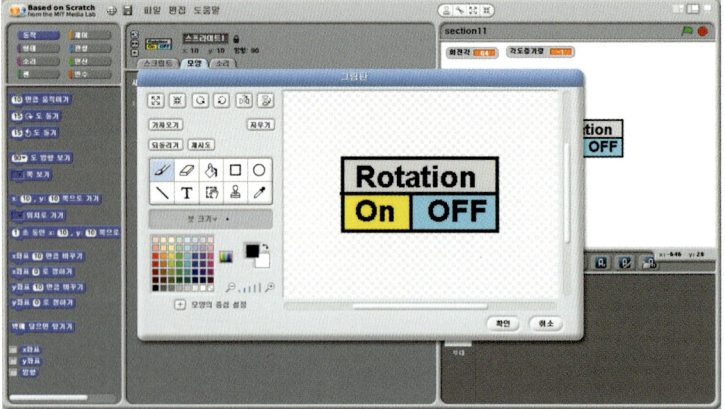

10

On 부분에는 노란색을 채우고 OFF부분에는 하늘색을 채우겠습니다.

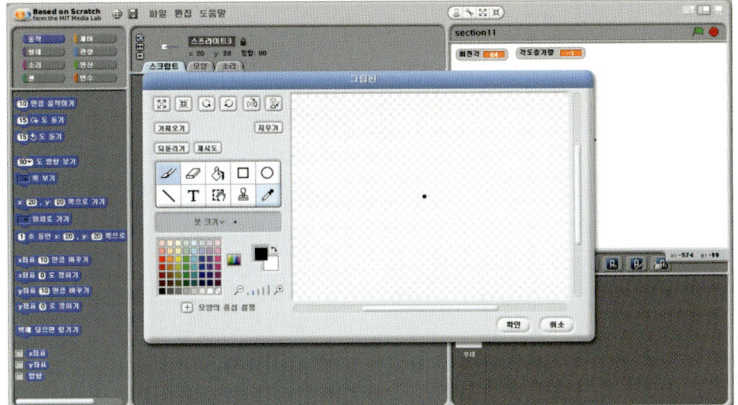

11

그리고 또 다시 새로운 스프라이트 그리기를 선택합니다. 그림은 까만색 점 하나만 찍습니다.

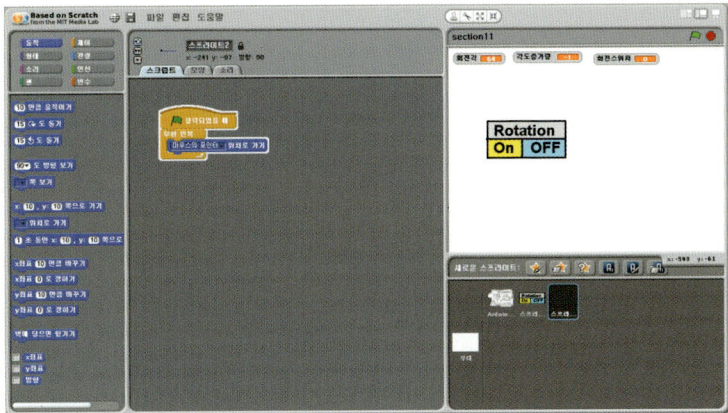

12

까만색 점을 마우스 포인트에 계속 따라 다니게 하려고 합니다. 그래서 까만색 점만 찍은 스프라이트에서 다음 그림처럼 코드를 작성합니다.

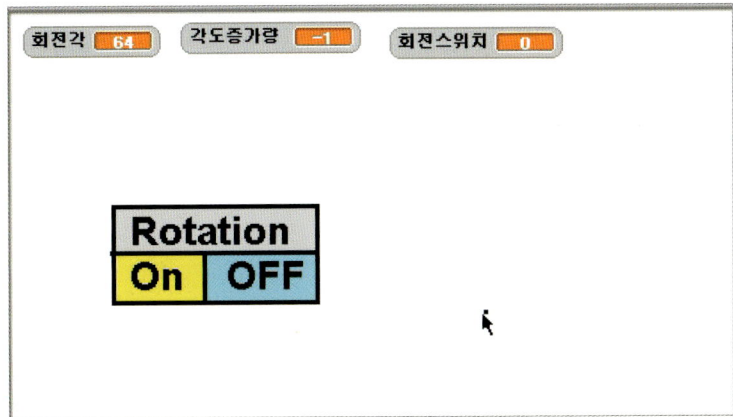

13

마우스를 움직일 때 까만색 점이 마우스 포인트를 따라오는 지 확인합니다.

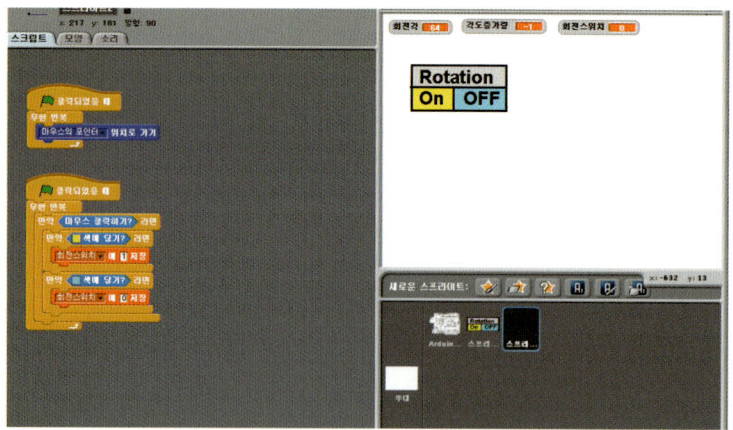

14

이제 마우스 포인트로 "On"부분의 노란색을 클릭하면 변수 "회전스위치" 값이 1이 되게 하고, "OFF"부분의 하늘색을 클릭하면 변수 "회전스위치" 값이 0이 되게 하겠습니다. 그 이유는 아두이노 스프라이트에서 "회전스위치" 값이 1이면 서보모터가 회전하고, 1이 아니면 회전을 하지 않게끔 코드를 작성했었기 때문입니다.

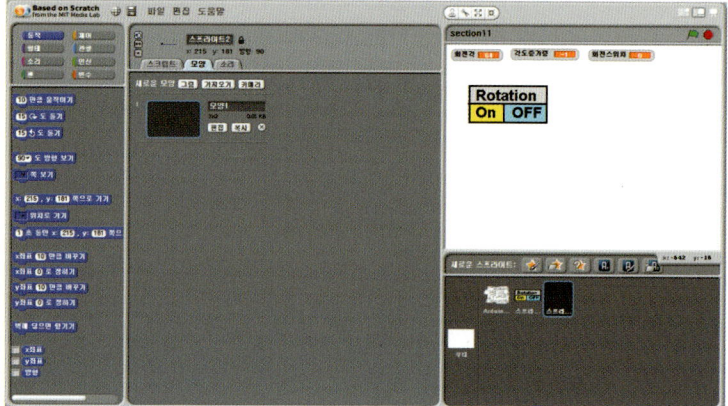

15

다시 까만 점 스프라이트로 가서 [모양]탭에서 편집을 누릅니다.

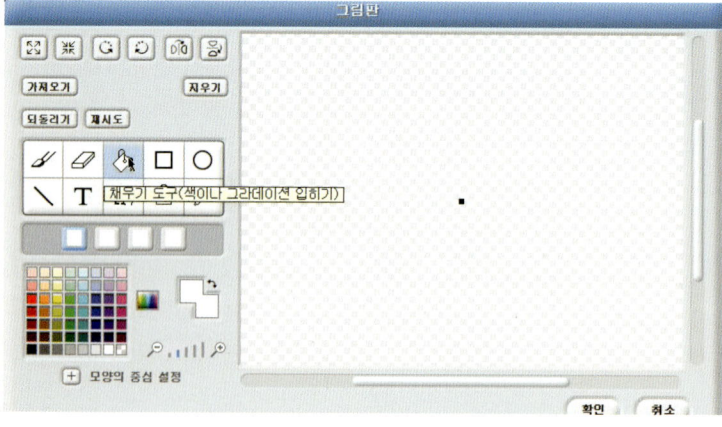

16

편집을 하는 그림판에서 "채우기 도구"를 클릭하고 흰색으로 설정합니다.

17

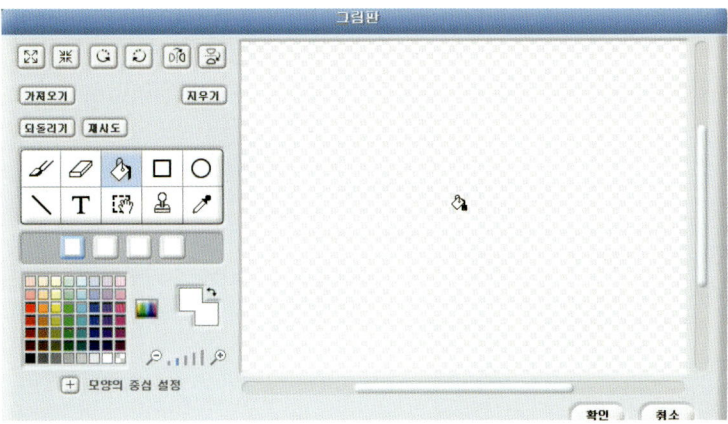

그리고 까만색 점을 흰색으로 바꿉니다. 그러면 마우스 포인트를 따라다니는 검은점이 흰색으로 바뀌게 되어 흰 바탕색에 가려서 안보이게 됩니다. 검은색 점은 마우스의 빠른 속도를 정확히 못 따라가서 잔상이 보였는데, 그 잔상을 없애기 위해 이렇게 하려고 합니다.

18

이제 서보모터 부분의 코드는 완성되었습니다. 마우스 포인트를 노란색 네모위에서 클릭 하면 서보모터가 회전할 것이고 하늘색 네모위에서 클릭하면 서보모터가 정지할 것입니다.

이제 바람을 일으키는 DC모터 부분의 제어를 코드로 만들어 보겠습니다. 조건은 선풍기의 회전이 약, 중, 강이라는 3단계입니다. 먼저 선풍기의 속도를 조절하는 방법을 알아보겠습니다.

아두이노 스프라이트를 클릭하고 "선풍기속도"라는 변수를 하나 만듭니다.

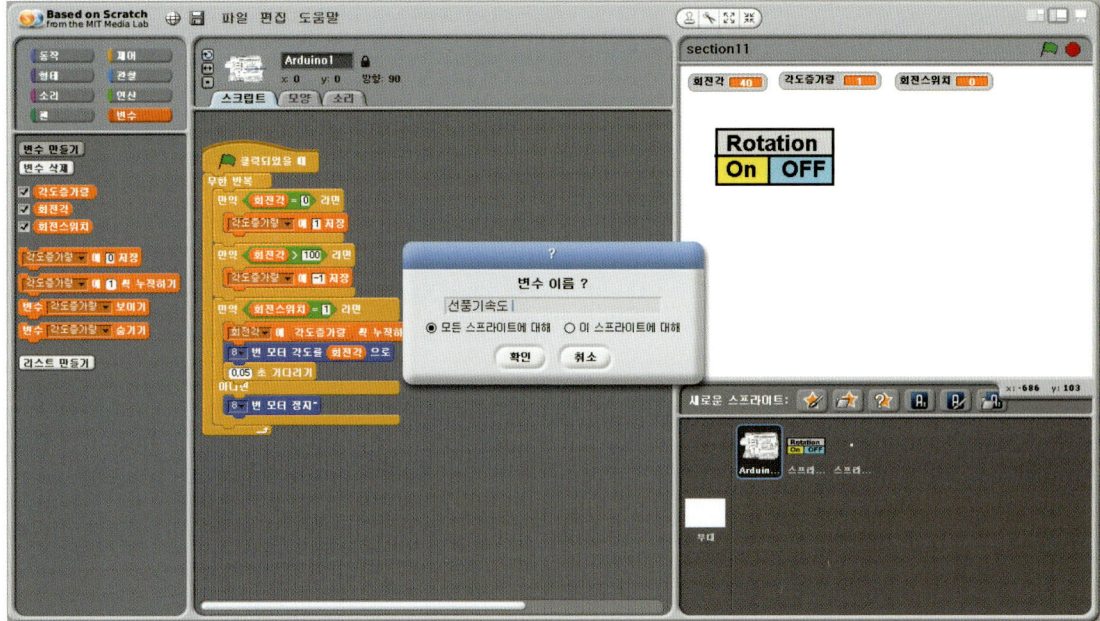

19

그리고 다음 그림처럼 새로운 녹색 깃발 블록 아래에 코드를 추가합니다.

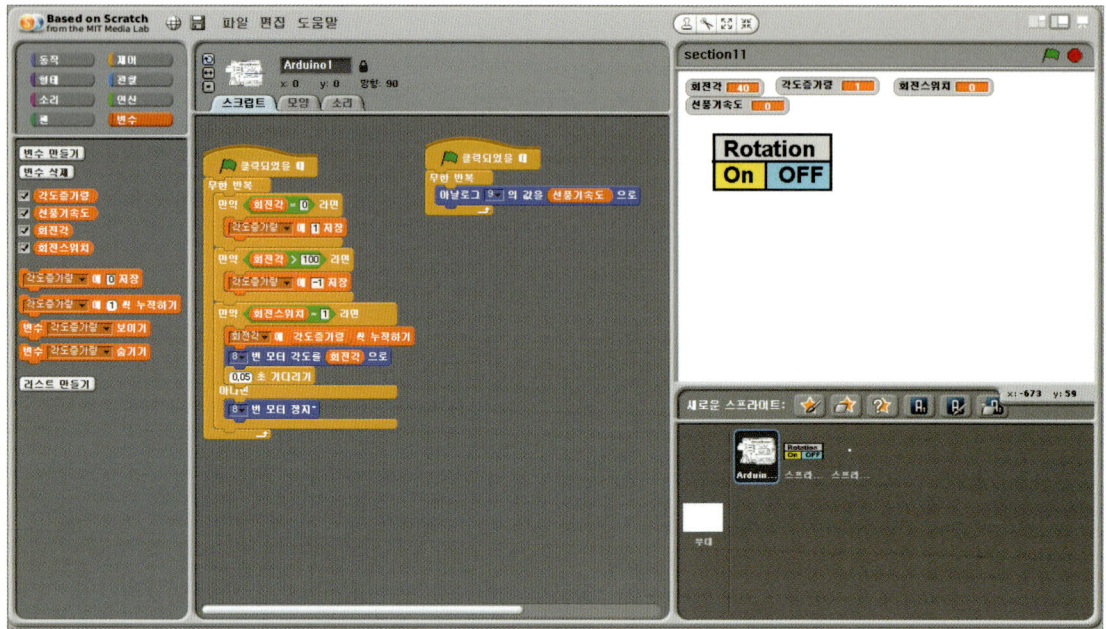

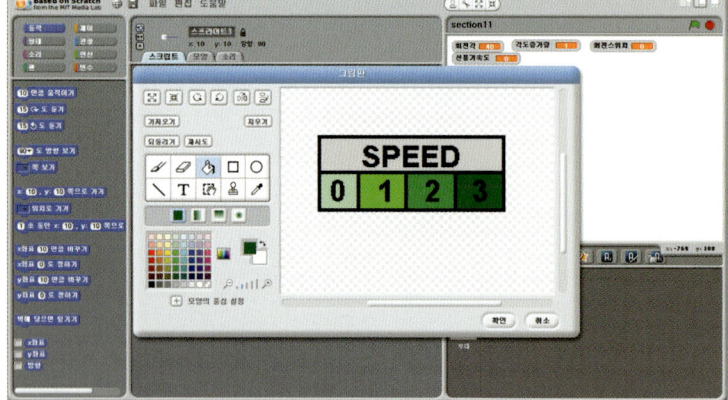

20

`아날로그 9▼ 의 값을 255 으로` 블록은 DC모터를 돌리는 블록입니다. 모터의 속도 값은 하얀색 부분의 숫자 값으로 조절합니다. 255는 최대 속도이고 0을 입력하면 정지합니다. 즉, 0~255사이의 값을 넣어서 DC모터의 속도를 조절할 수 있습니다.

0은 정지, 150은 약, 180은 중, 210은 강, 이런 식으로 회전속도의 3단계를 정하겠습니다.

새로운 스프라이트 그리기를 클릭해서 다음 그림처럼 속도 0 ~ 3 까지의 그림을 그립니다.

21

다시 하얀색 점 스프라이트로 가서 "SPEED"의 경우의 수에 대한 코드를 작성합니다. 0~3 까지의 경우의 수에 대해 각각 회전 속도값 150, 180, 210을 "선풍기속도"변수에 넣어 줍니다. 그리고 속도가 0인 경우에는 선풍기의 회전도 멈추어야 하니까 "회전스위치" 변수에도 0을 넣어줘서 선풍기 회전도 멈추게 만듭니다.

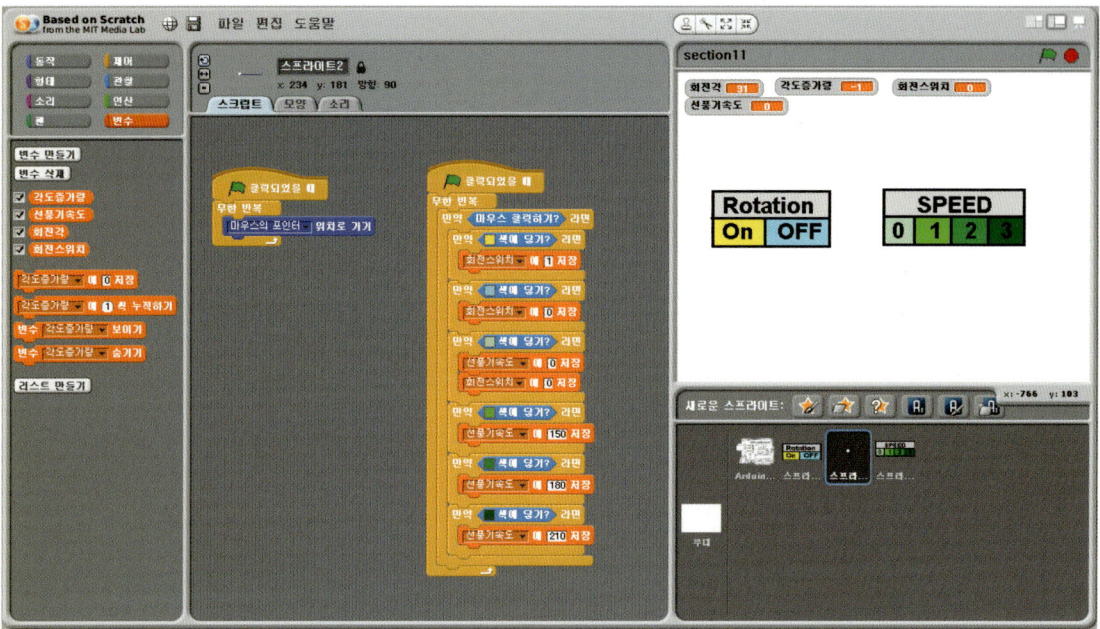

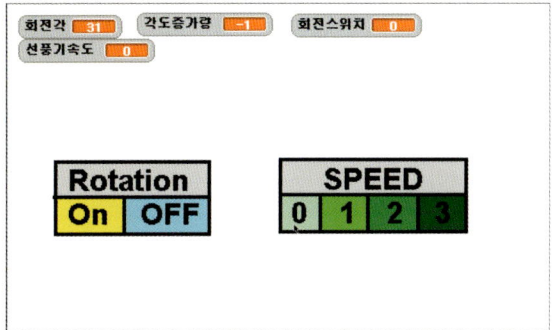

22

이제 모든 코드를 다 완성했습니다. 화면의 스위치를 마우스로 클릭하면서 선풍기의 회전과 바람 속도를 조절해 봅니다. 처음에 선풍기 날개가 작동이 잘 안될 수 있는데, 그럴 때는 손가락으로 선풍기의 날개를 손으로 살짝 치거나 강제로 살짝 회전시켜 줍니다. 한 번 돌기 시작하면 속도 조절 버튼에 따라서 바람 속도가 잘 조절 될 것입니다.

> **더 해 보 기 !**
> 선풍기의 회전, 바람 속도 조절 외에 또 기능이 있는지 인터넷에서 검색해 봅시다.
> 그리고 본인이 생각하기에 이런 기능이 선풍기에 추가되면 좋을 것 같다 싶은 것을 생각해 봅시다.

SECTION 12
가속도 센서로 각도 구하기, 비행기 게임 만들기

스마트폰 게임을 할 때 폰을 좌우로 기울여서 플레이 해보셨나요?. wii 라는 게임은 조종기를 실제 운동 기구처럼 휘두르면서 스포츠 게임을 할 수 있게 해줍니다. 단순히 버튼을 누르는 조종기에서 벗어나서 3차원 공간에서 움직이는 조종기는 게임을 더 재미있게 만들고 몰입도를 높여 줍니다. 그런 조종기에 쓰이는 몇 가지 센서 중에 가속도 센서라는 것이 있습니다. 이 가속도 센서는 3차원 x, y, z 축의 가속도를 측정해 주는 전자장치입니다. 모바일, 게임, 디스크 드라이브 장치 등의 기울기 정도를 알아야 하는 곳에서는 가속도 센서를 많이 사용하고 있습니다. 이 가속도 센서를 좌우로 기울이면 센서에서 발생되는 전기 값이 달라집니다. 이 전기 값을 아두이노로 받아서 기울어진 각도를 계산할 수 있습니다. 우리는 이번 시간에 가속도 센서를 이용해서 각도를 계산해 볼 것입니다. 여기에는 약간의 수학적 지식이 필요합니다. 수학 내용에 대한 설명은 어렵지 않게 설명되어 있습니다.

그리고 가속도 센서와 아두이노를 이용해서 게임 조종기를 만들어 보겠습니다. 조종기를 기울이면 스크래치의 캐릭터도 같이 움직이는 재밌는 게임을 만들어 보겠습니다.

하드웨어 준비물

부품 사진	이름	갯수
	아두이노, USB케이블, 브레드보드	각 1개씩
	전선	10개 정도
	소켓 점퍼 케이블	1개
	가속도 센서 (ADXL 335)	1개
	택트 스위치	2개
	10 K ohm 저항	2개
	핀 헤더(6다리 이상)	1개

아두이노 실험실 : 1. 기울기 각도 실험

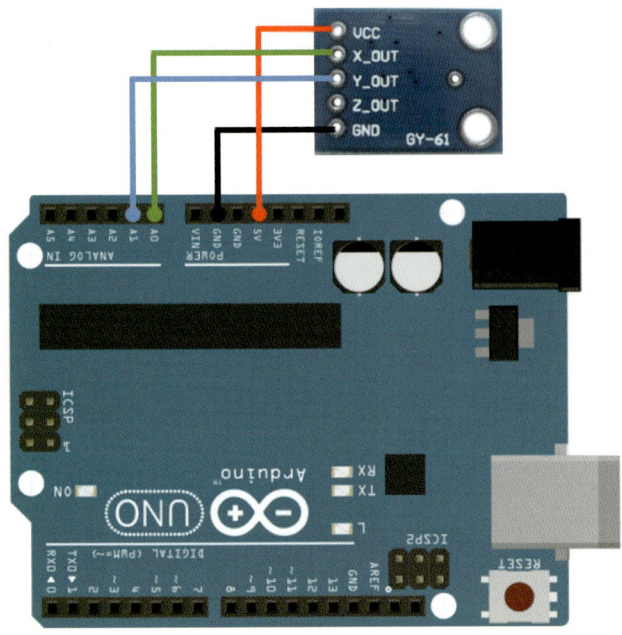

01

가속도 센서를 아두이노에 연결해서 가속도 센서의 기울기 각도를 구하는 실험을 먼저 하려고 합니다.

02

연결할 때 브레드 보드를 사용하지 않고 다음 그림처럼 소켓 점퍼 케이블을 이용해서 연결하면 센서의 기울기 테스트를 하기에 편리하다.

스크래치 실험실 : 1. 기울기 각도 실험

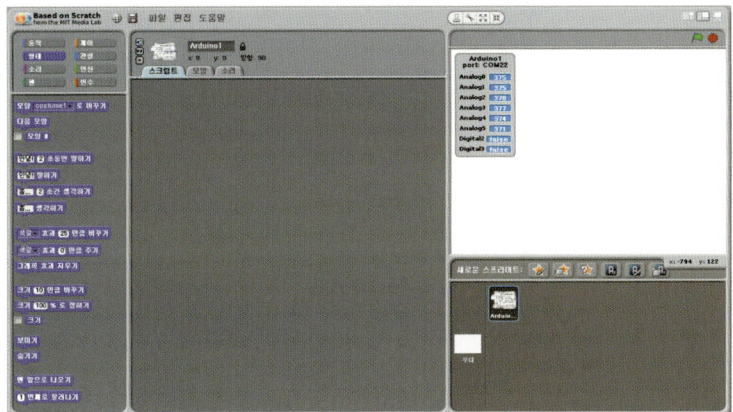

01

아두이노를 컴퓨터에 연결합니다. 그리고 S4A를 실행시키고 [형태] 팔레트에서 숨기기 블록을 클릭해서 아두이노 그림을 없애줍니다.

"1. 기울기 각도 실험"에서는 가속도 센서의 기울기 값을 알아보고, 그 값을 삼각함수를 이용해서 각도로 변환하여 가속도 센서를 기울일 때 마다 각도 값이 잘 나오는지 확인할 것입니다. 그리고 변화하는 각도 값을 스크래치로 표현해 보겠습니다.

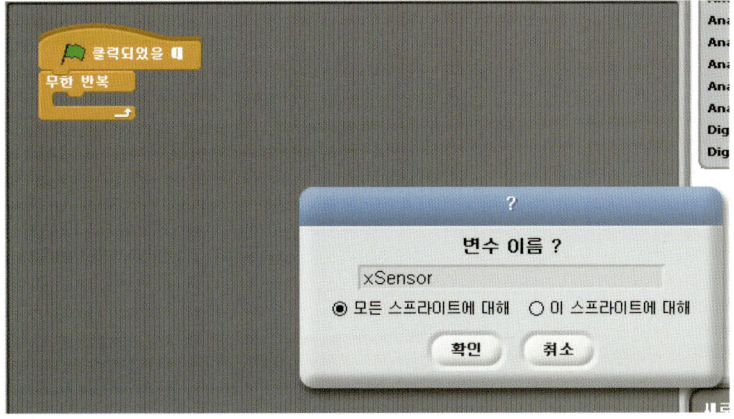

02

아두이노 스프라이트에서 깃발 클릭과 무한 반복 블록을 옮겨온 뒤, "xSensor", "ySensor"라는 변수를 만듭니다. 이 변수값은 가속도 센서의 x축 기울기, y축 기울기에 대한 전기신호 값입니다.

03

센서의 x축 값은 아두이노의 아날로그 0핀에 연결되어 있고, y축 값은 아두이노의 아날로그 1핀에 연결되어 있습니다. 그래서 센서값을 변수에 저장해 줍니다.

SECTION 12. 가속도 센서로 각도 구하기, 비행기 게임 만들기 **141**

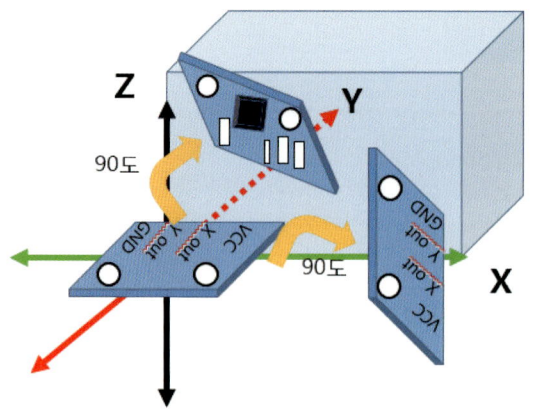

04 이제 가속도 센서를 x, y축에 맞춰서 기울인 다음 각 축의 각도에 대한 최소값과 최대값을 알아내야 합니다. 어디가 x, y 축인지는 다음 그림에 나와 있습니다.

05 가속도 센서를 x축으로 -90~90도, y축으로 -90~90도로 움직여 봅시다.

Y축 90도로 기울임

X축 90도로 기울임

최소값과 최대값이 어떻게 되는지 관찰하여 표로 정리해 보면 다음 표와 같습니다.

가속도 센서의 측정 데이터 값

축	기울인 각도	센서에서 출력 되는 값 (변수 xSensor, ySensor)
X	-90	265
	0	330
	90	396
Y	-90	265
	0	330
	90	396

가속도 센서는 한 축을 -90~90도로 기울이면 -1G~1G(현재 지구상의 중력 가속도)의 전기 신호값(아날로그 전압 값)을 출력해 줍니다. 우리의 센서의 값은 측정 결과, 최소 260이고 최대 400으로 됩니다.(+1~3정도의 오차는 있습니다.)

이 센서 값을 -1~1값으로 변환하겠습니다. 이런 작업을 매핑(mapping)한다고 합니다. -1~1값은 sin(-90도)~sin(90도) 값이므로 역함수 asin(-1)~asin(1)로 라디안 값을 구하고 각도로 변환하면 우리가 원하는 기울기 각도 값을 얻을 수 있습니다.

지금까지의 수학 내용을 스크래치를 이용해서 논리적으로 짜 봅시다.

라디안이란?	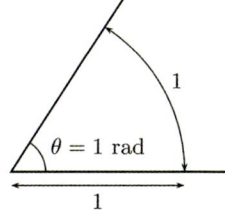 1 라디안(radian)은 원둘레 위에서 반지름의 길이와 같은 길이를 갖는 호에 대응하는 중심각의 크기로 무차원의 단위이다. 호도(弧度)라고도 하며 *rad*로 줄여 쓰기도 한다. 보다 일반적으로 라디안 값은 원에서의 호와 반지름의 길이의 비율과 같다. 즉, $\theta = s/r$ 이다. (θ는 라디안으로 주어진 각도, s는 호의 길이, r은 반경이다.)
가속도 센서의 원리	가속도 센서에는 작은 '진자'가 있다. 이 진자는 고정된 두 전극 사이를 움직인다. 가속도 센서는 진자에 달린 전극과 고정된 두 전극 사이의 거리(d) 변화에 따라 발생하는 전기용량의 차이를 분석해 가속도의 크기와 방향을 알아낸다. 전기용량(C)은 두 전극 사이의 거리가 가까워지면 커지고 거리가 멀어지면 작아진다. (C = , 가속도계의 전극 면적(S)과 유전상수(ε)는 일정). 좌우뿐 아니라 앞뒤, 위아래 6방향의 가속도를 같은 원리로 측정한다.

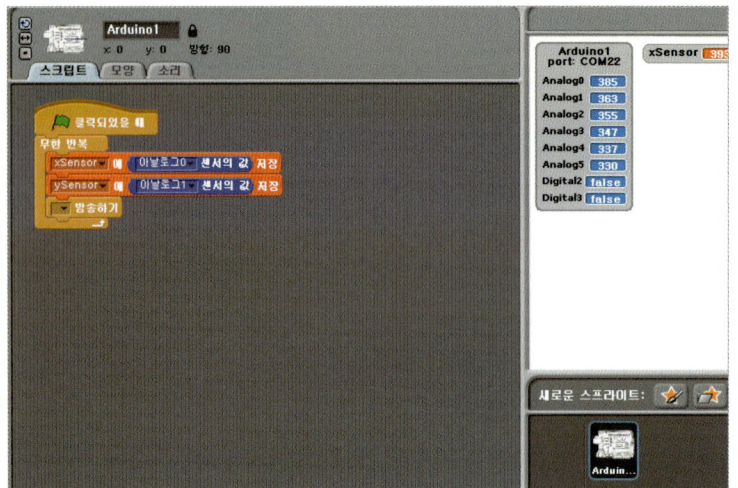

06

방송하기 블록 하나를 가져옵니다. 센서값을 각도로 변환하는 코드를 방송하기로 묶으려고 합니다.

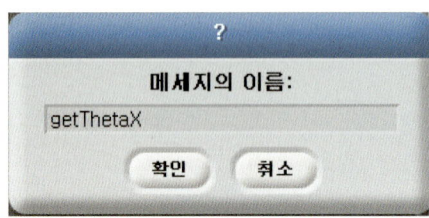

07

방송하기 이름은 "getThetaX"라고 하겠습니다. "각도 X를 얻는다"라는 뜻입니다. 방송하기 이름은 그 방송의 역할을 나타내는 것으로 지어주면 좋습니다.

이제 260~400의 값을 가지는 센서 데이터 값을 다른 값의 범위를 갖도록 변환해 보겠습니다. 필요한 수학 공식은 다음과 같습니다.

$$D_{out} = (S_\in - S_{min}) \times \frac{(D_{max} - D_{min})}{S_{max} - S_{min}} + D_{min}$$

$S_\in$: 센서 입력값(sensor input value)
S_{min} : 센서 최소값(minimum of sensor value)
S_{max} : 센서 최대값(maximum of sensor value)
D_{out} : 변환된 값(mapped value)
D_{min} : 변환 최소 값(mapped minimum value)
D_{max} : 변환 최대 값(mapped maximum value)

[수식 1. 데이터 변환 식]

우리는 -1 ~ 1로 변환할 것이기 때문에 Dout의 값은 -1 ~ 1이 됩니다.

08

-1~1은 sin함수의 값이므로 변수 "xSinTheta"를 하나 만듭니다.

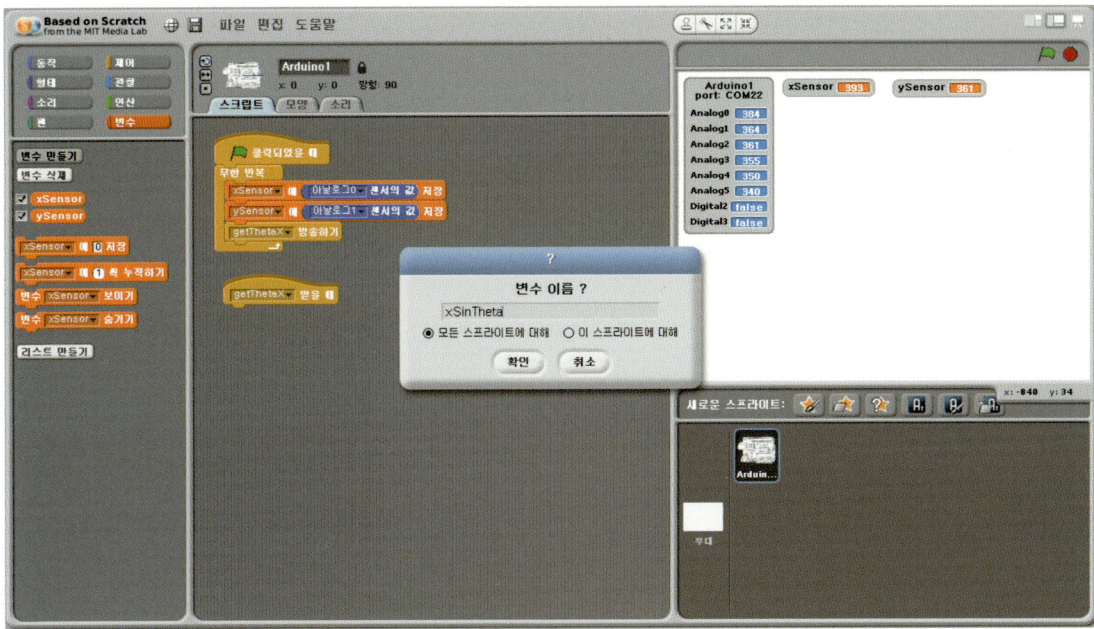

09

수식의 내용을 그대로 스크래치 코드로 옮겨 만듭니다. 다음 코드를 참고합니다.

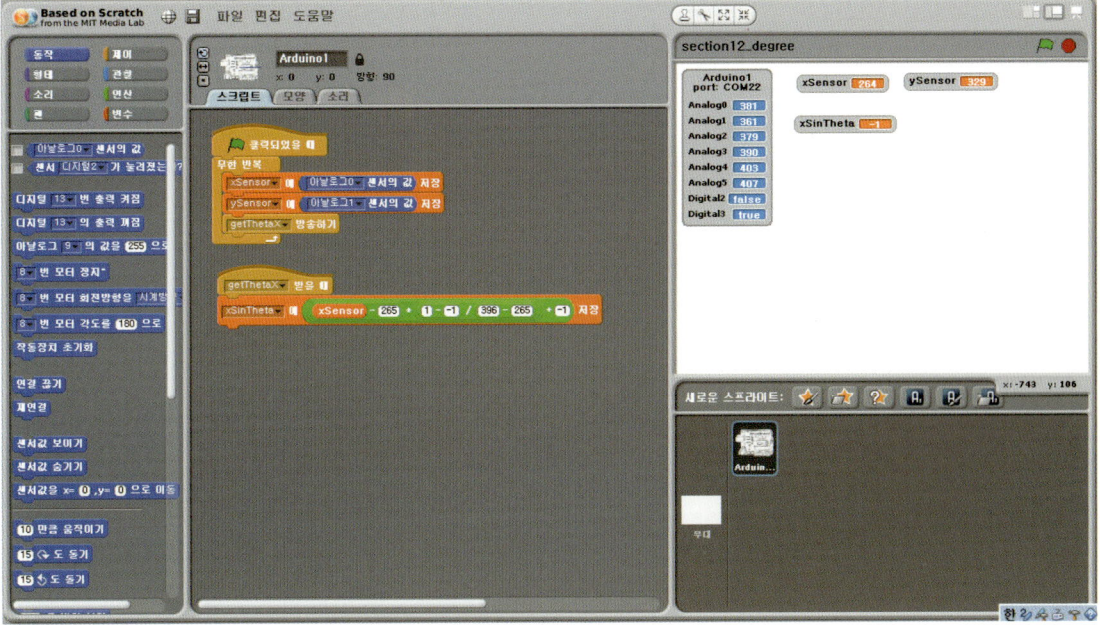

10

센서의 오류나 어떤 특이한 상황으로 인해 센서 값의 변환이 −1~1사이를 벗어날 경우가 있을 수 있습니다. 그래서 −1보다 작으면 값을 −1로 고정하고, 1보다 크면 1로 고정하는 스크래치 코드를 추가하겠습니다.

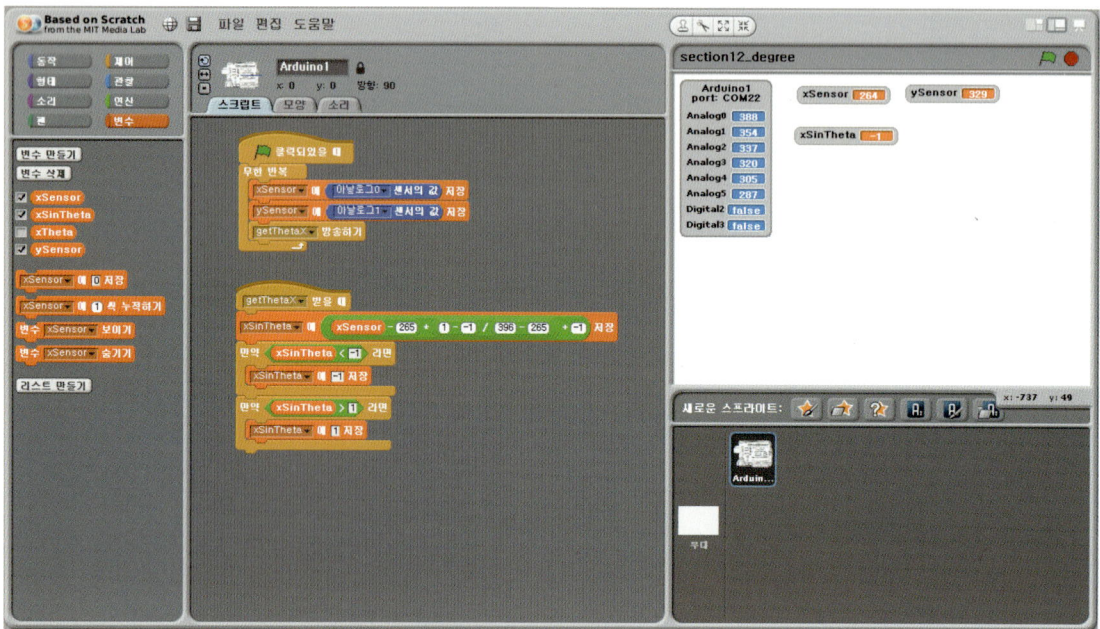

11

각도 변수 "xTheta"라는 이름으로 하나 만듭니다.

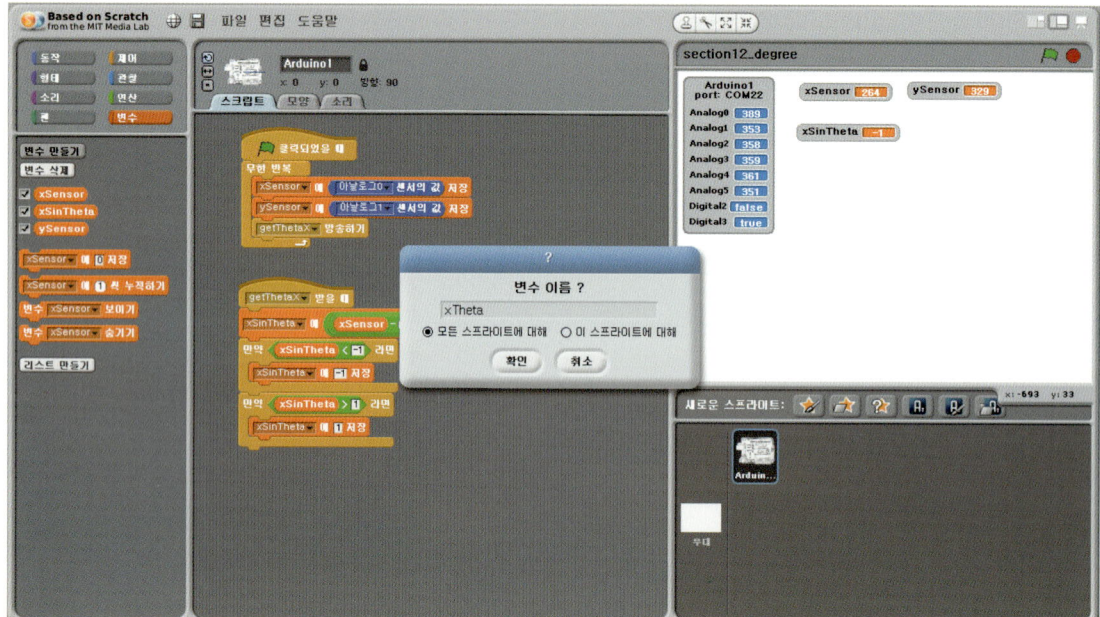

12

변환된 값 "xSinTheta" 변수를 삼각함수의 역함수인 "asin"에 적용시킵니다. 그러면 스크래치에서는 각도값으로 출력이 됩니다.(다른 프로그래밍에서는 라디안 값으로 나오고, 이 라디안 값을 각도값으로 변환해야 하는 경우도 있습니다. 변환 공식은 "각도 = 라디안 * (180/3.14)" 입니다.)
이제 가속도 센서를 X축을 중심으로 −90~90 도로 기울여 봅니다. 변수 "xTheta"값이 −90~90으로 변하는지 관찰 하십시오. 필자가 테스트 해본 바로는, 우리가 사용중인 가속도 센서가 0~70도 까지는 각도 값이 잘 나오는데, 70~80도, 80~90도는 정밀하지 못한 것 같습니다.

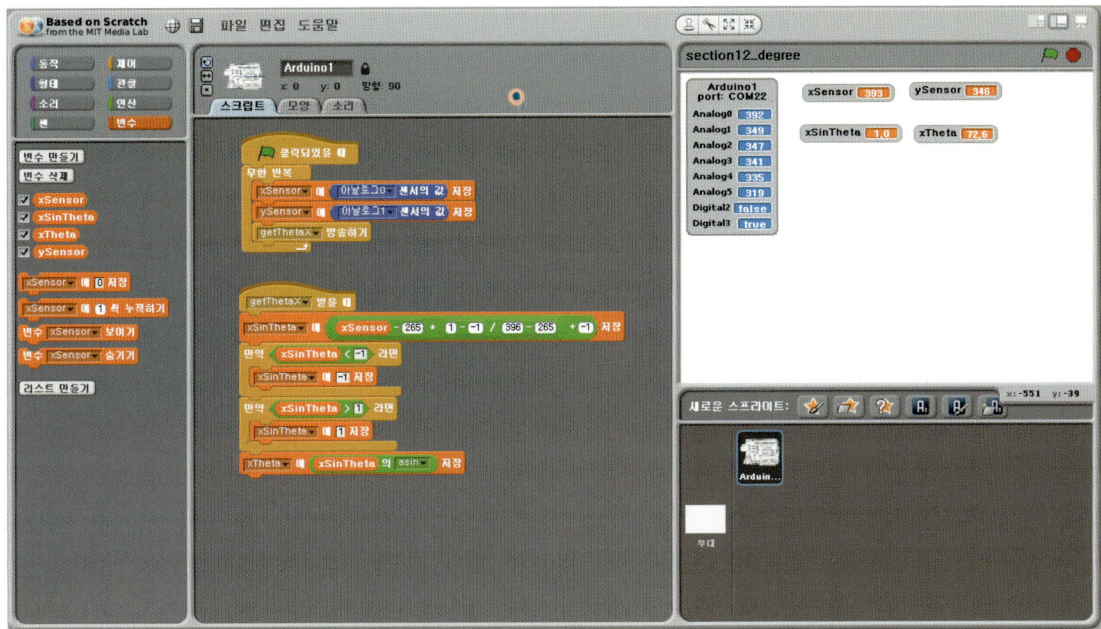

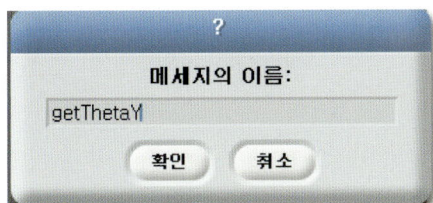

13

이제 Y축에 대해서 코드를 만들 건데, 방법은 X축을 만든 것과 똑같습니다. Y축 각도 계산을 위한 변수 "ySensor", "ySinTheta", "yTheta"를 추가해 주고, "getThetaY" 라는 이름으로 방송을 하나 더 만듭니다. 그리고 "getThetaX" 방송 코드를 그대로 복사해서 Y축 각도 계산을 위한 변수로 바꿔 줍니다.

14

다음 그림은 X, Y축 각도를 구해주는 스크래치 코드를 모두 완성한 모습입니다. Y축으로도 가속도 센서를 기울여 봐서 "yTheta"의 값 -90~90도인지 확인해 봅니다.

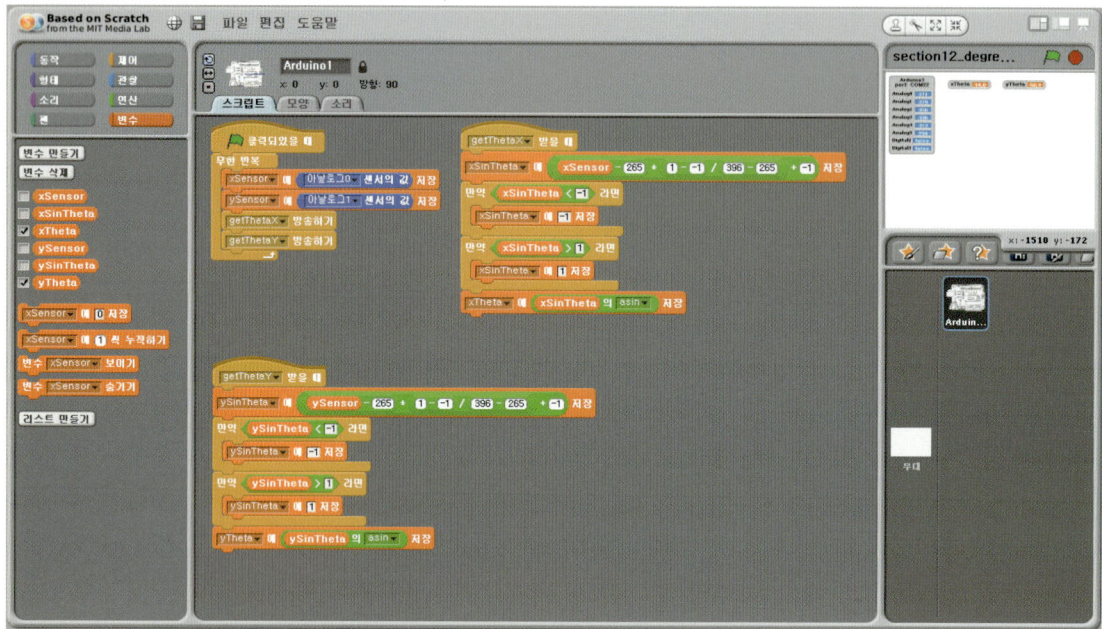

15

이제 이 각도값을 스크래치에서 그림으로 표현해 보겠습니다. 무대 스프라이트의 배경 탭으로 가서 편집을 누릅니다.

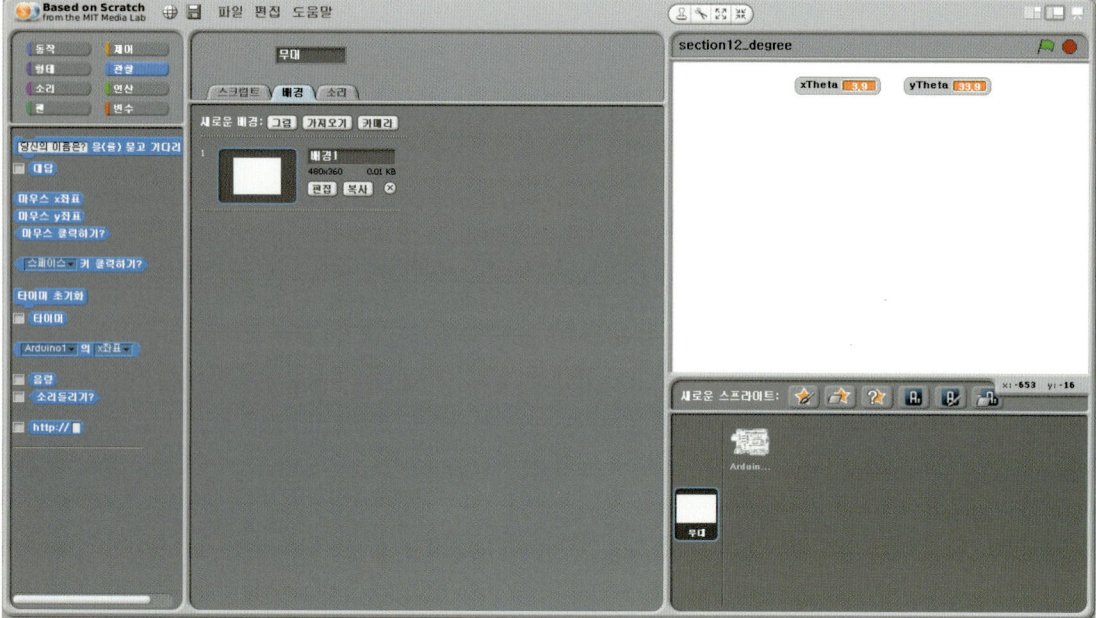

16

편집을 눌러 다음과 같은 그림을 하나 그립니다.

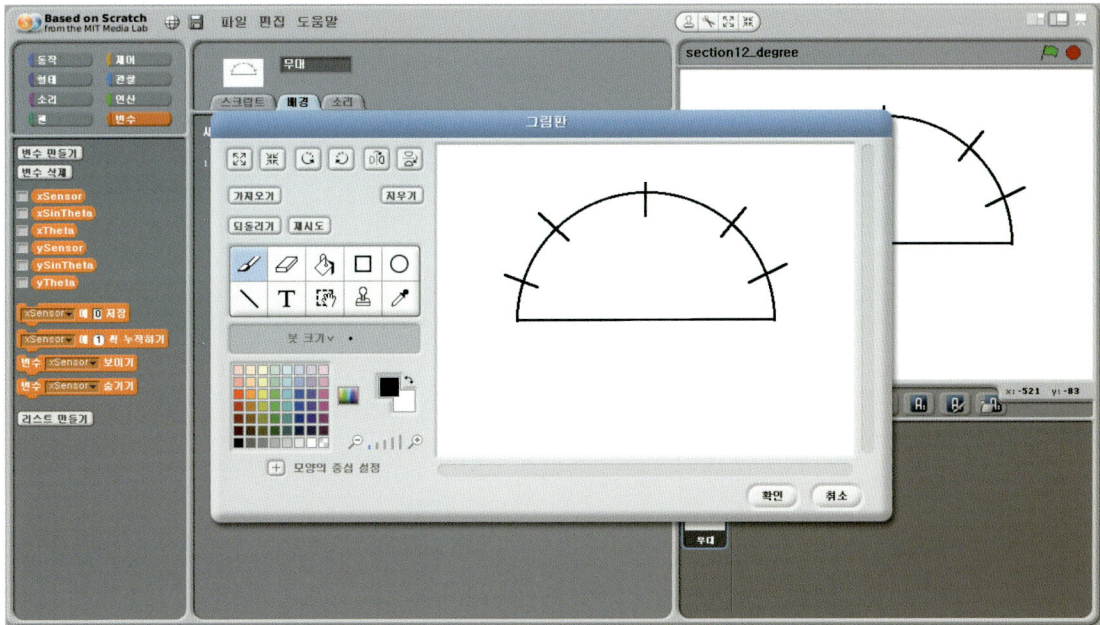

17

새로운 스프라이트 그리기를 누릅니다.

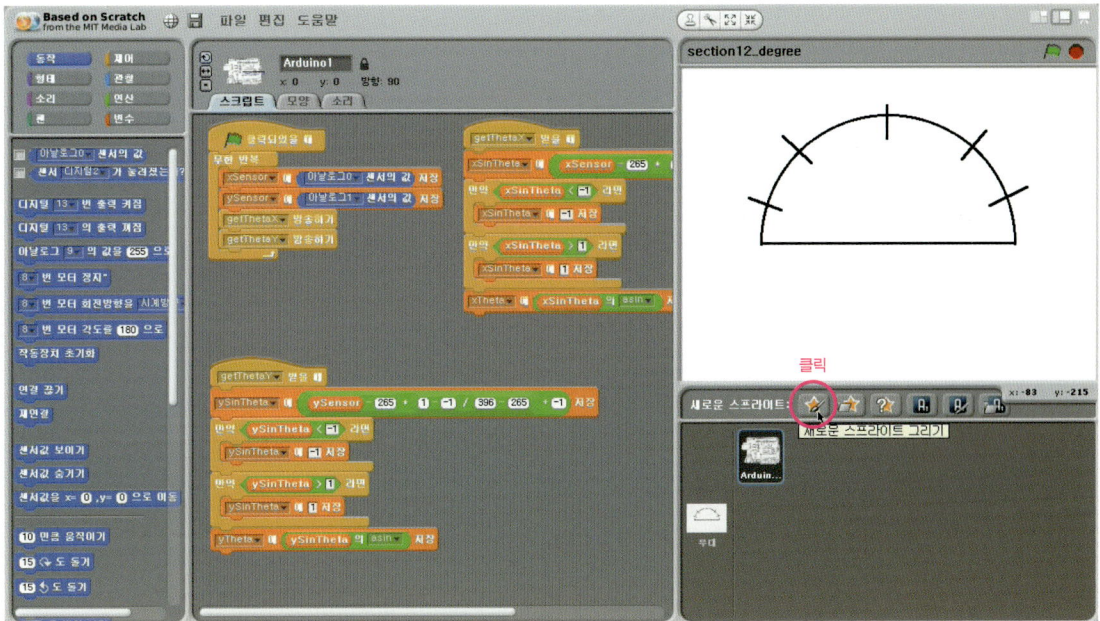

18

녹색 막대기를 하나 그리고 "모양의 중심 설정"에서 막대기 아래 끝 부분으로 중심을 이동시킵니다.

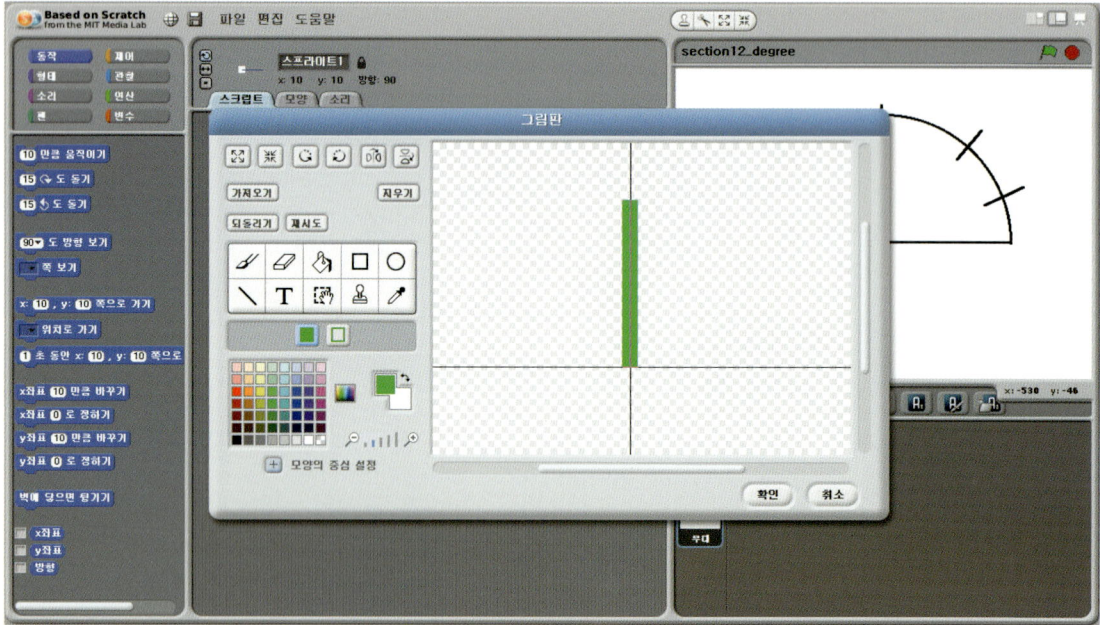

19

이제 X축 각도 변수에 +90을 해서 코드를 짭니다. 그리고 깃발을 눌러 실행 시킨 뒤, 가속도 센서를 X축을 중심으로 −90~90도로 움직여 보고 스크래치의 녹색 막대기가 똑같은 각도로 움직이는 지 확인합니다.

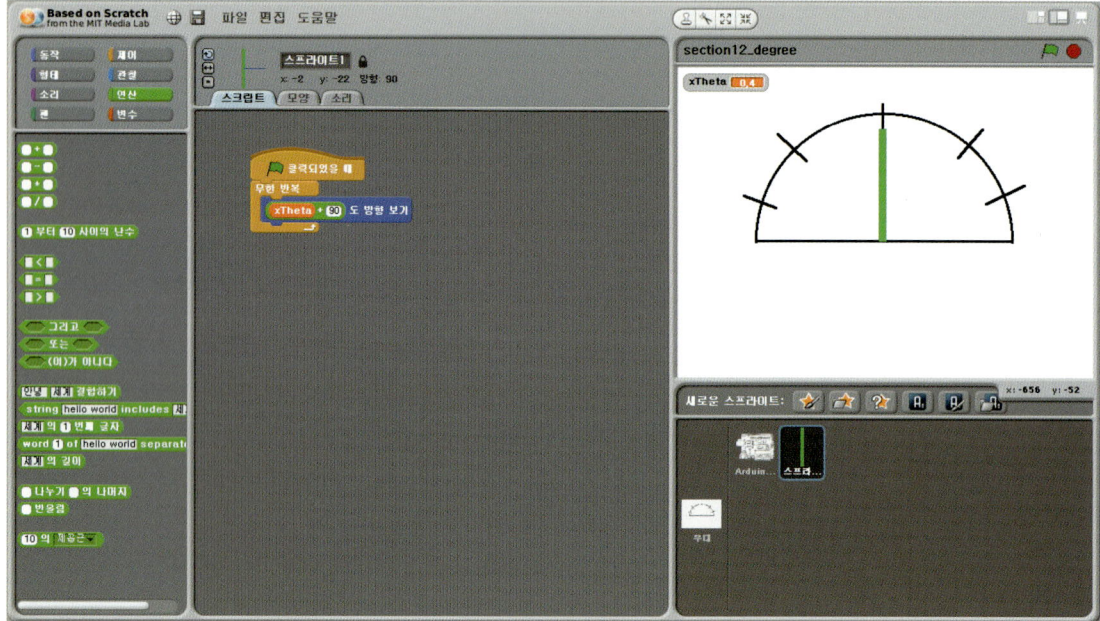

아두이노 실험실 : 2. 비행기 게임 만들기

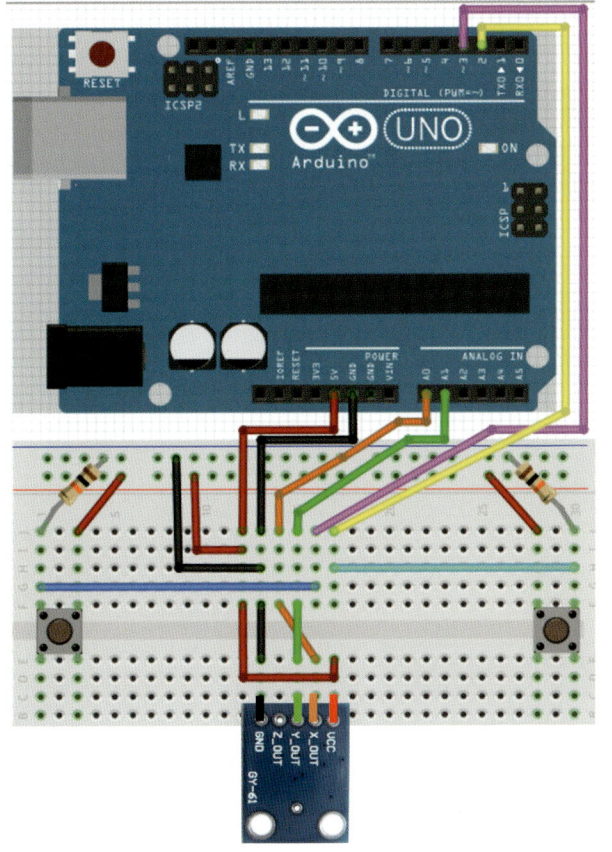

01

스크래치의 화면은 X, Y축으로 이루어진 2차원입니다. 그래서 가속도 센서의 X, Y축 기울기 값을 이용하면 센서를 기울일 때마다 스크래치에 있는 어떤 캐릭터가 X, Y축으로 움직이게 할 수 있습니다. 그 원리를 이용해서 비행기 게임을 만들어 보겠습니다.

아두이노와 브레드 보드, 가속도 센서, 스위치, 10K 저항을 다음 그림과 같이 연결합니다.

02

브레드 보드에서 일자형 전선을 사용하면 깔끔하게 만들 수 있습니다. 브레드 보드가 조종기가 되기 때문에 이런 전선을 사용하게 되면 나중에 브레드 보드를 손으로 들고 조종하기에 편리합니다.

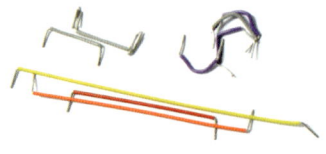

03

아두이노와 브레드 보드는 헤더 핀을 이용해서 연결하였습니다. 이렇게 하면 브레드 보드를 두 손으로 잡고 공중에서 좌우로 기울이는 데에 편리합니다.

스크래치 실험실 : 2. 비행기 게임 만들기

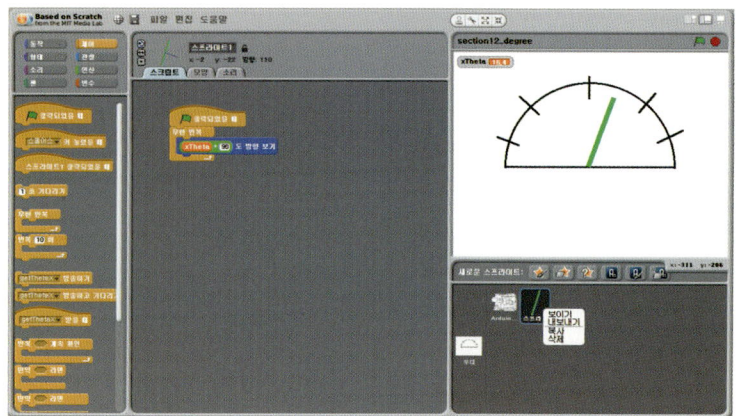

01

지금 부터는 비행기 게임의 그림을 그리기 위해서 녹색 막대기 스프라이트와 무대 스프라이트를 삭제하겠습니다. 그리고 아두이노 스프라이트도 아무 코드가 없는 빈 스프라이트로 만들어 줍니다.

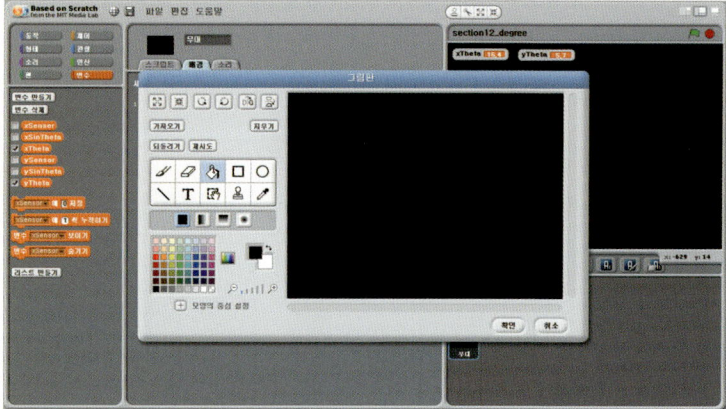

02

무대 스프라이트에서 모든 배경을 까만색으로 칠하여, 우주 위에서 비행기가 날아다니는 효과를 나타냅시다.

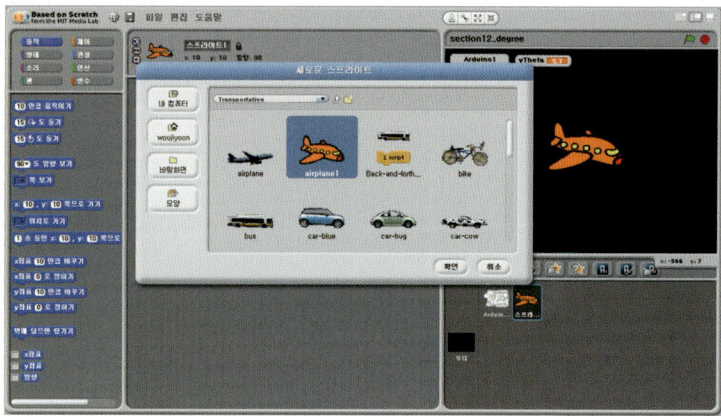

03

새로운 스프라이트 만들기를 누릅니다. 이번에 만들 스프라이트는 비행기입니다. 이 비행기는 적 비행기에 총알을 쏠 수 있고, 브레드 보드 조종기를 손으로 들고 좌우로 기울이면 비행기가 X, Y축으로 움직이게 될 것입니다. 비행기 크기를 적당히 작게 만듭니다.

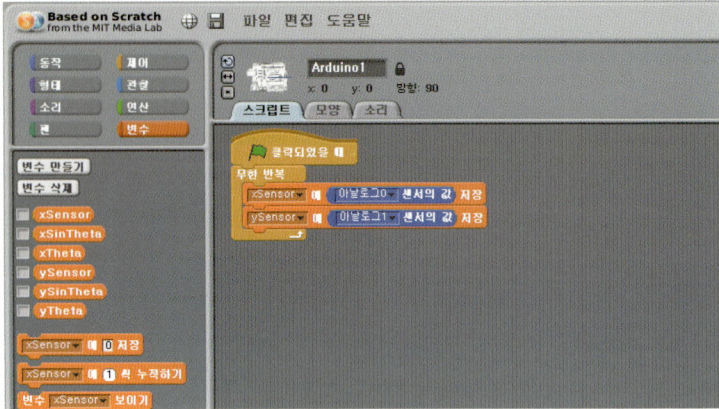

04

아두이노 스프라이트에서는 센서값을 변수에 저장하는 블록만 만들어 줍니다.

05

비행기 스프라이트로 다시 와서, 비행기의 X좌표와 Y좌표를 다음 그림처럼 계산식을 이용해 지정해 줍니다. 이 때 "~만큼 바꾸기" 블록을 사용했다는 점을 주의해 주세요.

이제 녹색 깃발을 클릭해서 실행 시켜 보세요. 그리고 브레드 보드를 두 손으로 들고 좌우로 기울이면서 비행기가 잘 움직이는 지 확인해 보세요. 혹시 브레드 보드가 움직이다가 선이 빠지려고 하면 헤더 핀을 다시 한번 꽉 눌러 주시거나 테이프로 고정해 주면 됩니다.

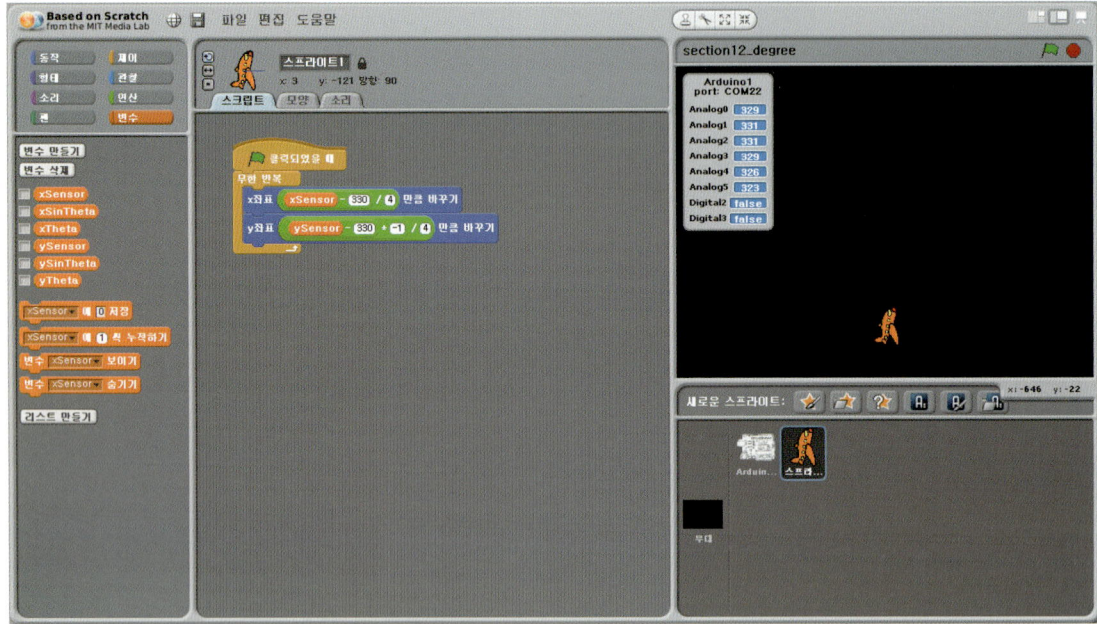

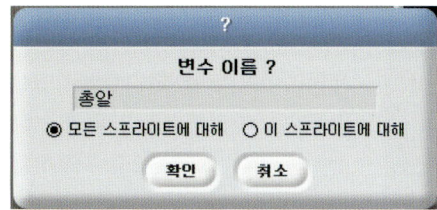

06

이번에는 비행기에서 총알이 발사되게 해보겠습니다. 총알은 브레드 보드의 오른쪽 스위치를 누르면 발사되는 것으로 하겠습니다. 그러기 위해서 아두이노 스프라이트로 가서 디지털 스위치 2번을 스크래치로 처리해 줘야 합니다. 아두이노 스프라이트로 가서, "총알"이라는 이름으로 변수를 하나 만듭니다.

07

브레드 보드의 오른쪽 스위치는 아두이노의 디지털 2번 핀에 연결되어 있습니다. 그래서 스크래치에서 "디지털2가 눌려졌는가?" 블록을 가져와서 만약에 눌려 졌으면 변수 "총알 = 1"이 되게 하고 안 눌려 졌으면 변수 "총알 = 0"이 되게 하겠습니다. 눌렸을 때와 안 눌렸을 때를 구분할 수 있으면 총알을 발사 시키는 경우를 알 수 있기 때문입니다. 브레드 보드의 오른쪽 스위치를 눌러보고 변수 "총알"의 값이 1이 되는지 확인합니다.

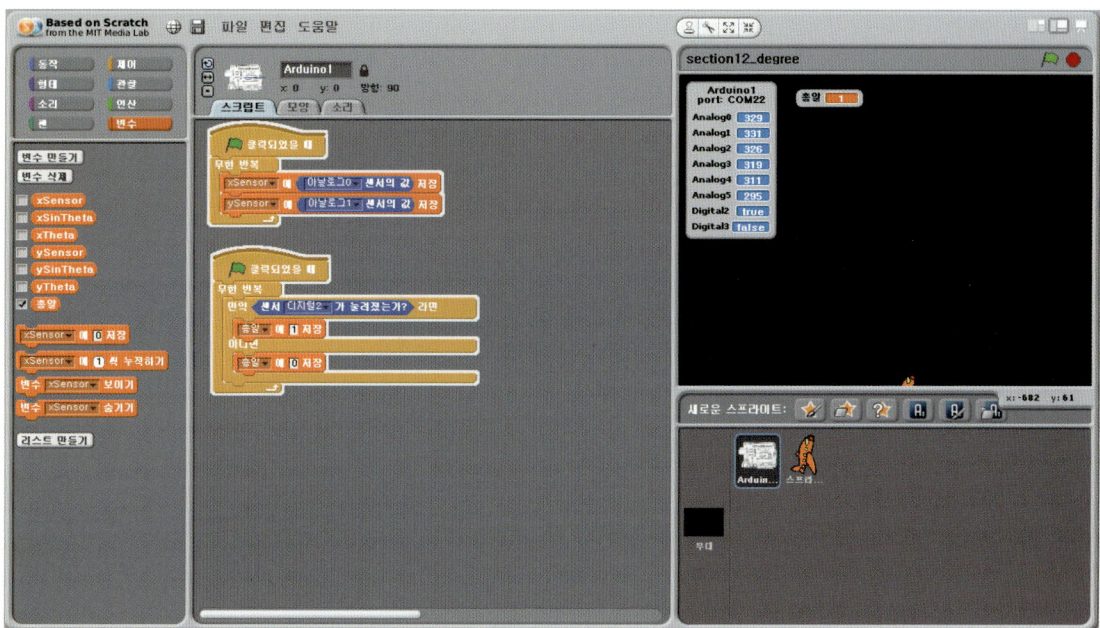

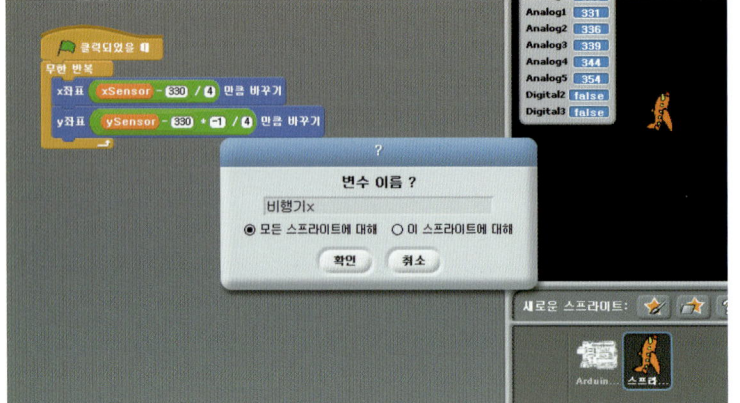

08

비행기 스프라이트로 다시 돌아와서 "비행기x"라는 변수를 만듭니다. 이 변수는 비행기의 x좌표를 저장하기 위해서 만들었습니다. 총알 스프라이트를 새로 만들 건데, 그 총알 스프라이트가 비행기에서 발사되어야 하기 때문에 평소에는 비행기 몸체를 따라 다니다가 스위치를 누르면 총알의 y좌표 값을 바꿔서 비행기로부터 발사되는 효과를 나타내려고 합니다. 그러기 위해서는 비행기의 x좌표를 총알이 따라가게 해야 하기 때문입니다.

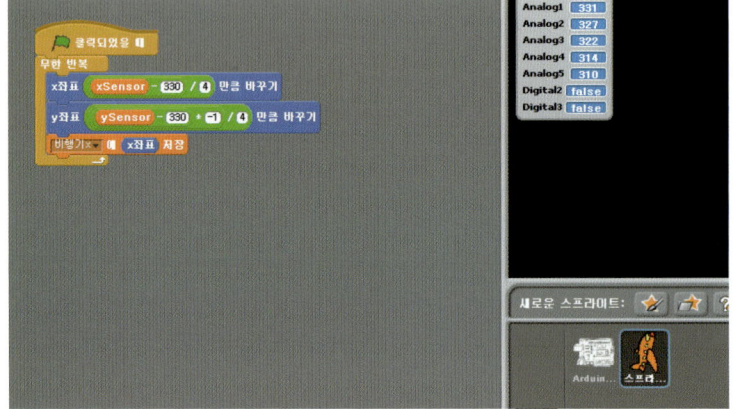

09

변수 "비행기x"에 현재 비행기 스프라이트의 x좌표 값을 저장합니다.

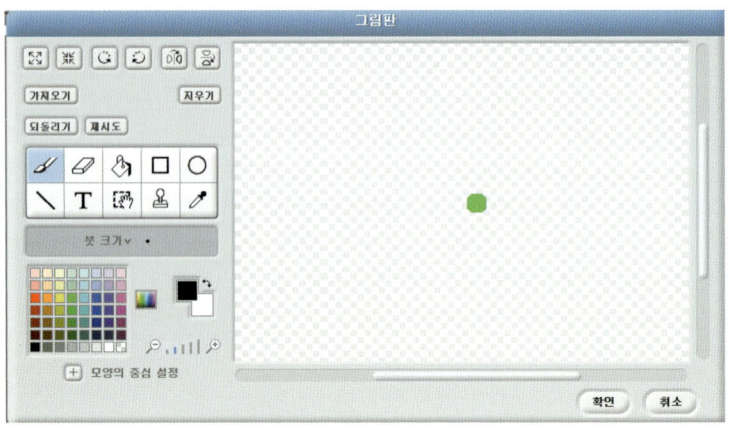

10

새로운 스프라이트 그리기를 클릭합니다. 그리고 총알을 적당한 크기로 하나 그립니다.

11

총알 스프라이트는 변수 "총알 = 1"(브레드 보드 오른쪽 스위치를 누를 때) 일 때만 비행기로부터 발사되게 하겠습니다. 그래서 변수 "총알 = 1"이면 총알 스프라이트가 Y축 180쪽으로 움직이게 하고, 변수 "총알 = 0", 즉 1이 아니면 "비행기 스프라이트 위치로 가기"를 실행하겠습니다. 그리고 총알은 비행기를 따라 다닐 때는 "숨기기"블록으로 보이지 않게 하겠습니다.

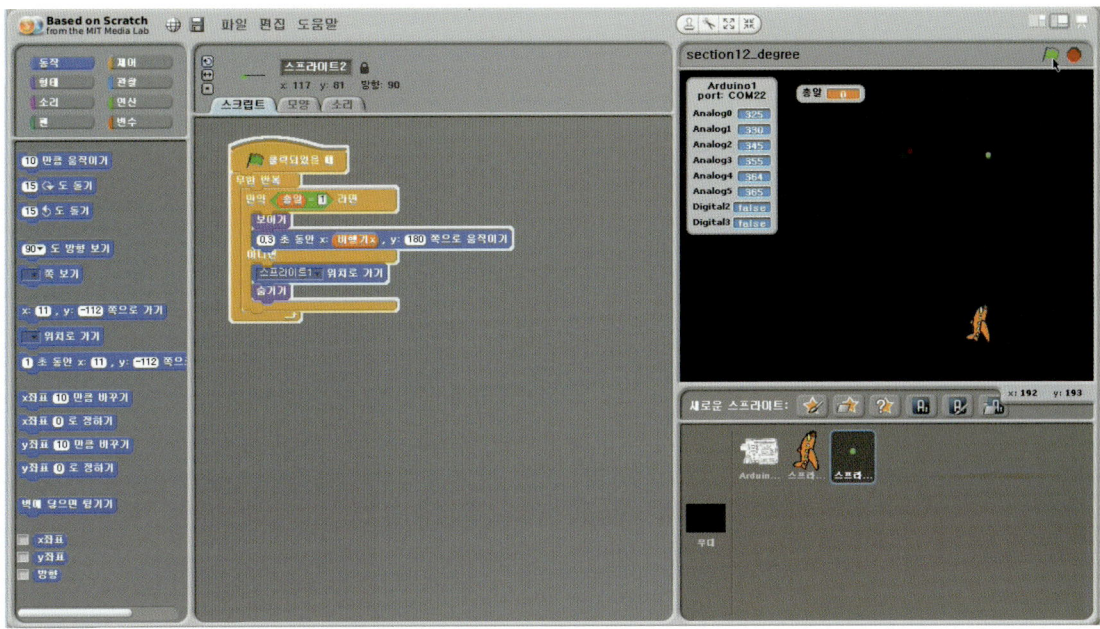

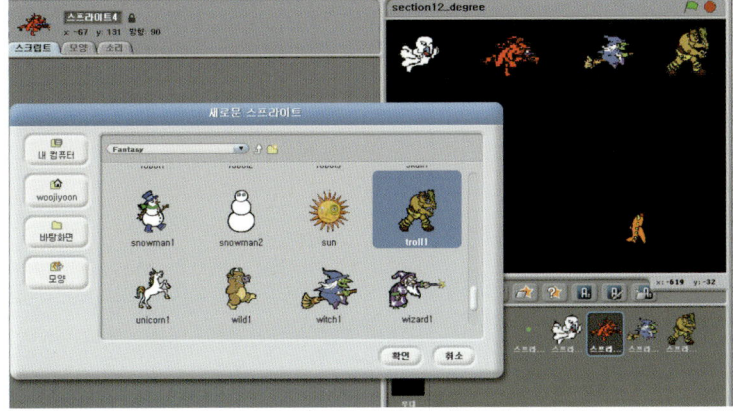

12

새로운 스프라이트 가져오기를 선택합니다. 총알의 공격을 받을, 적당히 괴물스럽게 생긴 그림으로 총 4개의 스프라이트를 만듭니다. 그리고 괴물 스프라이트 4개를 윗 부분에 적당히 나누어서 배치합니다.

13

가장 왼쪽의 흰색 유령 스프라이트로 갑니다. 1~4 사이의 난수 값에 해당하는 초 만큼 기다리게 한 후 괴물 스프라이트가 밑으로 움직이게 하겠습니다. 그리고 땅에 닿으면 다시 위로 올라가서 아래로 움직이게 합니다. 왼쪽 코드처럼 만든 뒤, 깃발을 클릭해서 실행시켜 보고 하나의 괴물 스프라이트가 잘 움직이는 지 확인합니다.

14

괴물 스프라이트와 총알 스프라이트의 사이 간격이 25 이하이면 괴물이 총알에 맞은 것으로 간주하여 괴물이 없어지는 것으로 하겠습니다. 총알 스프라이트는 현재 이름이 "스프라이트2"입니다.(스프라이트의 이름은 원하는 이름으로 바꿔도 됩니다.) 그래서 괴물 스프라이트로 가서 "스프라이트2"까지의 거리가 25보다 작으면 괴물 스프라이트의 모습을 숨기고 처음 위치로 가게 합니다. 거리가 25 이상이면 괴물의 모습이 계속 보이는 것으로 합니다. 깃발을 클릭해서 실행 시켜보고, 총알을 발사 시켜서 괴물이 총알에 맞으면 없어지는 지 확인합니다.(25 숫자값은 여러분이 실험을 해서 값을 변경해도 됩니다.)

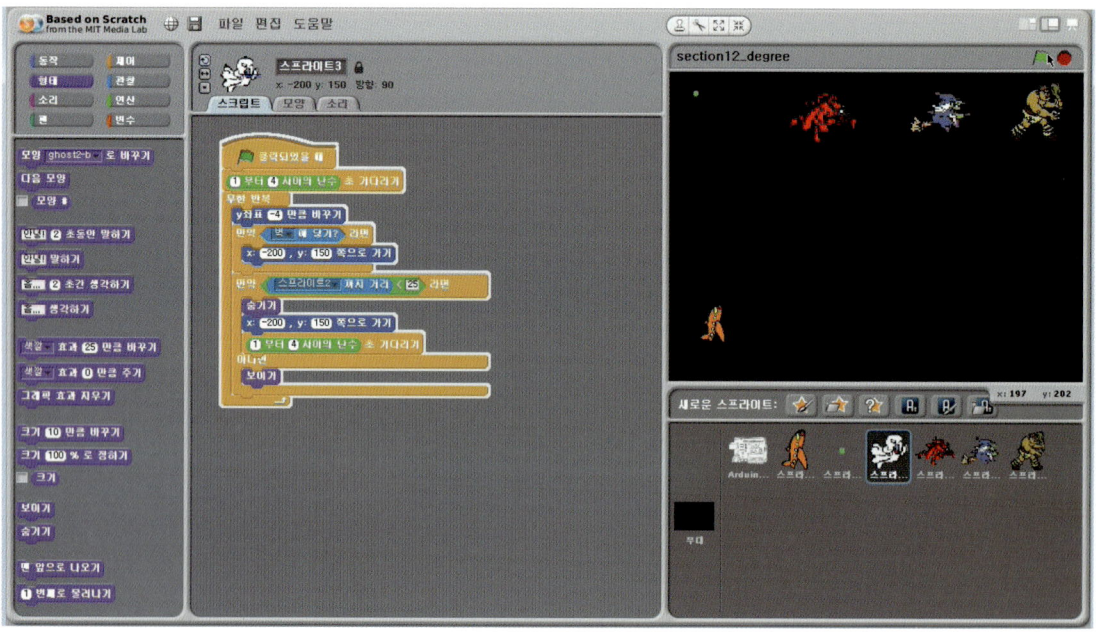

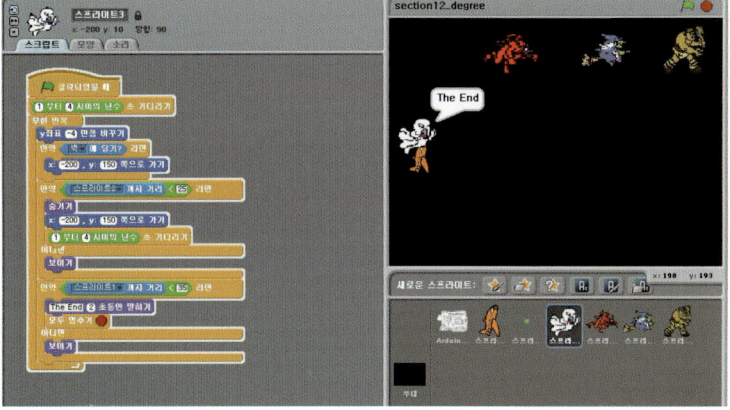

15

괴물이 비행기에 닿으면 게임이 끝나는 것으로 하겠습니다. 비행기 스프라이트의 이름은 "스프라이트1"입니다. 만일 괴물 스프라이트와 비행기 스프라이트 사이의 간격이 35이하이면 닿은 것으로 간주하여 "The End"라고 글이 뜨게 하고 모든 것을 멈추겠습니다.

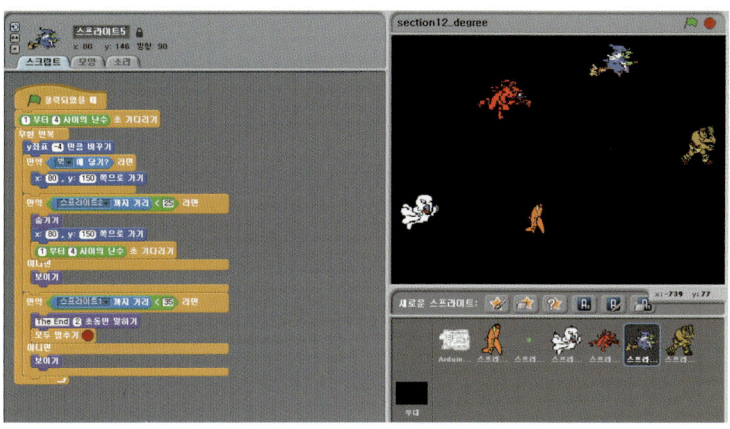

16

이제 괴물 스프라이트의 코드를 모두 완성했습니다. 이 코드를 다른 괴물 스프라이트에도 똑같이 복사해서 넣습니다. 그리고 다른 괴물 스프라이트에서는 X좌표 값만 적당히 수정해 줍니다. 각 괴물이 가로 길이로(x좌표) 적당히 떨어져서 출발하게 끔 X좌표를 수정해 주시면 됩니다. 그리고 깃발을 클릭해서 실행하고, 브레드 보드를 두 손으로 들어 총알을 발사해 가며 게임을 플레이 해봅니다.

더 해 보 기 !

1. 가속도 센서의 기울기를 각도로 변환하는 것을 해 봤습니다.
   이 변하는 각도 값을 이용해서 스크래치에서 무엇을 표현할 수 있을까요? 한 번 만들어 봅시다.
   (예 : 가속도 센서를 기울이면 공 굴러가기)

2. 위에서 만든 비행기 게임은 총알로 괴물을 죽이면서 피해 다니는 기능만 있습니다.
   여러분들이 더 많은 기능을 추가해 보세요.
   (예 : 브레드 보드의 왼쪽 버튼을 누르면 필살기 나가기, 괴물을 없앤 점수 표시, 목숨 표시 등)

SECTION 13
Etch a sketch

다음 그림은 추억의 장난감 Etch a sketch 라는 것입니다. 우리나라에는 매직 스크린 이라는 이름으로 소개 되어 인기를 끌었던 그림 그리기 장난감입니다. 1950년대 후반 프랑스 전기기술자 앙드레 카사뉴가 개발하고 1960년대 오하이오아트 회사가 상용화 하여 현재도 판매하는 명작입니다.

Etch a sketch의 원리는 알루미늄 파우더를 바른 안쪽 유리를 펜으로 긁어서 그리는 원리로, 아래쪽 손잡이 두 개를 돌려서 상하좌우 대각선으로 움직입니다. 한번 시작하면 수정이 불가능해 아이들 집중력 배양에도 도움이 되며, 경력과 기술에 따라 예술의 경지에 이르기도 해 마니아를 보유하고 있습니다. (그림을 지우려면 흔들면 되지만, 모든 그림이 다 지워집니다.)

우리는 이번 시간에 아두이노와 스크래치를 이용해서 Etch a sketch를 만들어 보겠습니다. 아두이노로는 동그란 손잡이를 조종하는 역할을 만들 것이고, 스크린에 그림이 표현되는 역할은 스크래치로 나타낼 것입니다.

하드웨어 준비물

부품 사진	이름	갯수
	아두이노, USB케이블, 브레드보드	각 1개씩
	전선	15개 정도
	회전형 가변 저항	2개
	LED(아무 색이나)	1개
	저항 220 ohm	1개
	저항 10 K ohm	2개
	택트 스위치	2개

회전형 가변저항 2개는 Etch a sketch에 있는 두 개의 손잡이 역할을 할 것입니다. 하나는 x축, 다른 하나는 y축으로 선을 그리는 기능이 있습니다. 그리고 스위치 1개로 LED를 켜고 끄겠습니다. LED가 켜지면 그림을 그리면서 펜을 움직이고, 반대로 LED가 꺼진 상태이면 그림을 그리지 않으면서 펜을 움직이게 하려고 합니다. 나머지 하나의 스위치로는 그림 전체를 지우는 역할을 맡기겠습니다.

아두이노 실험실

01

아두이노 회로를 만들 때 다음 그림처럼 회전형 가변저항 2개를 좌우로 배치하는 것이 중요합니다. 실제 Etch a sketch 도 좌우 아래쪽에 회전형 손잡이가 있고 왼손과 오른손으로 하나씩 돌릴 수 있게 되어 있습니다.

스위치 2개는 가운데에 위치하게 하고, LED는 적당한 위치에 꽂아 둡니다. 그림에서 보기에 왼쪽 스위치는 아두이노의 2번에 연결되어 있습니다. 2번 스위치는 LED를 켜거나 끄는 역할을 해서 LED가 켜지면 그림을 그리고, 꺼지면 그리지 않고 펜만 이동하게 할 겁니다. 오른쪽 스위치는 아두이노의 3번에 연결되어 있습니다. 3번 스위치는 전체 그림을 지우는 역할을 할 것입니다.

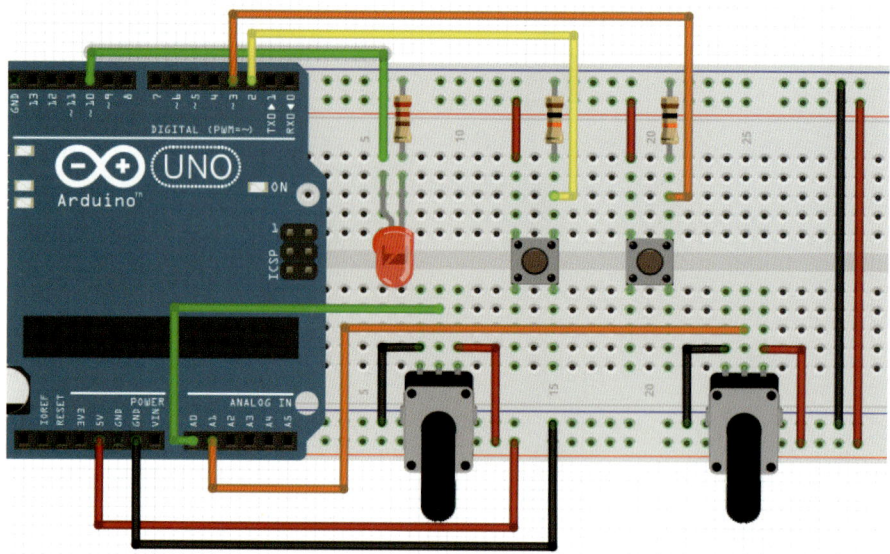

스크래치 실험실

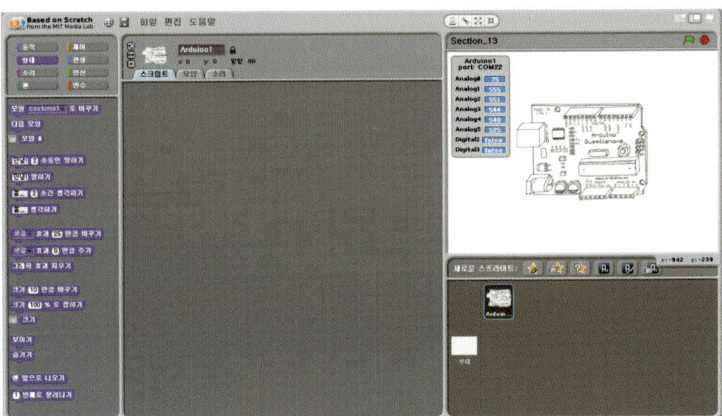

01

이제 아두이노를 내 컴퓨터에 연결합니다. 그리고 S4A를 열어서 아두이노 스프라이트로 갑니다. 형태 팔레트에서 숨기기를 눌러서 아두이노 그림을 지웁니다. 그리고 "Arduino1 port COM"에 마우스 포인터를 올려서 마우스 오른쪽 버튼을 클릭한 뒤 "숨기기"를 눌러서 센서 보드를 안보이게 해 줍니다.

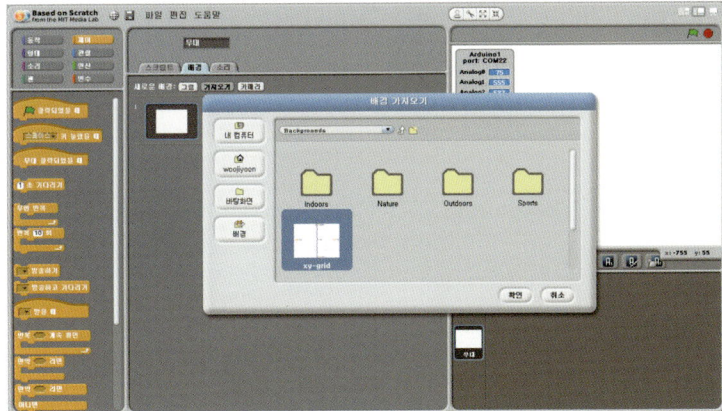

02

무대 스프라이트로 갑니다. 배경 탭을 눌러서 그림 가져오기를 합니다. 그림은 "xy-grid"라는 것을 가져옵니다. 이 배경은 x축, y축의 좌표값을 표시해 줘서 우리가 그림 그리는 펜의 좌표를 정할 때 도움이 됩니다.

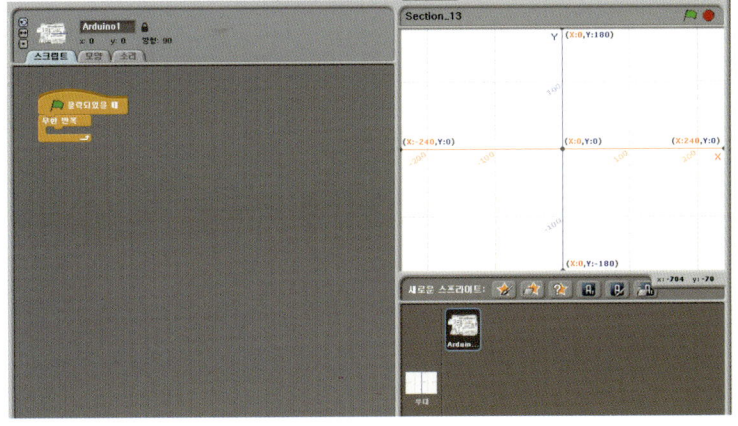

03

좌표 배경을 만든 상태에서 다음처럼 무한 반복 블록을 가져옵니다.

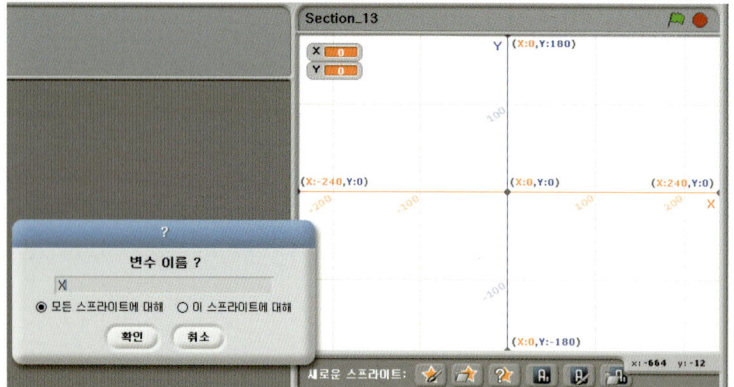

04

그리고 변수 "x"와 "y"를 만듭니다.

05

변수 x는 왼쪽 가변 저항의 신호값을 저장할 겁니다. 왼쪽 가변 저항은 아두이노의 "아날로그 0 (A0)"에 연결되어 있습니다. 그래서 x에 아날로그 0 센서의 값을 저장하겠습니다. 변수 y에는 오른쪽 가변 저항인 아날로그 1 센서의 값을 저장하겠습니다. 왼쪽 코드처럼 블록을 코딩한 뒤, 깃발을 클릭하여 실행합니다. 그리고 회전형 가변 저항의 손잡이를 손으로 잡고 좌우로 돌려 봅니다. 동시에 변수 x, y의 값이 어떻게 변하는지 관찰합니다.(x, y의 값은 0~1023 사이로 변해야 정상입니다.)

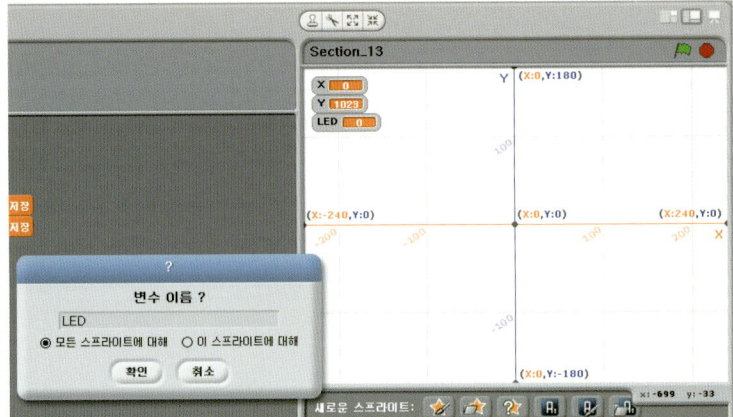

06

이제 변수 "LED" 라는 것을 만듭니다. LED를 켜고 끄는 동작을 코딩하려고 합니다.

07

`센서 디지털2▼ 가 눌려졌는가?` 블록은 우리가 아두이노에 연결한 스위치 2개의 전기 신호를 제어하는 역할을 합니다. 우리가 연결한 스위치 회로에 의하면 "디지털2"는 왼쪽 스위치이고, "디지털3"은 오른쪽 스위치입니다. 왼쪽 스위치를 누르면 스크래치에서 값이 어떻게 변하는 지 알아보겠습니다.

LED라는 변수에 `센서 디지털2▼ 가 눌려졌는가?`를 저장합니다. 그리고 깃발을 클릭하여 실행한 뒤, 브레드 보드 상에서 왼쪽 스위치를 누르고 떼는 동작을 반복해 봅니다. 그럴 때 변수 "LED"가 어떻게 변하는 지 관찰 합니다. (누르면 참, 떼면 거짓)

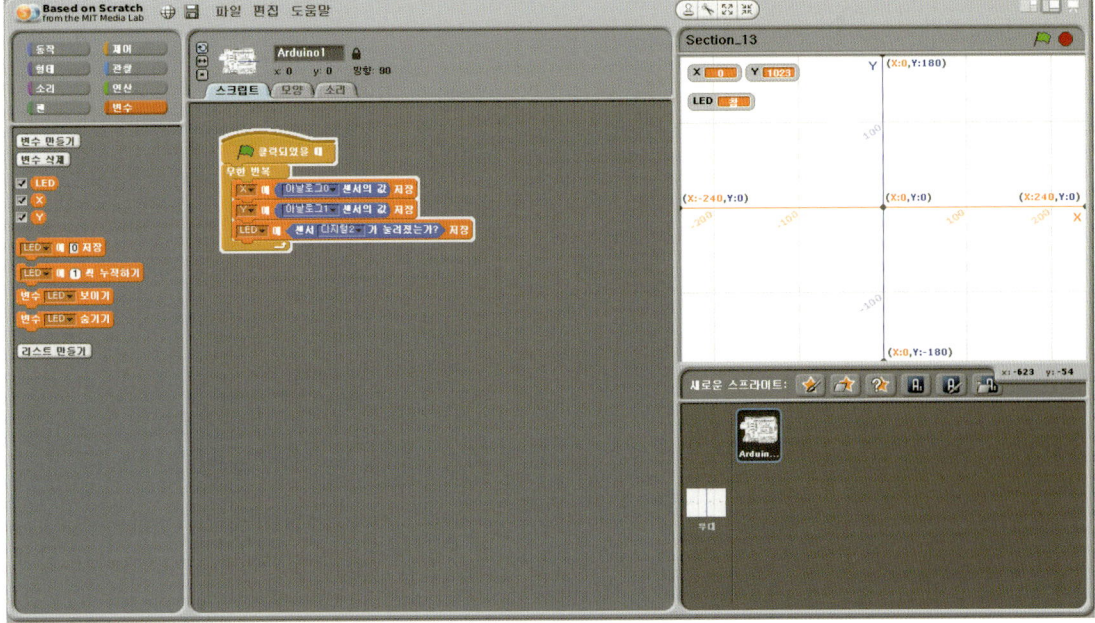

08

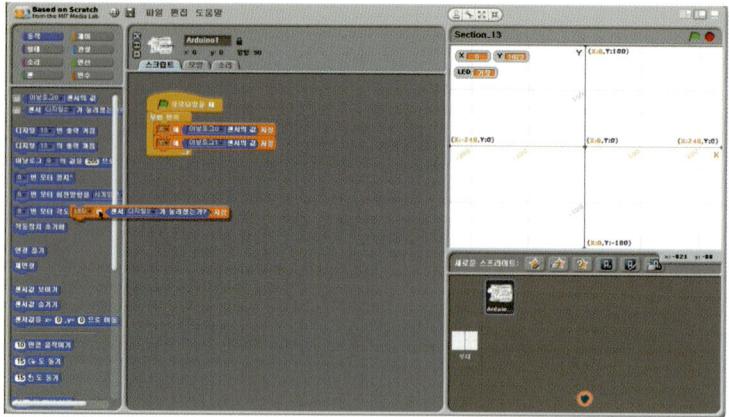

왼쪽 스위치(디지털 2)를 누르면 참이 되고 누르지 않으면 거짓(숫자로 0)이 된다는 것을 알았습니다. 이것을 이용해 LED를 켜고 끄는 2가지 경우를 만들고, LED가 켜질 때만 펜으로 그림을 그릴 수 있게 하겠습니다. `LED에 센서 디지털2가 눌러졌는가? 저장` 블록은 이제 필요 없기 때문에 버립니다.

09

디지털 2번 스위치(브레드 보드상의 왼쪽 스위치)가 눌려지는 여부에 따라서 LED가 연결된 아두이노 10번 핀을 제어해 보겠습니다. 스위치가 눌려졌으면 디지털 10번 핀의 출력을 켜서 전기 신호가 아두이노에서 LED로 나아가게 만듭니다. 그렇게 되면 LED에 전류가 흘러서 LED가 켜지게 됩니다. 그리고 LED가 켜진 상태를 변수 "LED = 1"로 하겠습니다. 반대로 LED가 꺼진 상태는 "LED = 0"으로 만들겠습니다. 그리고 중요한 것이 `0.2초 기다리기` 블록을 마지막에 넣어 주는 겁니다. 이 블록을 넣어야 하는 이유는, 스위치의 전기 신호가 불안정 할 수 있는 상태를 안정화 시켜 주기 때문입니다. "0.2초 기다리기" 블럭이 없는 경우를 직접 실험해 보면 스위치를 누름에 따라서 LED의 상태가 불안정 하다는 것을 알 수 있을 겁니다.

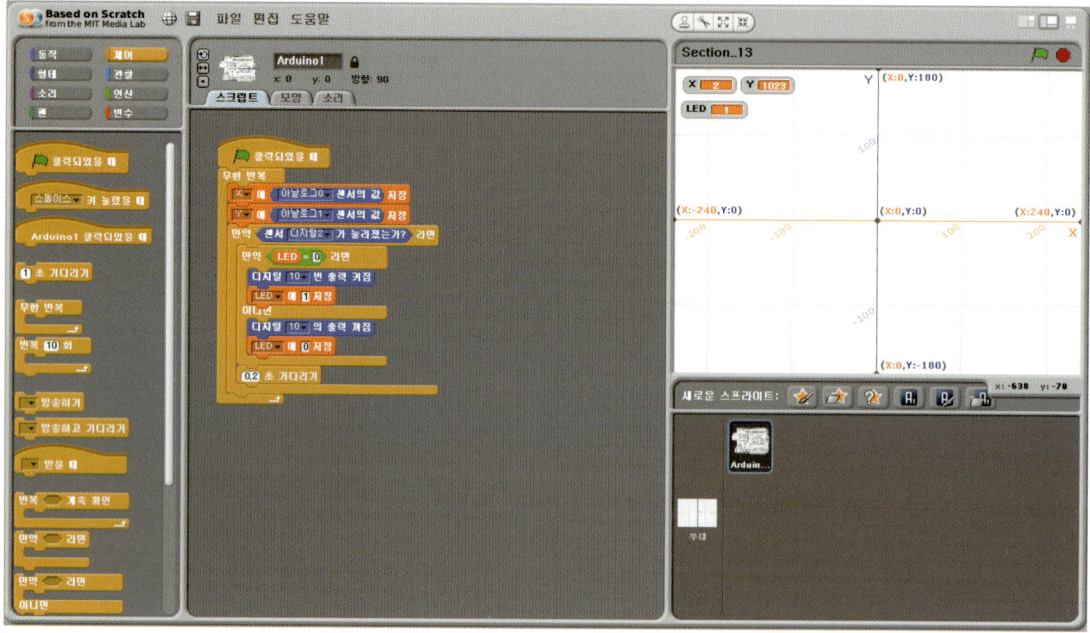

10

다음 사진은 스위치를 눌렀을 때 LED가 켜지는 실제 사진입니다.

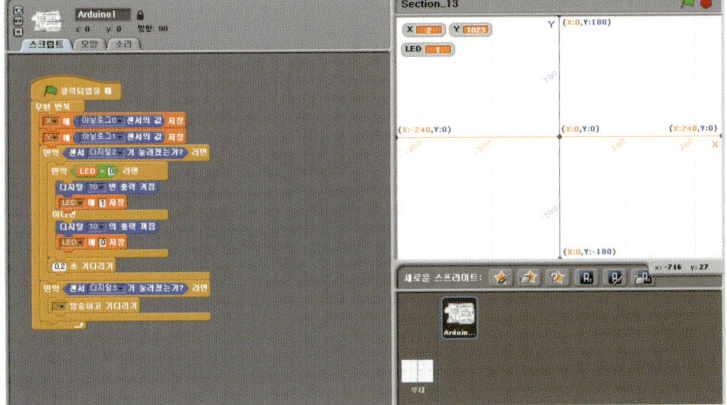

11

이제 브레드 보드 상의 오른쪽 스위치는 아두이노의 3번 핀에 연결되어 있고,
스크래치에서는 센서 디지털3 가 눌려졌는가? 블록이 오른쪽 스위치를 제어하는 역할을 합니다. 다음처럼 디지털3 스위치 블록의 경우의 수를 만든 뒤, 방송하기를 하나 넣어 줍니다.

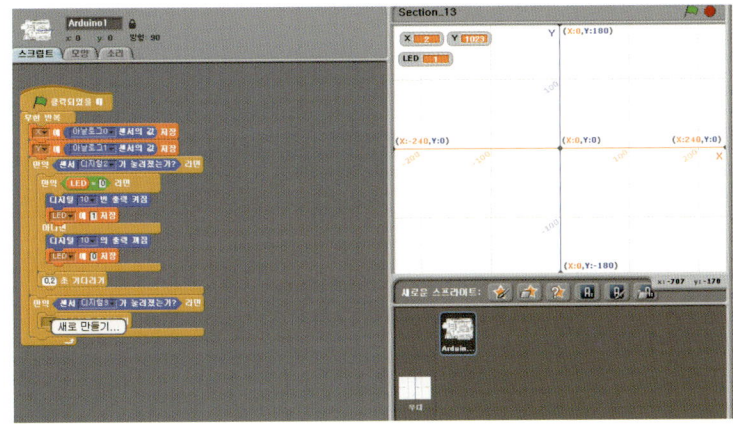

12

방송하기 블록에서 새로운 방송을 만듭니다.

SECTION 13. Etch a sketch **167**

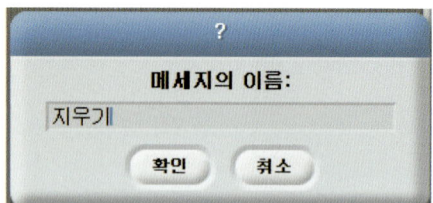

| 13 |

디지털 3번 스위치는 그림을 모두 지우는 역할을 할 것이기 때문에 방송하기의 이름을 "지우기"로 하겠습니다.

| 14 |

이제 아두이노 스프라이트에서 만들 스크래치 코드는 모두 만들었습니다. 이제 그림을 그리는 부분을 담당할 스프라이트로 넘어가겠습니다.

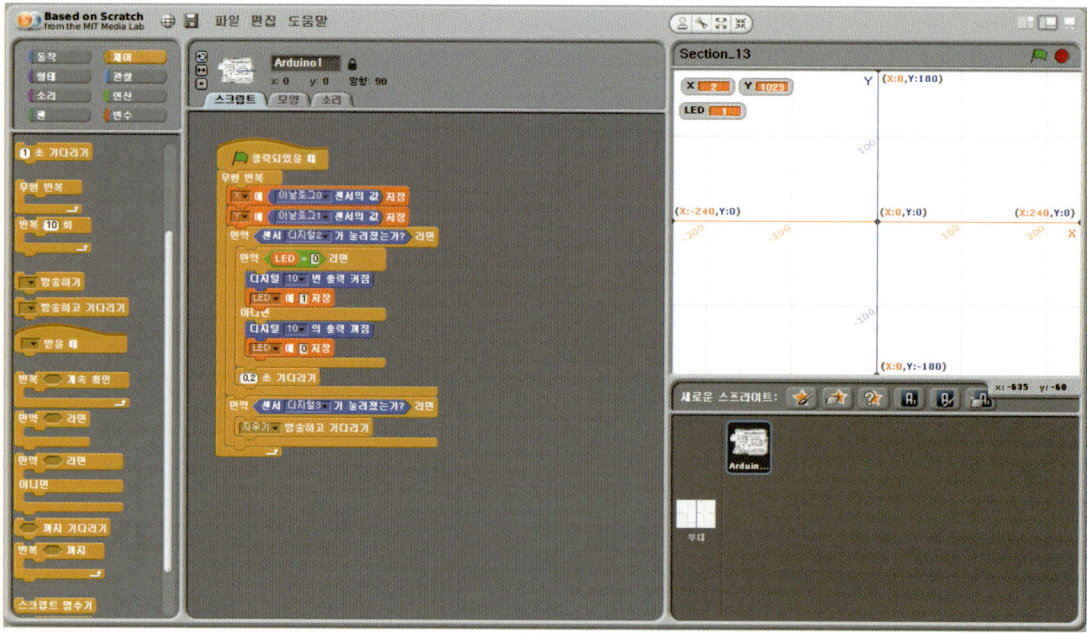

| 15 |

새로운 스프라이트 만들기를 하여, 아무 그림이나 가져옵니다. 필자는 그림 그리는 주제에 맞게 펜 모양을 하나 가져오겠습니다.

168 CHAPTER 03. 여러 가지 전자부품을 이용한 프로젝트

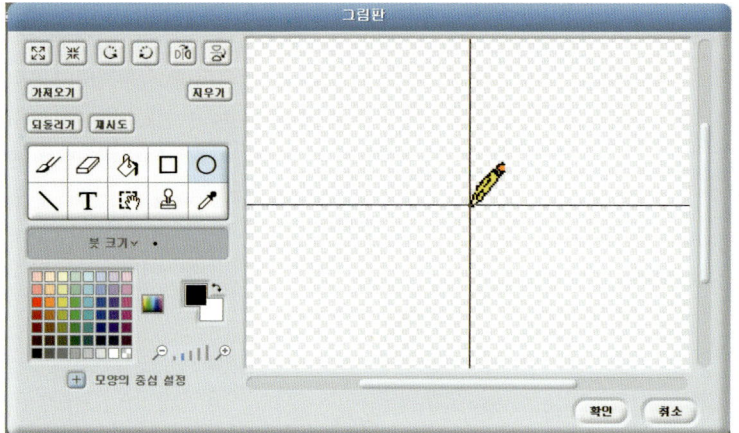

16

펜 모양의 그림을 가져오면 뭔가 코드가 생성될 텐데, 그 코드는 모두 버립니다. 그리고 펜 모양을 축소시키고 모양의 중심도 펜 끝으로 잘 맞춰 줍니다.

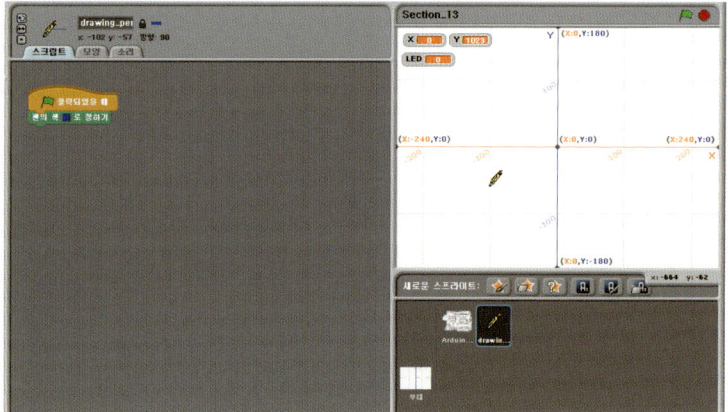

17

펜 그리기 스프라이트에서 가장 먼저 펜의 색깔을 정해 줍니다.

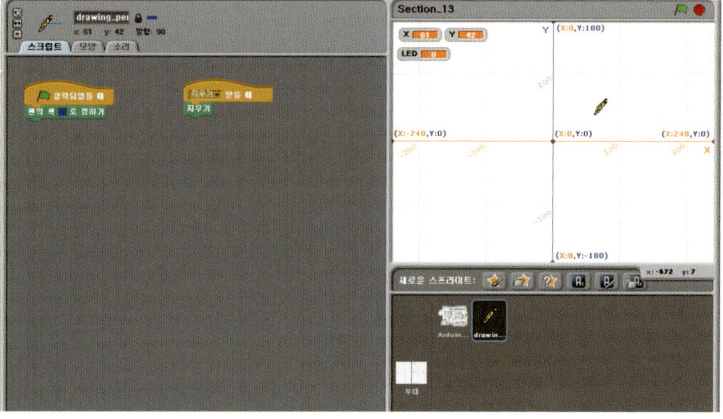

18

그리고 "지우기" 방송을 받으면 그림이 지워지도록 하기 위해 펜 팔레트에서 지우기 블록을 가져옵니다. 그러면 디지털 3번 스위치(브레드 보드의 오른쪽 스위치)를 누를 때마다 펜으로 그려진 선이 지워질 겁니다.

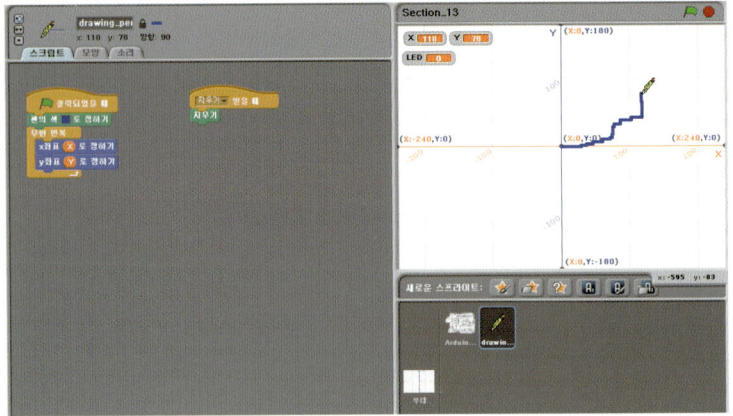

19

펜의 x, y 좌표값에 아두이노 스프라이트에서 만든 변수 x, y를 대입해 줍니다. 그러면 회전형 가변저항을 손으로 돌릴 때마다 변수 x, y가 변할 것이고 이 변수는 펜의 x, y좌표값에 저장되기 때문에 펜이 움직일 것입니다.

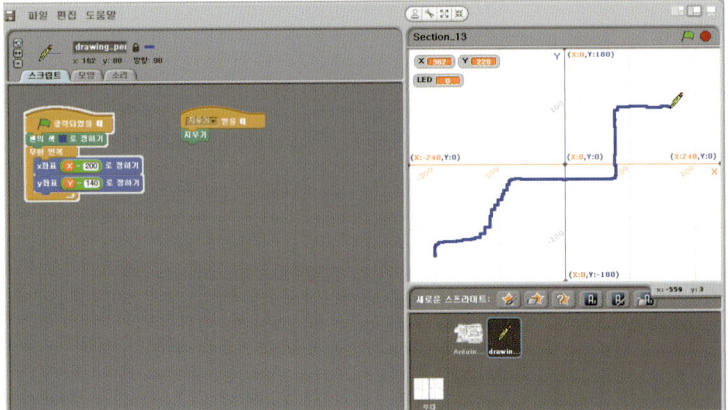

20

그런데 이상한 점이, 펜이 x = 0 , y = 0인 가운데 지점부터 오른쪽으로만 움직여 집니다.

펜을 전체 화면의 모든 곳으로 움직일 수 있게 하기 위해 x, y값을 그림처럼 조정하겠습니다.

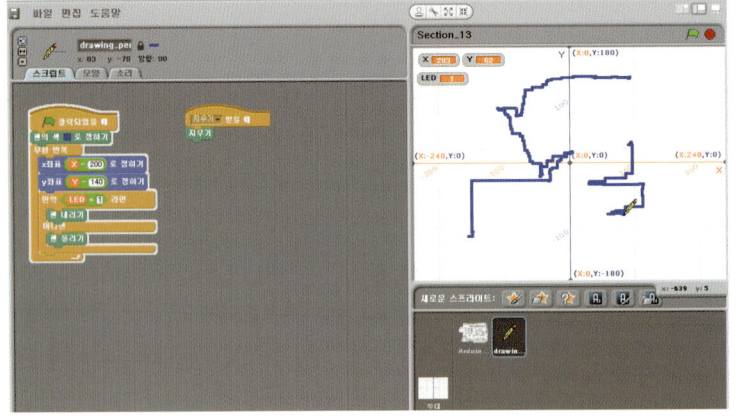

21

디지털 2번 스위치(브레드 보드 상의 왼쪽 스위치)를 누르면 LED가 켜지고 그 때 변수 "LED = 1"이 됩니다. LED가 켜질 때만 펜으로 그림을 그릴 수 있게 하고, 스위치를 눌러서 LED를 끄면 펜의 이동만 되고 그림을 그리지 않게 하겠습니다.

| 22 |

이제 모든 코드가 완성되었습니다. 깃발을 클릭해서 실행해 보고 LED를 켜서 회전형 가변저항을 손으로 조정해 봅시다. 그림이 잘 그려지는지, 그리고 오른쪽 스위치를 눌러서 잘 지워지는 지 확인해 봅니다.

더 해 보 기 !

다음처럼 대각선으로 그릴려면 회전형 가변 저항을 어떻게 움직여야 할까요?

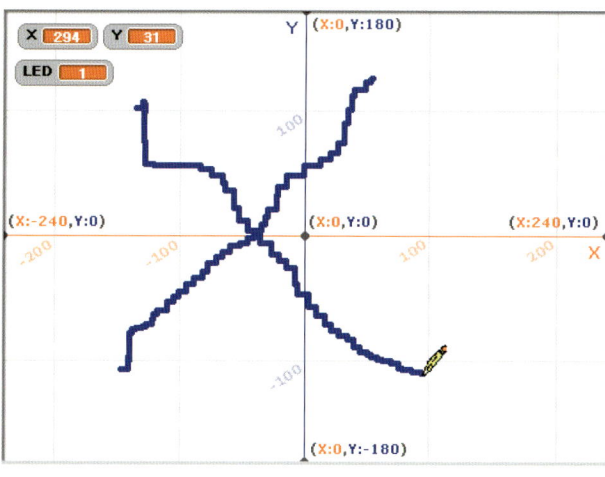

그리고 다음과 똑같이 그려 보시길 바랍니다.

SECTION 14
적외선 레이더

세상에는 자연의 원리를 이용해서 만든 물건들이 많이 있습니다. 그 중에서 레이더(Radar)라는 것이 있습니다. 레이더는 박쥐의 "음향반사"라는 원리를 적용한 것입니다. 박쥐는 눈이 보이지 않는데도 장애물에 부딪히지 않고 잘 날아다닙니다. 어떻게 박쥐는 장애물을 피해 다닐 수 있을까요? 박쥐는 머리 부분에서 초음파를 발생 시킵니다. 그 초음파가 물체에 반사되어 박쥐에게 돌아오면 박쥐는 물체를 파악할 수 있게 됩니다. 고래나 돌고래도 초음파를 입에서 발사해서 먹이나 장애물을 식별하거나 동료를 알아내기도 합니다.

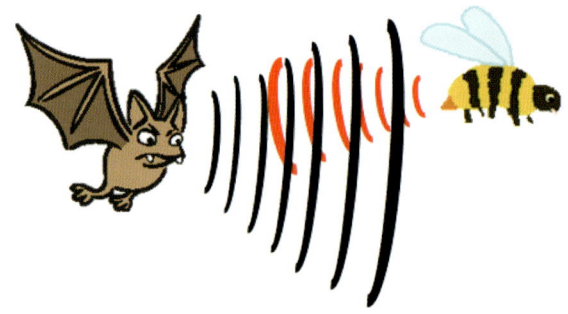

박쥐의 음향반사

레이더는 동물들이 사용하는 초음파 대신에 전자기파를 사용합니다. 전자기파라는 것은 전기장과 자기장이라는 두 가지 성분으로 구성된 파동으로서 공간상에서 광속으로 전파됩니다. 우리들이 눈으로 인지하는 빛은 전자기파의 일부입니다.

우리는 이번 섹션에서 적외선 거리 센서를 이용하여 레이더 장치를 만들어 보겠습니다. 서보모터를 이용해서 레이더 장치의 좌우 회전을 할 것이고 적외선 거리 센서로 거리를 측정하여 스크래치에 나타내 보겠습니다.

하드웨어 준비물

부품 사진	이름	갯수
	아두이노, USB케이블, 브레드보드	각 1개씩
	전선	10개 정도
	적외선 거리센서	1개
	서보모터	1개

하드웨어 준비실에서 새롭게 등장한 부품으로 적외선 거리센서가 있습니다. 적외선 거리센서는 아래 그림에서 보듯이 한쪽에서 적외선을 발생 시키고 물체에서 반사된 적외선이 센서로 들어와서 감지가 되는 기능이 있습니다. 이런 기능을 이용해서 물체를 감지하거나 물체까지의 거리를 잴 수 있습니다. 우리는 레이더를 만들 것이기 때문에 물체 감지뿐만 아니라 거리를 계산하는 스크래치 코딩을 할 것입니다.

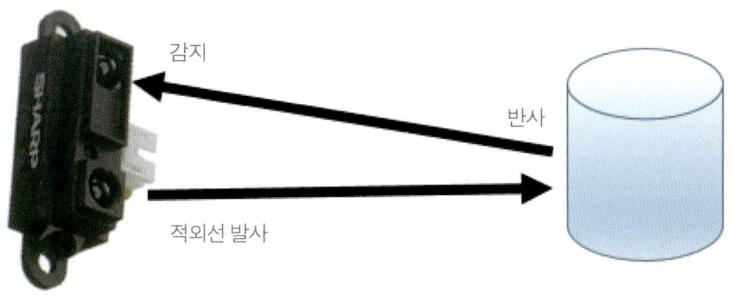

SECTION 14. 적외선 레이더

아두이노 실험실

01

왼쪽 그림은 아두이노의 적외선 거리센서, 서보모터의 연결 상태를 나타내고 있습니다. 아두이노를 컴퓨터에 연결하지 않은 상태에서 연결하시길 바랍니다. 적외선 거리 센서와 서보모터의 전선 색깔이 그림과 다룰 수도 있습니다. 전선 색깔이 달라도 전선의 위치를 보고 연결 하시면 됩니다. 각 전선의 색깔만 다를 뿐 역할은 똑같기 때문입니다. 절대로 5V(+), GND(-)의 연결 위치가 반대로 되면 안 됩니다.

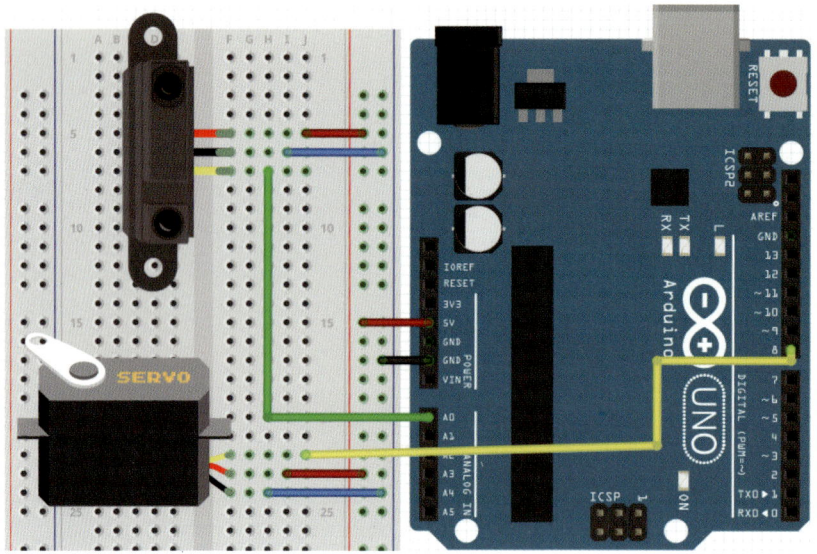

02

레이더의 프레임에 대한 자세한 사진입니다. 적외선 센서를 프레임에 연결할 때 전선을 구멍에 넣고 감아서 고정했습니다. 여러분들은 테이프로 붙여서 고정해도 됩니다.

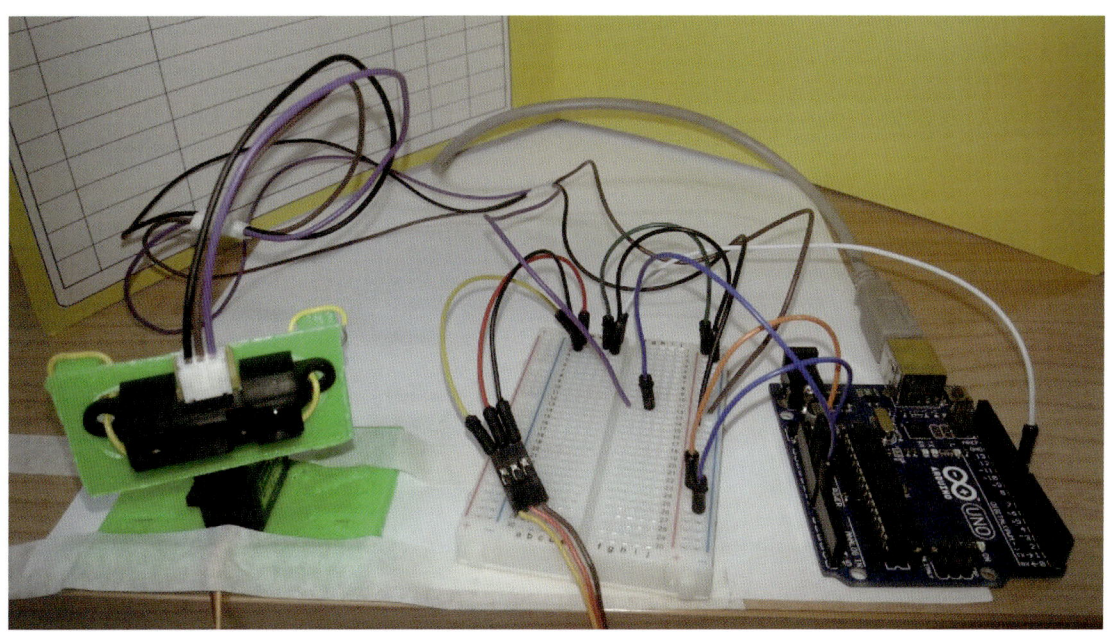

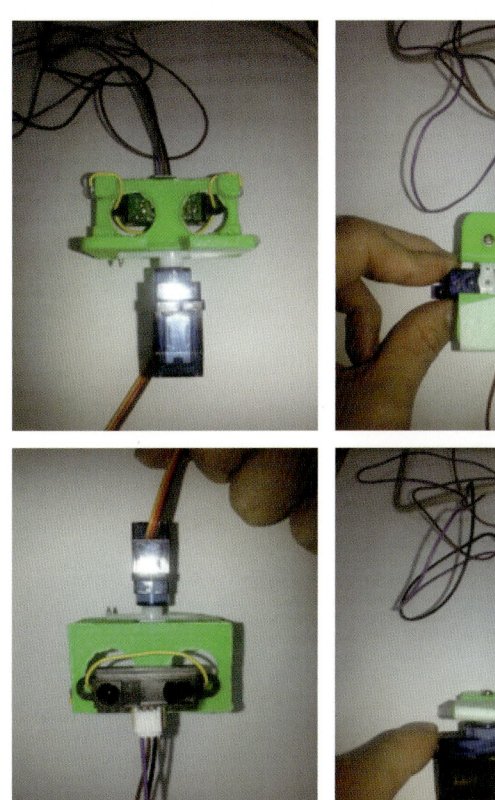

스크래치 실험실

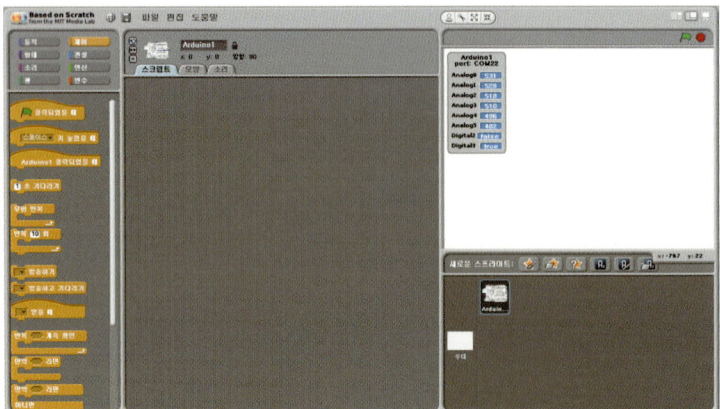

01

아두이노를 컴퓨터에 연결하고 S4A를 엽니다. 아두이노 스프라이트에서 아두이노 그림을 없애기 위해 [형태] 탭에서 숨기기를 눌러줍니다.

02

센서보드도 필요없기 때문에 "Arduino1 port COM" 부분에 마우스 포인터를 옮겨서 오른쪽 클릭한 뒤, 메뉴 중에서 "숨기기"를 선택해서 센서보드도 없애 줍니다.

03

다음 그림처럼 일단 시작 코드를 작성합니다.

04

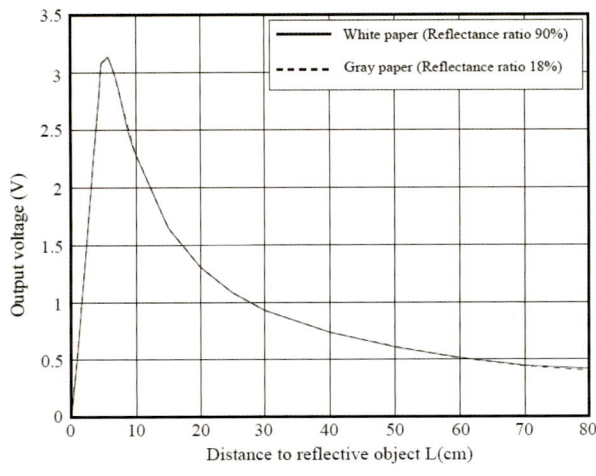

그래프 출처 : Sharp GP2Y0A21YK0F datasheet

지금부터는 수학 이론을 먼저 설명하겠습니다. 이 수학 이론이 곧바로 코드가 되기 때문에 먼저 이론을 이해하고 코드를 진행하시길 바랍니다.

적외선 거리센서의 데이터시트(설명서)를 보면 다음 그림과 같은 그래프가 나옵니다.

이 그래프는 우리가 사용하고 있는 적외선 거리 센서의 특성을 나타내고 있습니다. 바로 거리에 따른 전압 값입니다. 가로축은 물체까지의 거리 "L(cm)"를 나타내고 세로축은 출력전압 값 "Vout(V)"을 나타냅니다. 출력전압 값은 적외선 거리센서가 아두이노의 A0 핀에 연결되는 부분을 말합니다. 적외선 거리 센서를 보면 다리가 3개 있습니다. 두 개의 다리는 각각 5V(+), GND(-)에 연결되고, 나머지 하나의 다리는 적외선 거리센서에서 전압이 출력되는 부분입니다. 이 출력된 전압은 아두이노로 들어가게 되는데, 우리는 아두이노의 A0라는 핀에 연결 시켰습니다. A0는 아날로그0 라는 의미로, 아두이노로 들어오는 아날로그 전압값을 디지털 숫자로 바꾸는 경우에 사용하는 곳입니다.

05

적외선 거리센서가 출력하는 전압값이 아두이노에서는 어떤 디지털 숫자 값으로 바뀌는지 알아 봅시다. 다음 그림처럼 "Vout"이라는 변수를 만듭니다. "Vout"은 적외선 거리센서의 출력전압이라는 의미입니다.

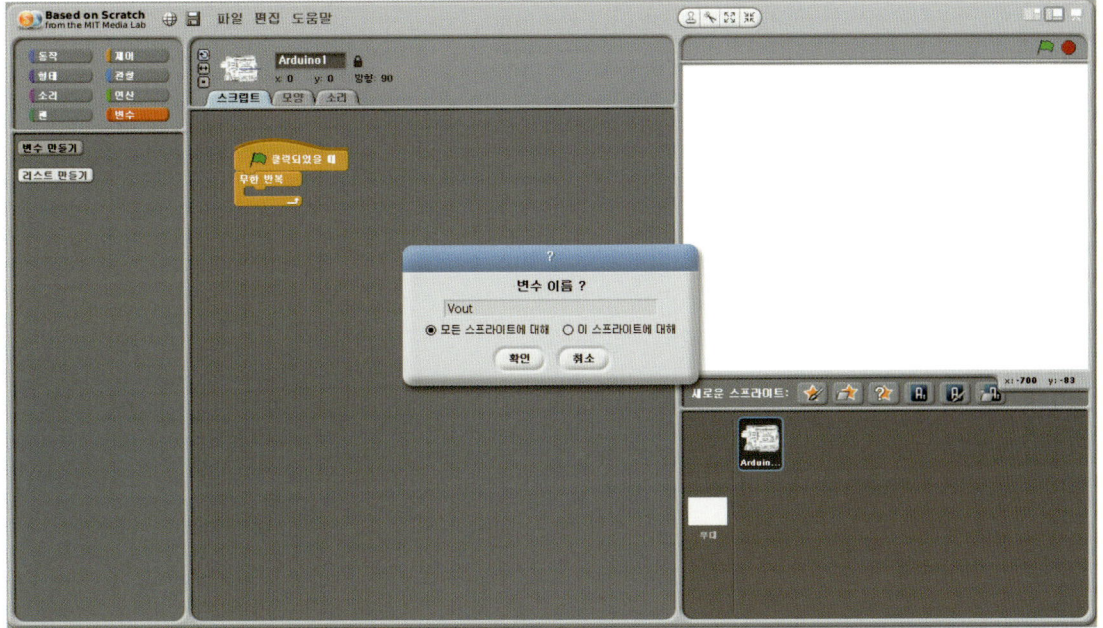

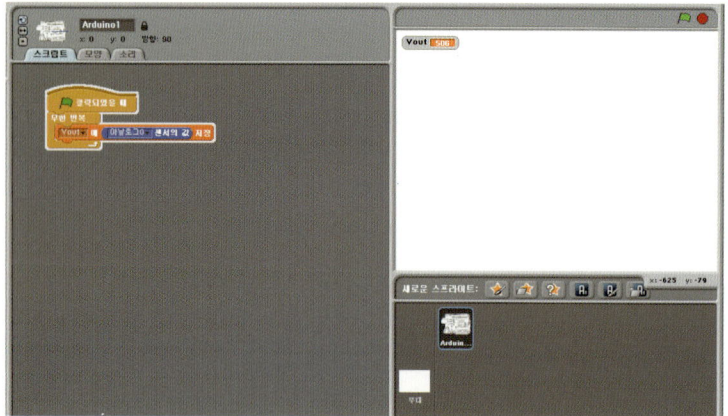

06

아날로그0 센서값을 Vout에 저장합니다. 그리고 깃발을 클릭하여 실행시키면 우측 화면에서 Vout값이 변하는지 관찰합니다. 적외선 거리 센서에 손을 가까이 대거나 멀리 떨어뜨려 봅니다. 적외선 거리 센서에서 손을 멀리 하면 Vout 값이 작아질 겁니다. 반대로 손을 가까이 갖다 대면 Vout 값이 커지다가, 대략 10cm 보다 더 가까이 손을 대면 값이 점점 작아집니다.

07

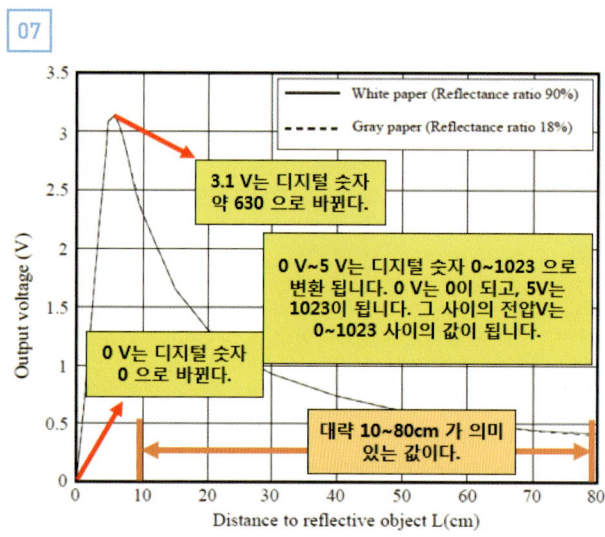

적외선 거리 센서의 그래프와 아두이노의 전압값을 분석해 보겠습니다. 아두이노 외부에서 아두이노의 A0로 들어오는 전압값은 0V~5V만 들어올 수 있습니다. 이 전압값은 아두이노가 내장하고 있는 하드웨어에 의해 디지털 숫자 0~1023으로 변환 됩니다. 즉, 0V는 디지털 숫자 0이 되고 5V는 1023이 됩니다. 그래프에 나와있는 최대 전압값(V)은 대략 3.1V인데, 이 3.1V는 대략 630으로 변환됩니다. 직접 손을 센서에 10cm정도 거리로 가까이 가져가 보시면 스크래치의 변수 "Vout" 값이 630정도 나올 겁니다.

이제 이 관계를 수식으로 적어 보면,

디지털숫자 = (아날로그0전압) X $\dfrac{1023}{5}$ [수식1]

이 됩니다. [수식1]은 아두이노가 스스로 내장된 하드웨어를 이용해서 디지털 숫자로 바꾸는 값입니다. 그런데 우리는 이 디지털 숫자를 다시 아날로그 전압값(0V, 1V,...같은 것들)으로 바꾸려고 합니다. 그 이유는 아날로그 전압값은 그래프에 나와 있는 세로축을 의미 합니다. 세로축 값을 알게 되면 그래프를 이용해서 거리 값을 구할 수 있기 때문입니다. 아날로그0 전압 값을 Vout이라고 하면,

V_{out} = (디지털숫자) X $\dfrac{5}{1023}$ [수식2]

가 됩니다. "디지털 숫자" 부분에는 스크래치의 아날로그0 센서의 값 블록이 오면 됩니다.

08

이제 [수식2]를 스크래치 코드로 적용시켜 봅시다. 다음 그림처럼 만들고 손을 적외선 센서의 10cm 정도 거리로 가져가 보면 Vout 값이 3.1을 가리킬 겁니다. (최대 전압값 3.1V)

09

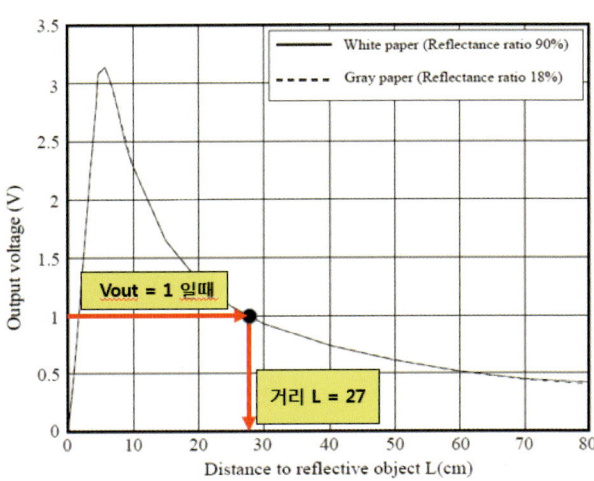

다시 그래프를 봅시다. 우리는 그래프의 10cm ~ 80cm 부분만 사용할 것이고 실제 우리의 레이더 시스템은 10~80cm의 측정만 될 것입니다. 그래프의 모양은 반비례 그래프입니다. 그래서 Vout = K / L, (K는 상수, L은 거리 cm) 이라는 반비례 식을 세울 수 있습니다. 여기에서 Vout = 1 일때 L = 27 정도 된다는 것을 알 수 있습니다. 그러면 K = 27 이 됩니다. 약간의 오차는 있겠지만 우리의 레이더 시스템에는 무시될 수 있는 양입니다.
이제 거리 공식은 다음과 같이 됩니다.

$$L = \frac{27}{V_{out}} \quad [수식3]$$

SECTION 14. 적외선 레이더 **179**

10

이 공식을 스크래치에 적용해서 거리를 구해 봅니다.

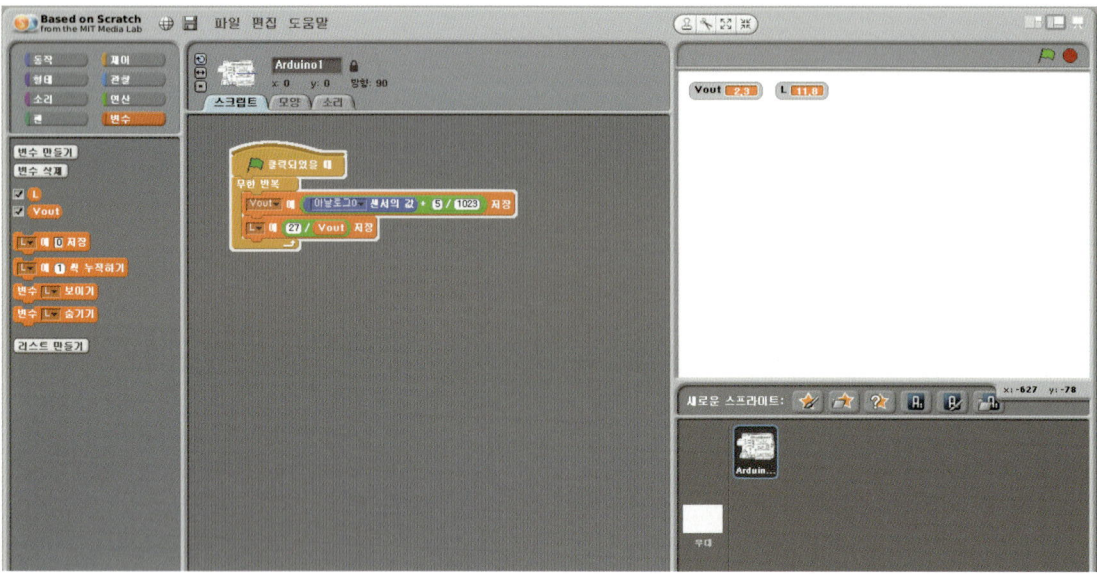

11

지금까지는 적외선 거리 센서를 아두이노에 연결해서 스크래치로 실제 거리값을 구하는 코딩을 했습니다. 센서에 손을 대어 가면서 거리 값이 잘 맞는지 테스트 해 보시길 바랍니다.
지금까지의 결과를 가지고 본격적으로 레이더 시스템을 만들어 보겠습니다.
무대 스프라이트를 클릭해서 다음처럼 레이더 스크린 장치를 하나 그립니다.

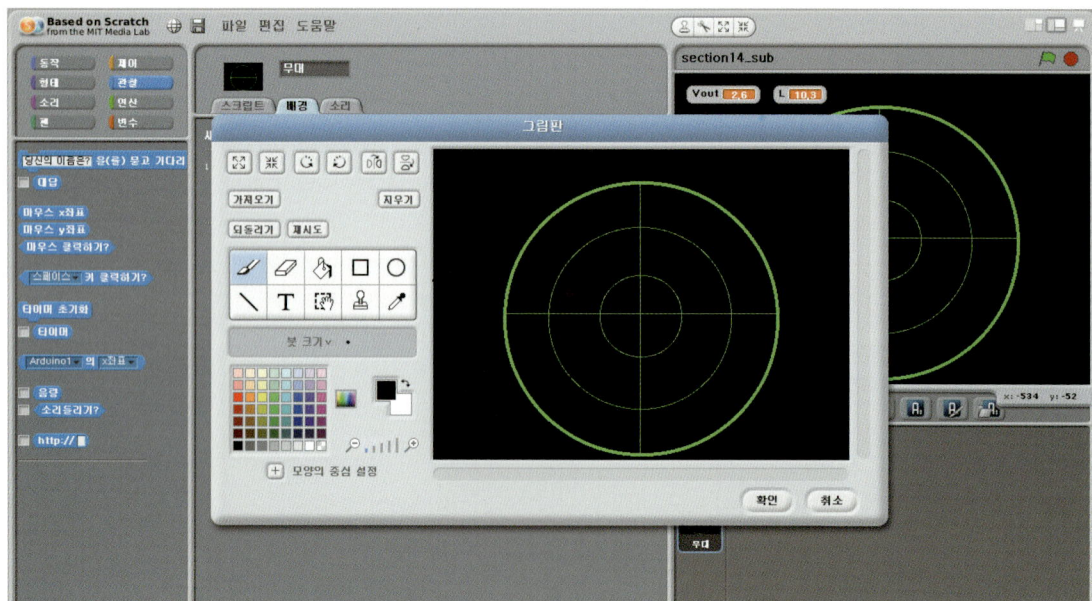

12

아두이노 스프라이트를 클릭하고, 서보모터를 회전시키는 데 사용할 "angle"이라는 변수를 하나 만들겠습니다.

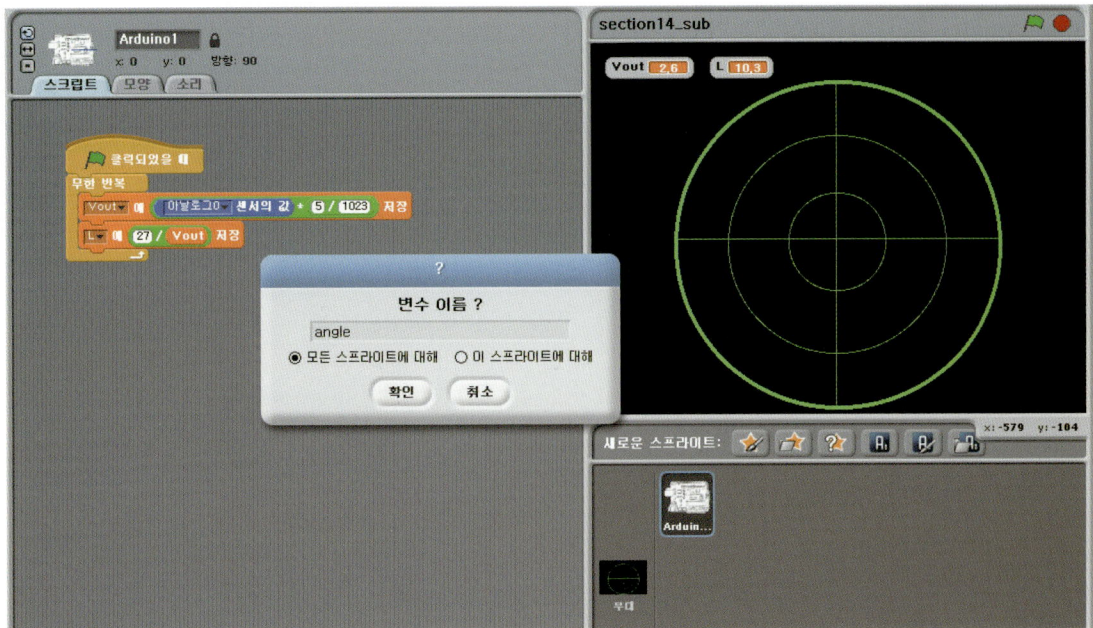

13

`8▼ 번 모터 각도를 180 으로` 블록을 사용하면 8번에 연결된 서보모터를 원하는 각도만큼 돌릴 수 있습니다. 모터 각도 값으로 0~120 중에 아무거나 입력해 봅시다. 그리고 깃발을 클릭하면 입력한 각도만큼 서보모터가 움직이는 지 관찰합니다.

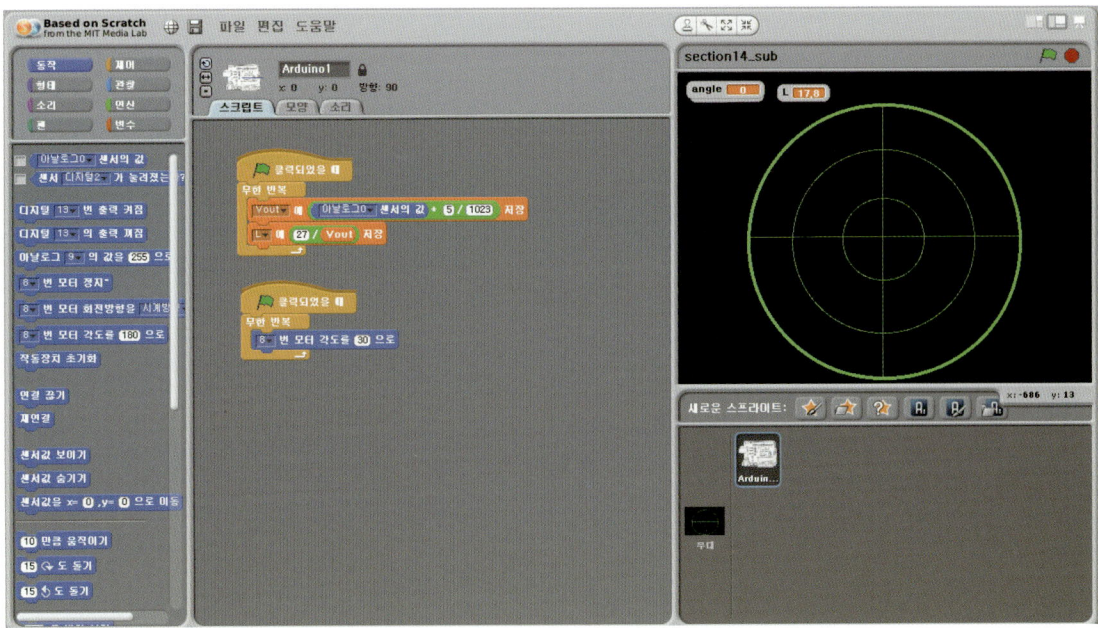

SECTION 14. 적외선 레이더 **181**

14

레이더 시스템은 360도 회전을 하겠지만, 우리가 사용하는 서보모터는 0~180도를 회전 하는 제품입니다. 그래서 서보모터를 0~180도를 왔다갔다 움직이게 코드를 만들어 보겠습니다.
아두이노 스프라이트에서 서보모터의 움직이는 방향을 표현하기 위해 "direction"이라는 변수를 하나 만듭니다.

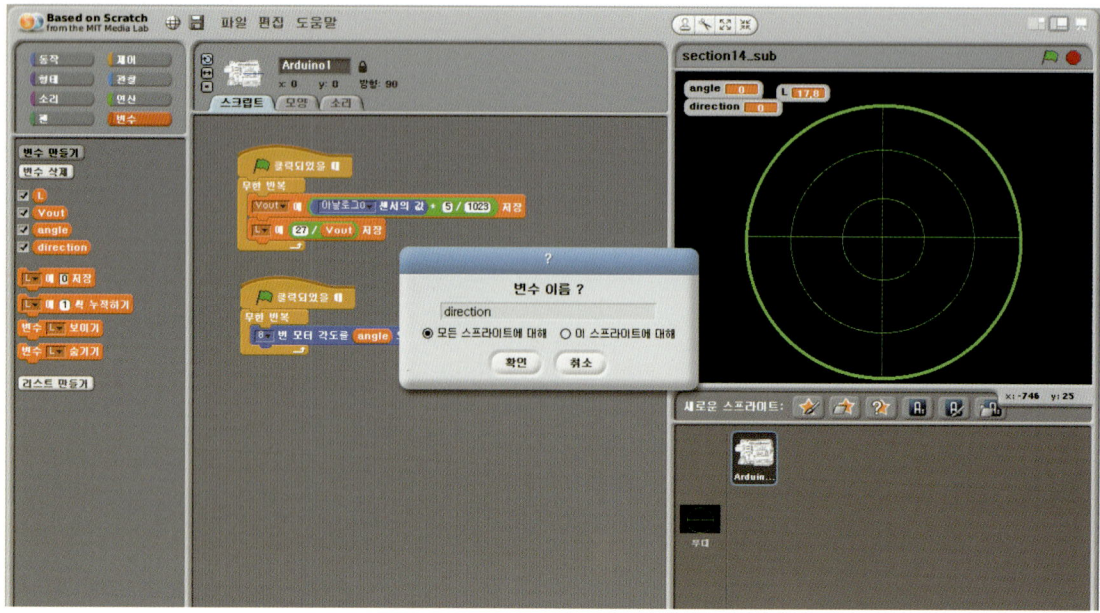

15

서보모터 각도가 0도 이면 direction = 0 으로 하고 각도가 180도 이면 direction = 1로 해서 서보모터의 회전 방향을 direction으로 나타내겠습니다.

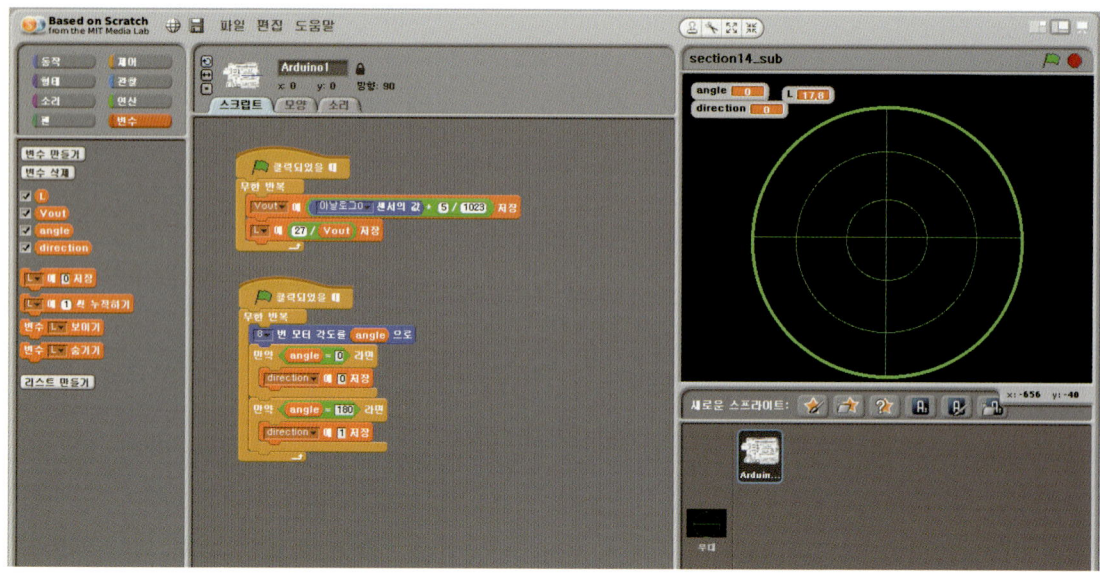

16

direction 값에 따라서 서보모터의 각도를 +1 할지, -1 할지를 정해야 합니다. 다음 그림과 같이 코드를 만듭니다.
서보 모터가 0~180도를 회전하는지 깃발을 클릭하여 실행해 봅니다. 여기서 주의할 점은 🏁🔴 버튼에서 녹색 깃발을 클릭하면 실행되고 빨간색 버튼을 누르면 정지되어 서보 모터가 멈출 겁니다. 그런데 빨간색 버튼을 눌러도 서보 모터로 전기신호가 계속 들어가는 소리가 날겁니다. 그럴 때는 동작 팔레트에 있는 ⬛ 번 모터 정지⬛ 를 더블 클릭 해주면 됩니다. 모터 정지를 클릭해줘야 서보 모터에 신호가 들어가지 않고 소리 또한 멈출 겁니다.

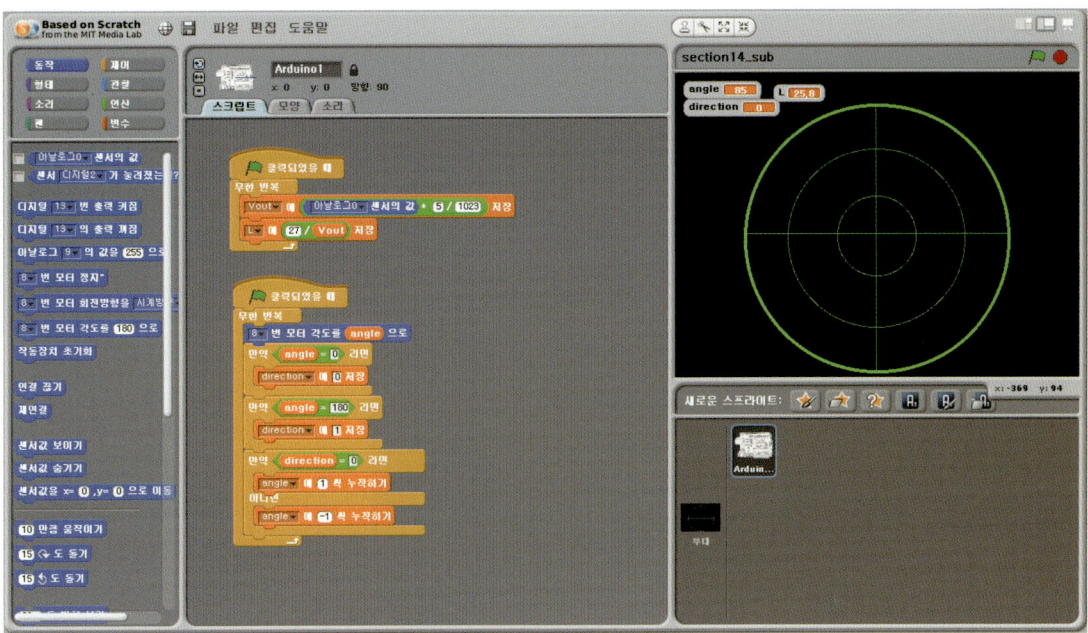

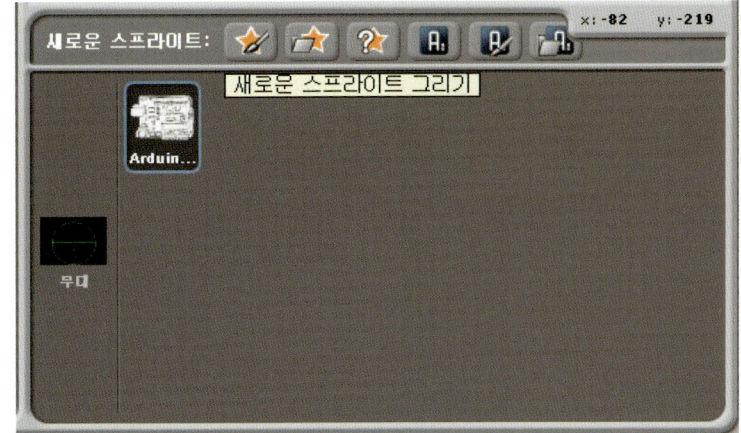

17

새로운 스프라이트 그리기를 클릭해서 레이더 스크린을 완성해 보겠습니다.

SECTION 14. 적외선 레이더

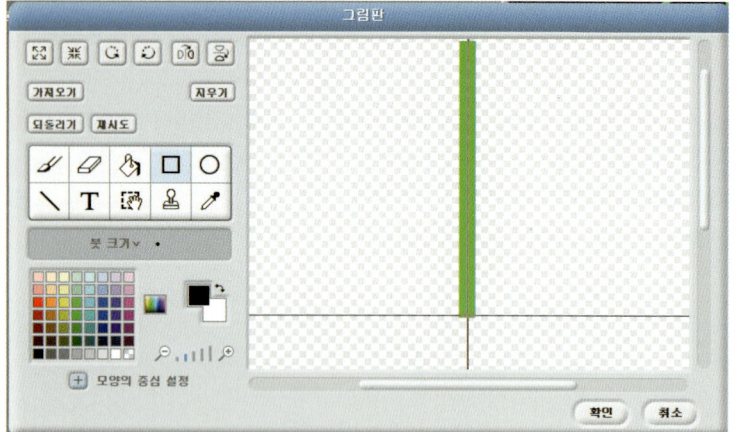

18

레이더 스크린에서 회전하는 선을 그려보겠습니다. 원의 반지름에 맞게끔 두꺼운 직선 하나를 그립니다. 그리고 "모양의 중심 설정"을 클릭하여 녹색 직선의 중심을 가장 아래로 맞춥니다.

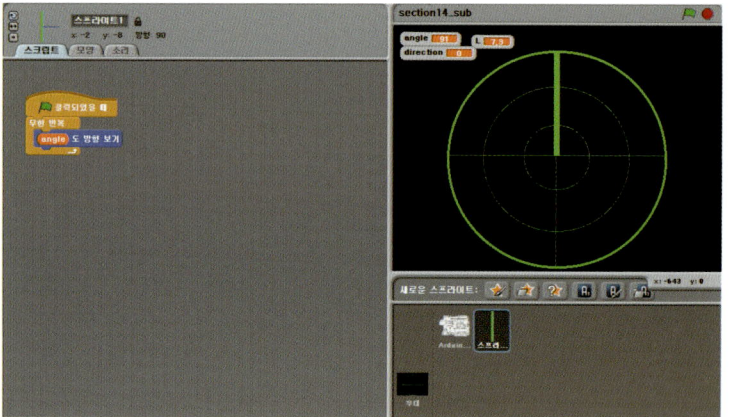

19

이제 서보모터가 돌아가는 것과 컴퓨터 모니터에 있는 레이더 스크린이 돌아가는 것이 똑같게 되게끔 코드를 만들겠습니다. 변수 "angle"을 이용해서 코드를 만들어 주면 방금 그린 녹색 직선이 서보모터의 "angle"만큼 똑같이 회전할 것입니다.

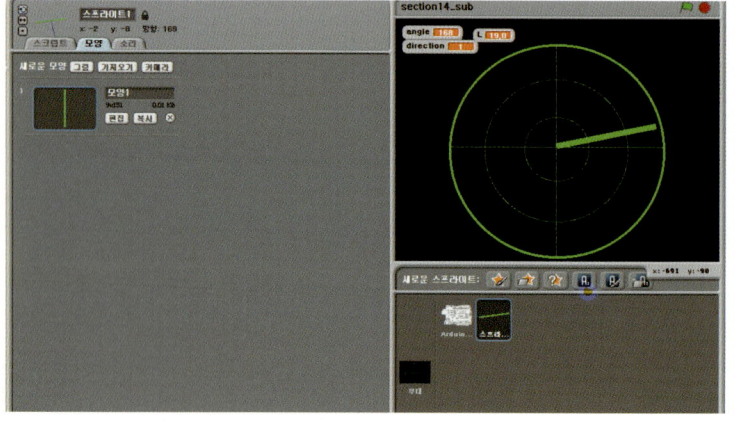

20

이제 물체가 적외선 거리 센서에 감지되었을 때 그 위치에 빨간 점을 찍게 하겠습니다. 녹색 직선 스프라이트에 와서 "모양" 탭을 누릅니다. 모양 탭에서 "그림"을 눌러서 새로운 그림을 추가 하겠습니다.

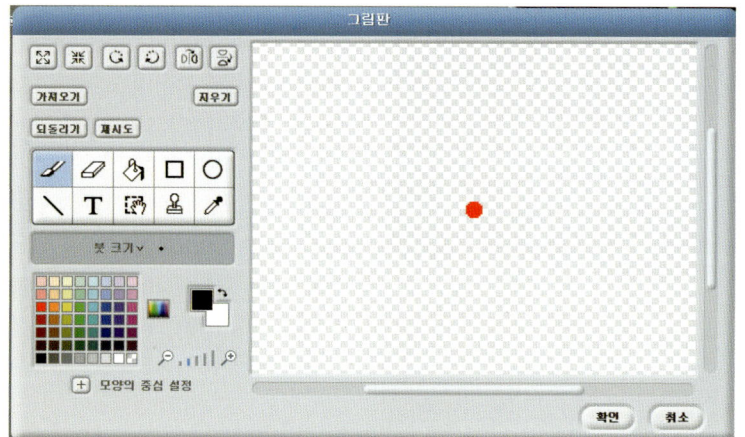

21

녹색 직선 스프라이트의 두 번째 모양으로 빨간색 점을 하나 그리겠습니다. 이 빨간색 점은 물체가 감지되었을 때 화면에 찍을 것입니다.

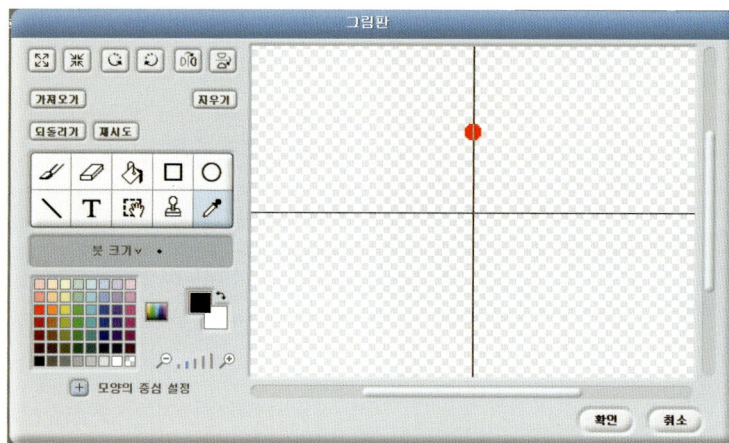

22

빨간색 점의 모양의 중심을 다음 그림처럼 해줍니다. 이 점은 10cm 정도의 물체 거리가 감지되면 화면에 찍히게 하기 위한 겁니다. 물체가 없을 때는 녹색 직선이 회전하다가 물체가 10cm안에 들어오면 이 빨간색 점이 찍히게 하려고 합니다.

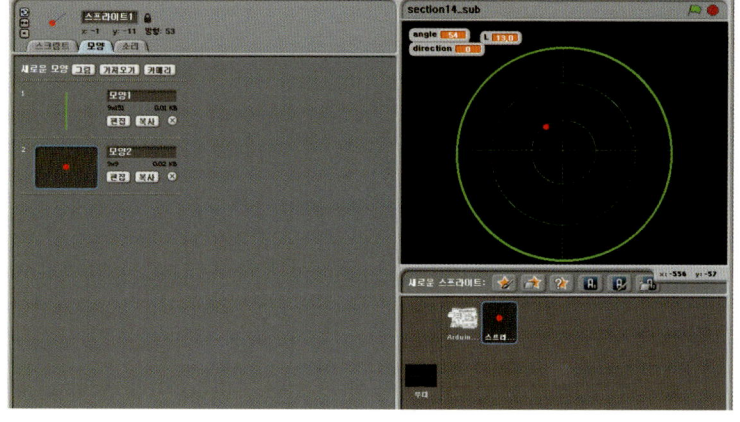

23

깃발을 실행시켰을 때 빨간 점이 잘 회전하는 지 관찰 합니다.

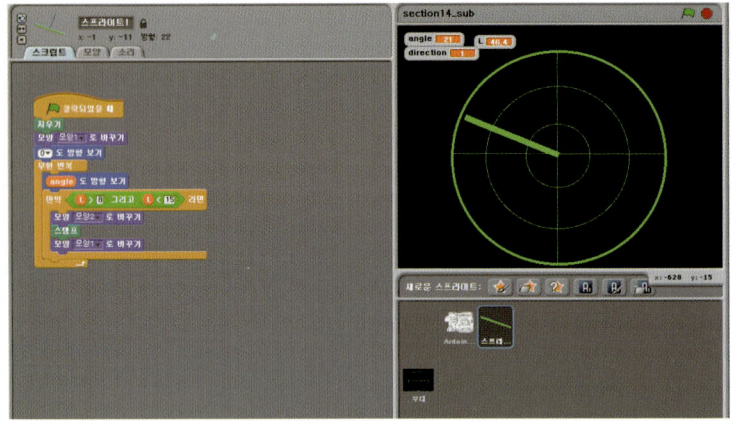

24

처음에는 녹색 직선이 회전하다가 물체가 가까이 감지되면 그 자리에 빨간 점을 찍고 싶습니다. 우리가 사용하고 있는 적외선 거리 센서의 감지 거리는 최소 8입니다. 그래서 8cm~15cm 정도의 거리에 물체가 감지되면 그 자리에 점을 찍고, 녹색 직선은 계속 돌게 만들겠습니다.

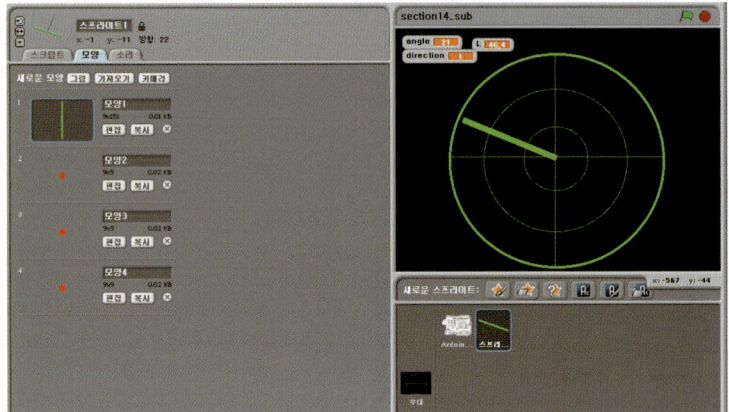

25

이제 더 멀리 있는 곳의 물체를 감지했을 때 점을 찍겠습니다. 모양 탭에서 빨간 점을 똑같이 2개 더 복사합니다.

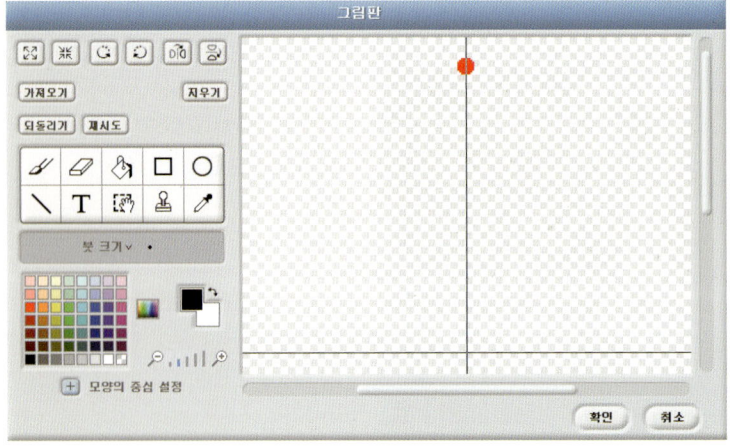

26

그리고 추가 된 빨간 점의 모양의 중심을 조금씩 더 아래로 설정하여 레이더 스크린에 적당히 위치시킵니다. 필자는 3단계의 거리로 표현하기 위해 빨간 점이 3개로 만들었습니다. 15cm, 50cm, 80cm 정도의 3단계만 표현하겠습니다. 여러분들은 3개 이상의 점을 만들어 더 자세하게 표현해도 됩니다.

27

거리값 변수 "L"의 범위에 따른 빨간 점 찍는 코드를 복사해서 붙여 넣으면 다음 그림처럼 됩니다. 거리값 "L"을 15~50cm, 50~80cm로 임의로 정했습니다.

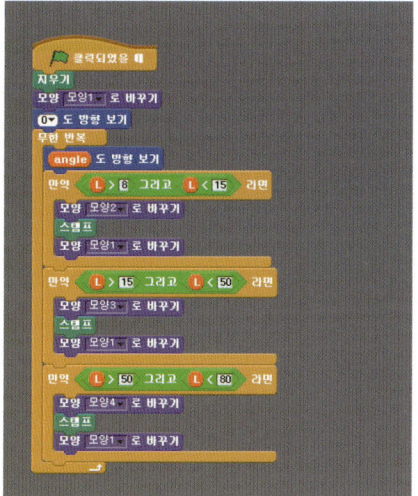

28

그리고 180도를 한 번 회전할 때마다 감지된 빨간 점을 지우고 새로 그리고 싶습니다. 각도가 0도와 180도 일 때 그림을 지우게 만듭니다.

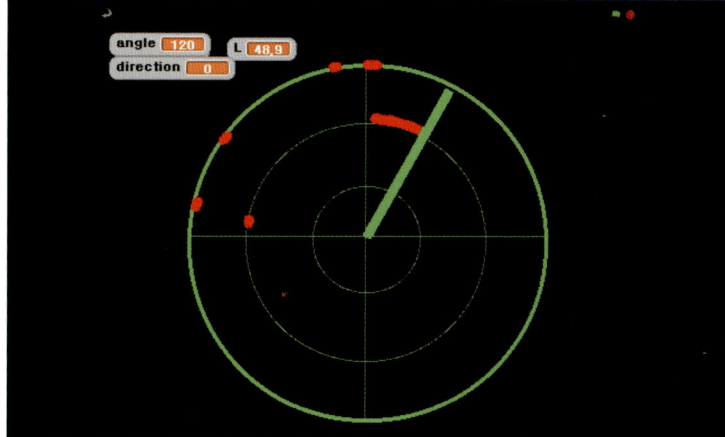

29

이제 모든 코드가 완성 되었습니다. 화면을 크게 하고 깃발을 눌러 실행 시킵니다. 서보 모터와 레이더 선이 돌기 시작할 겁니다. 그리고 8~15cm, 15~50cm, 50~80cm에 감지된 물체에 따라서 화면에 빨간 점이 찍히는 것을 확인하시면 됩니다.

더 해 보 기 !

레이더 스크린을 더 업그레이드 해 봅시다.
그림의 레이더 스크린처럼 x축, y축에 좌표선을 넣어 봅시다.
그리고 원의 간격을 3단계 이상으로 더 많이 만들어 보고, 레이더가 지나가는 자리를 부채꼴 모양으로 나타내 봅시다.

인터넷으로 S4A 동작시키기

CHAPTER 04

Chapter 02, 03을 통해서 다양한 프로젝트를 만들어 본 소감이 어떠신가요? 이 책에 나와 있는 프로젝트를 다른 방법으로 응용하거나 또는 다른 센서를 이용한 스크래치 프로젝트를 만들 수 있는 자신감이 생기셨는지요?

이번 Chapter 04에서는 인터넷 통신을 이용한 S4A 제어법을 소개하려고 합니다. S4A는 기본적으로 인터넷 웹 브라우저를 통해서 자신이 만든 스크래치 프로젝트를 원격 제어할 수 있는 기능을 제공합니다. 인터넷 웹 브라우저는 스마트 폰에서도 작동되기 때문에 우리는 스마트 폰을 통한 스크래치 및 아두이노 제어가 가능하기도 합니다. S4A는 그런 스마트폰 유저를 위해서 별도의 앱을 제공하고 있습니다.
따라서 스마트 폰의 앱을 이용한 S4A 제어, 그리고 웹 브라우저를 이용한 S4A제어를 한번 익혀 보도록 합시다.

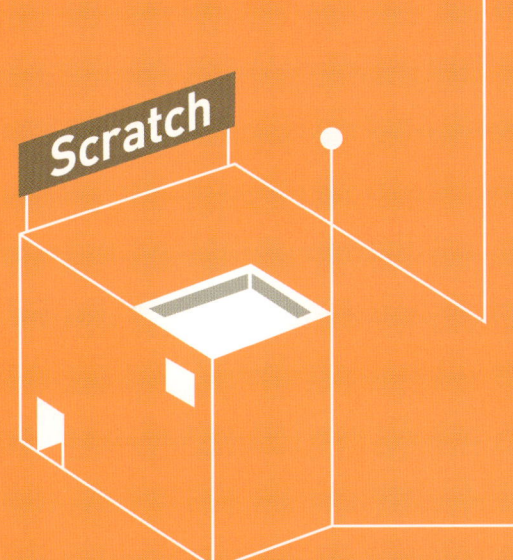

SECTION 15

스마트폰과 S4A 연동하기

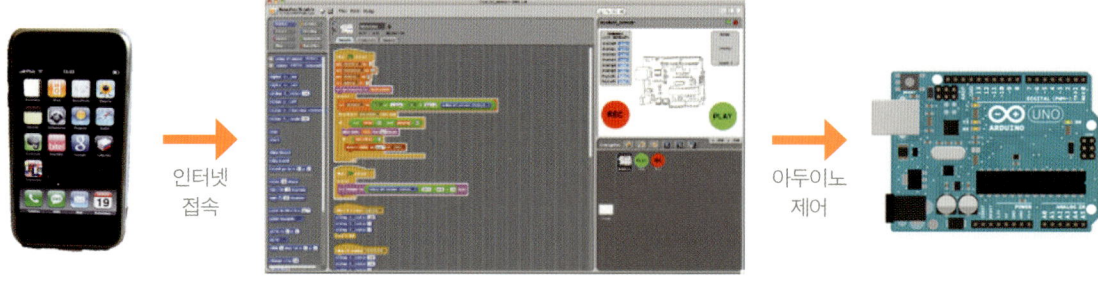

S4A는 인터넷과 연결되어 스크래치와 아두이노를 제어할 수 있는 기능을 제공합니다. 기본적으로 컴퓨터의 웹 브라우저에서 S4A를 제어할 수 있는 기능이 되고, 안드로이드 스마트폰에서 앱을 통해 S4A를 제어할 수 있다. 이번 Section에서 스마트 폰으로 S4A를 제어하는 방법을 소개하고, 다음 Section 16에서 컴퓨터의 웹 브라우저를 통한 S4A 제어법을 소개하겠습니다.

하드웨어 준비실

부품 사진	이름	갯수
	아두이노, USB케이블, 브레드 보드	각 1개씩
	전선(점퍼선)	7개 정도
	220 ohm 저항	4개
	LED	4개
	스마트 폰(안드로이드)	1개
	와이파이 로컬 네트워크 환경	

하드웨어 준비실에서 주의 할 점은 2가지가 있습니다.

첫 번째, 2015년 4월인 현재는 안드로이드 스마트 폰으로만 S4A를 제어할 수 있습니다. S4A를 개발한 회사에서 안드로이드 앱만 제공하기 때문에 아이폰에서는 앱이 제공되지 않아 S4A를 제어할 수 없습니다.

사실, 웹 브라우저에서 S4A를 제어할 수 있기 때문에 스마트폰에서 웹브라우저로 S4A에 접속은 할 수 있습니다. 그런데 화면 UI가 스마트폰에는 최적화되지 않아 S4A제어에 불편함이 있음을 알려드립니다.(2015년 5월, 갤럭시 S3, 아이폰 S5 기준)

두 번째, 스마트 폰으로 S4A에 연결할 때는 내 컴퓨터-공유기-스마트 폰, 이 3가지가 같은 로컬 네트워크에 연결되어 있어야 합니다. 예를 들면, 무선 와이파이 공유기가 한 대 있고, 내 노트북 컴퓨터가 무선 와이파이에 연결된 상태에서 스마트 폰은 똑같은 무선 와이파이에 연결시켜야 S4A를 제어할 수 있다는 의미입니다. 외부 인터넷 망에서 들어와서 내 컴퓨터의 S4A를 제어할 수는 없게 되어 있습니다.

아두이노 실험실

01

아두이노와 LED, 저항을 오른쪽 그림과 같이 연결합니다.

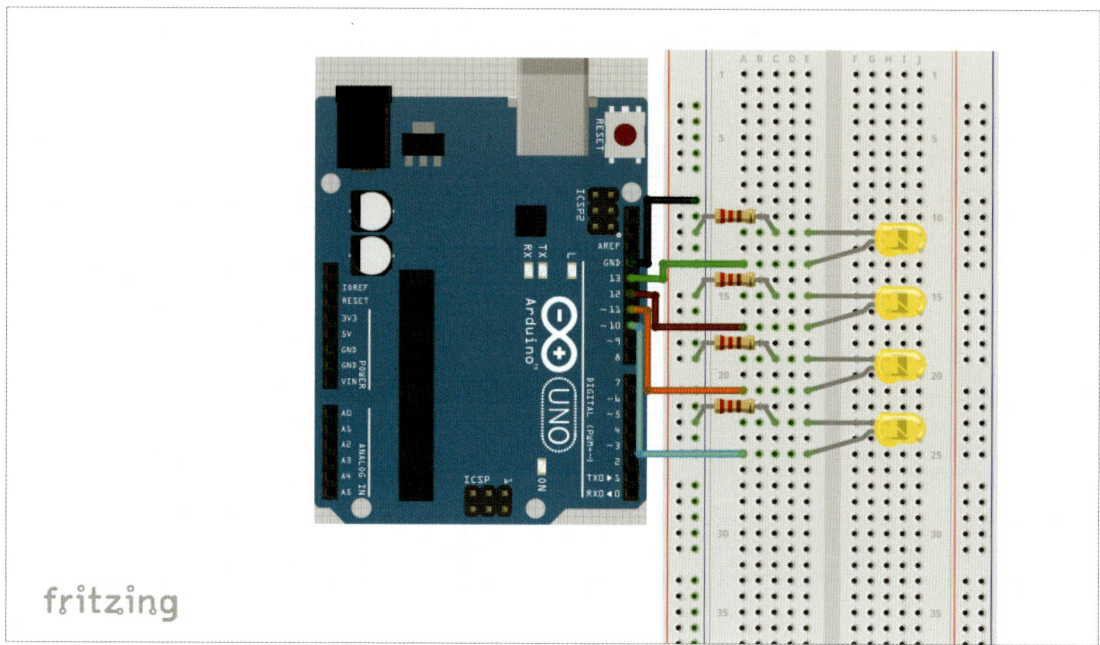

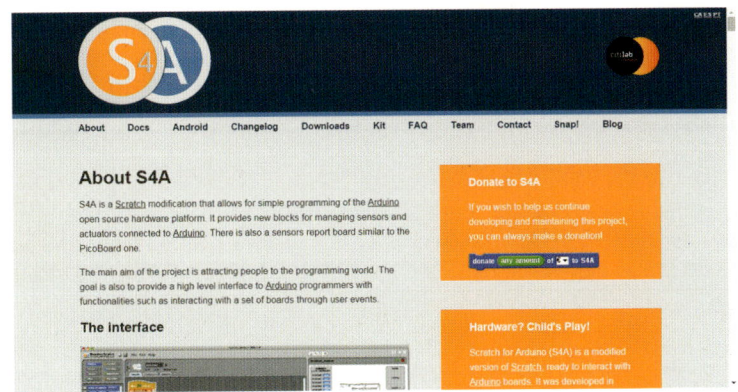

02

스마트폰에서 인터넷 웹 브라우저를 열어서 s4a.cat 주소로 들어갑니다. 그리고 "Android"를 클릭합니다.

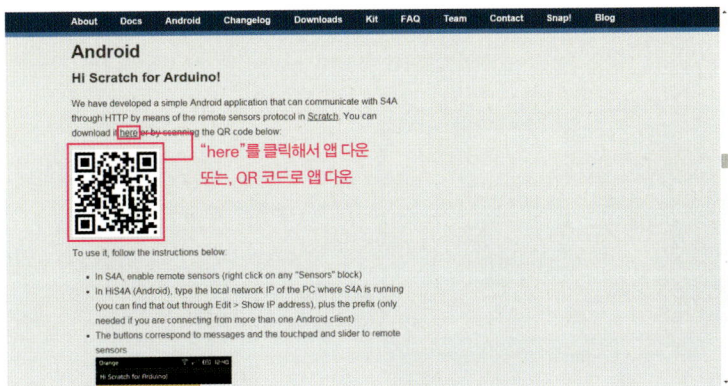

03

S4A에서 제공하는 HiS4A 앱을 받아서 스마트 폰에 설치해야 합니다. 설치 방법은 QR코드를 인식시켜서 설치하는 방법과, "here" 부분을 클릭해서 직접 앱 설치 파일을 받을 수 있습니다.

04

HiS4A 앱을 설치하고 실행시키면 다음과 같은 화면이 나옵니다.

스크래치 실험실

S4A를 시작하기 전에 중요한 사항이 하나 있습니다. 2015년 4월 현재 시점으로 S4A 1.6 이 최신 버전입니다. 그런데 S4A를 스마트 폰으로 제어할 때, S4A 1.6 버전은 현재 시점에서는 스마트폰과 연동이 되지 않습니다. S4A 1.5버전을 스마트 폰과 연동할 때는 잘 됩니다. S4A 개발자에게 이 상황에 대해 문의를 한 상태이지만, 현재 시점에서는 S4A 1.6 에서 스마트 폰과 연동이 안 되고 있기 때문에, 이 Section에서는 S4A 1.5버전을 사용하도록 하겠습니다.(나중에 오류가 고쳐져서 S4A 1.6버전에서도 스마트 폰과 연동이 될 것입니다.)

S4A 1.5 버전은 필자의 블로그(blog.naver.com/wootekken)를 참조하기 바랍니다.

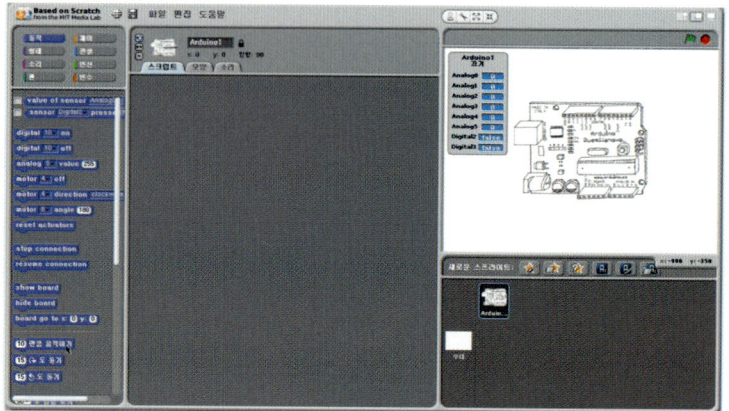

01
아두이노를 내 컴퓨터에 연결하고, S4A 1.5버전을 실행시킵니다.

02
[동작] 팔레트에서 `board go to x: 0 y: 0` 블록 아래에 보면 얇은 선이 있습니다. 그 선 아래에 있는 블록 아무거나를 선택하여 마우스 오른쪽 버튼을 클릭을 해서 "원격 센서 연결 활성화"를 클릭합니다.

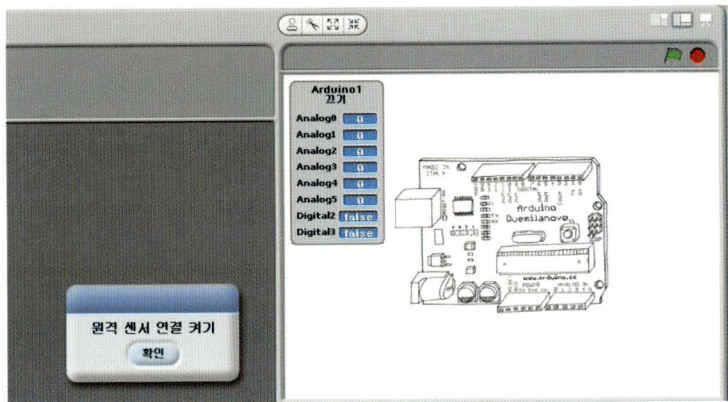

03

"원격 센서 연결 켜기" 메시지가 뜨면 스크래치가 인터넷과 연동 되는 환경이 설정된 것입니다.

04

스마트 폰에서 스크래치로 접속하려면 컴퓨터의 ip 주소가 필요합니다. [편집] ⇨ "show IP Address"를 클릭합니다.

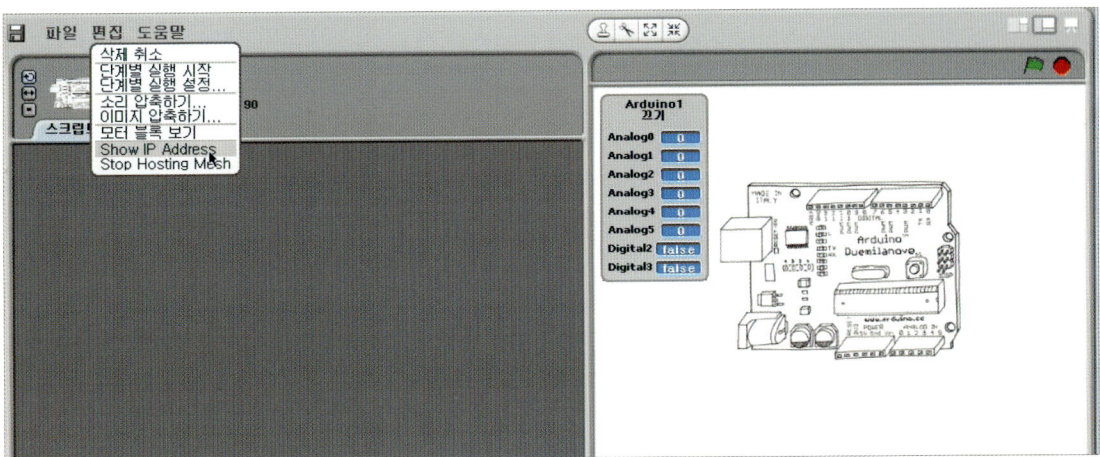

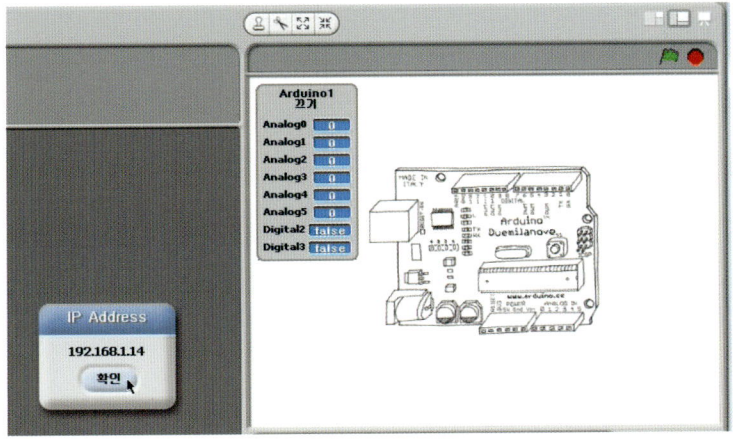

05

ip 주소가 나왔습니다. ip주소는 컴퓨터 마다 다른 번호로 설정되어 있을 겁니다.

SECTION 15. 스마트폰과 S4A 연동하기 **195**

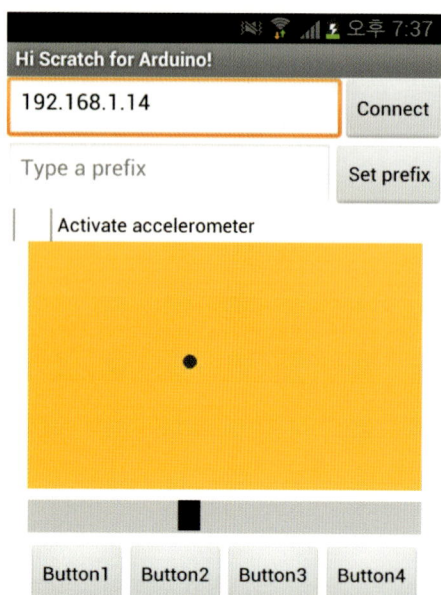

| 06 |

스마트 폰에 설치한 HiS4A 앱을 실행 시킵니다. 그리고 가장 맨 위 창에 방금 확인한 컴퓨터의 ip 주소를 입력하고 "Connect"를 누릅니다.(스마트폰과 노트북이 같은 와이파이에 연결되어 있어야 합니다.)

| 07 |

잘 접속이 되었다면 앱의 화면에서 "Button1", "Button2", "Button3", "Button4"를 차례대로 눌러 줍니다. 버튼을 눌렀을 때 앱 화면 아래에 "broadcast btn4"와 같은 메시지가 뜨면 정상인 것이고 "Not connected!"가 뜨거나 아무런 메시지 변화가 없으면 스마트 폰이 내 컴퓨터에 연결이 안 된 상태입니다. 반드시 버튼1~4를 여러번 눌러 보시길 바랍니다.

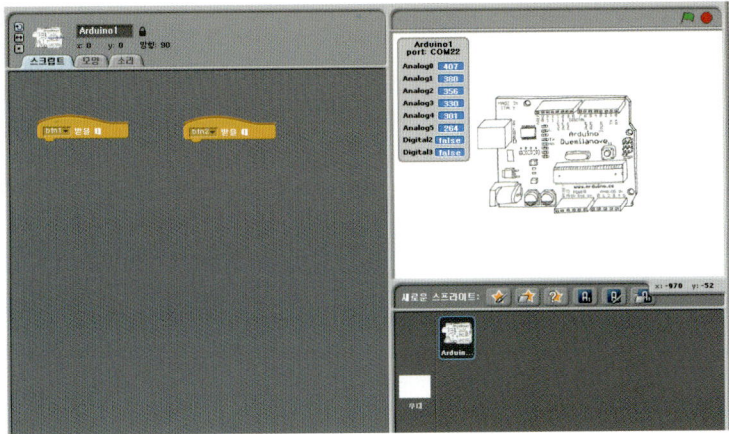

08

앱에서 버튼을 누르면 스크래치의 [제어]팔레트에서 블록에 "btn1"~"btn4"가 자동으로 만들어 집니다. 이것은 앱에서 버튼 1 ~ 4를 누르면 각각이 "btn1"~"btn4"를 작동시키게 됩니다. 새롭게 생긴 "btn1 받을 때"를 이용해서 LED 4개를 제어해 보겠습니다.

09

btn1에서는 digital 10 on 블록을 이용해서 LED 4개를 모두 켜도록 하겠습니다. LED는 아두이노의 13번, 12번, 11번, 10번 구멍에 연결되어 있습니다. S4A에서는 아두이노의 13~10번에 전기신호를 출력시킬 수 있는 블록을 제공하고 있습니다. 그래서 그림처럼 digital 10 on 을 4개를 가져온 뒤 번호만 13~10으로 바꾸면 됩니다.

btn2에서는 모든 LED를 끄기 위해 digital 10 off 4개를 가져온 뒤 번호를 13~10으로 바꿉니다.

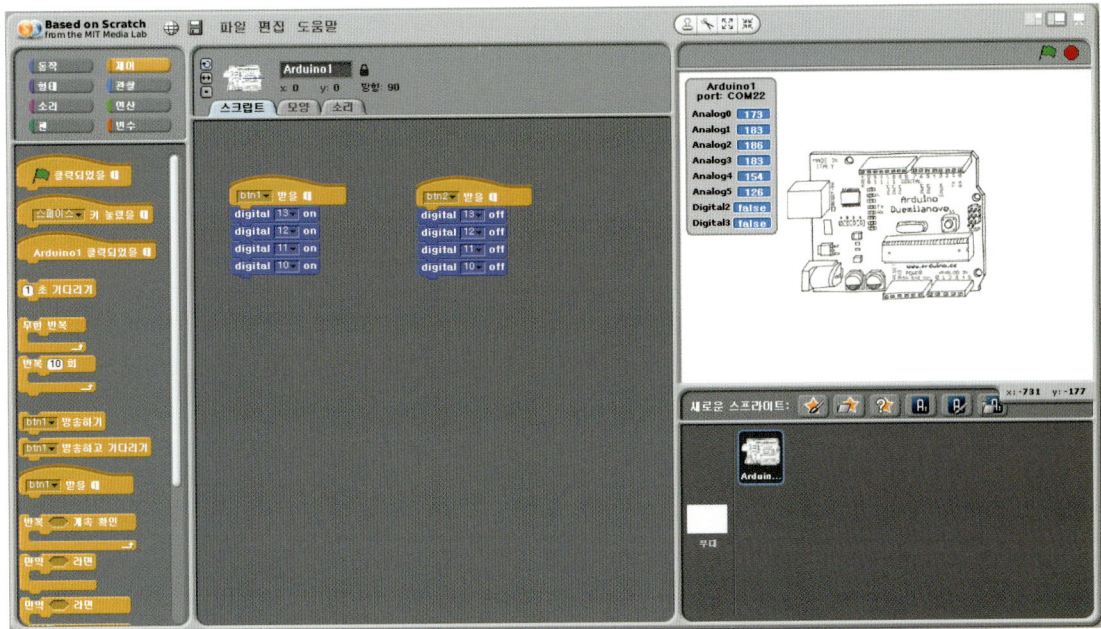

10

이제 스마트 폰의 앱에서 "Button1", "Button2"를 눌러서 LED 4개가 켜지고 꺼지는 지 확인해 봅니다.

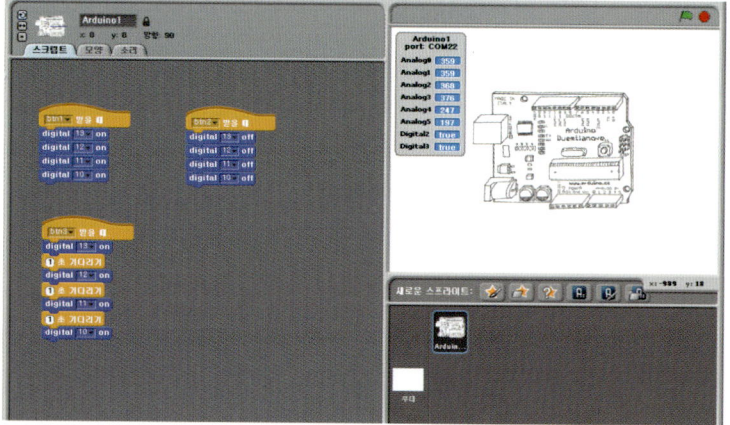

11

btn3에는 LED가 1초 간격으로 하나씩 켜지게 코드를 만들었습니다. 앱에서 "Button2"를 "Button3"을 눌러서 LED가 1초 간격으로 켜지는 지 확인해 봅니다.

> **더 해 보 기 !**
>
> **btn4를 추가해서 자유롭게 스크래치 코드를 만들어서 실행시켜 봅시다.**

SECTION 16

인터넷 웹 브라우저로 S4A 작동시키기

하드웨어 준비실

부품 사진	이름	갯수
	아두이노, USB케이블, 브레드 보드	각 1개씩
	전선(점퍼선)	7개 정도
	220 ohm 저항	4개
	LED	4개
	와이파이 로컬 네트워크 환경	

이번 시간에는 웹 브라우저에서 S4A를 작동시키는 방법을 소개하겠습니다. 사실 Section 15에서 스마트 폰으로 제어하는 방법과 똑같이 인터넷 연결을 이용하는 것으로서, 작동 환경이 앱이 아닌 웹 브라우저 라는 것만 다릅니다.

아두이노 실험실

01

앞에서 만든 아두이노 회로와 동일합니다.

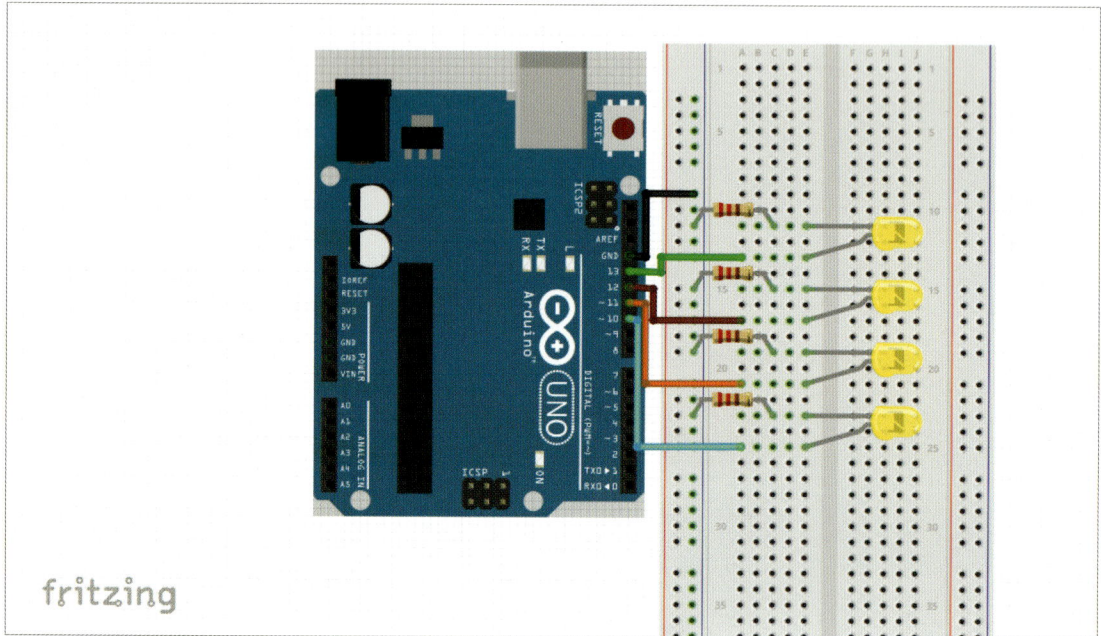

스크래치 실험실

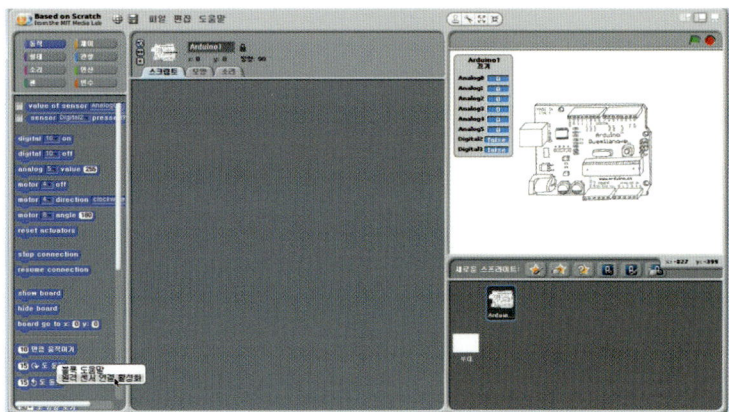

01

웹 브라우저를 이용한 S4A제어에서는 S4A 버전이 1.6이어도 잘 작동됩니다. 그래서 이번에는 S4A 1.6을 사용하겠습니다.(S4A 1.5 버전을 사용해도 무방합니다.)
앞서 스마트폰으로 제어했을 때 처럼 "원격 센서 연결 활성화"를 눌러 줍니다.

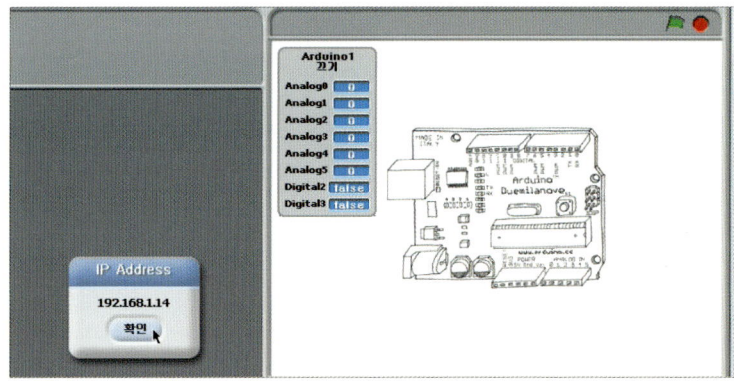

02

그리고 [편집] ⇨ Show IP Address 에서 ip주소를 확인합니다.

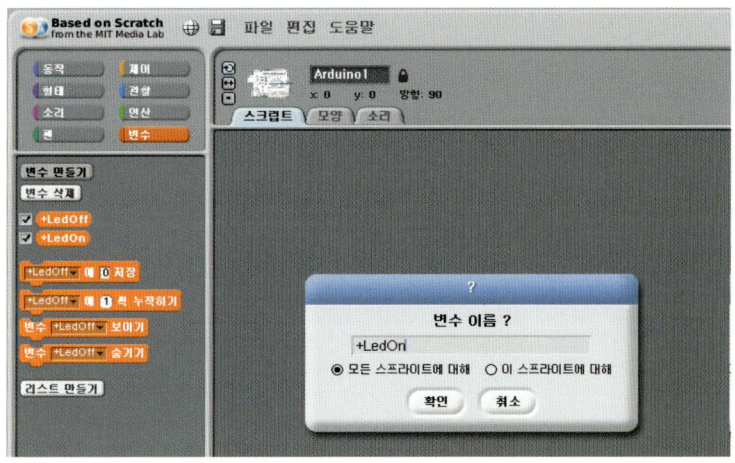

03

[변수] 팔레트에 가서 변수 만들기를 누릅니다. 웹 브라우저에서 S4A를 제어하기 위해서는 웹 브라우저용 변수를 만들어야 합니다. 그 방법은 변수 이름 맨 앞에 "+"기호를 붙이는 것입니다.
필자는 LED를 제어하기 위해 "+LedOn", "+LedOff"라는 이름으로 2개의 변수를 만들었습니다.

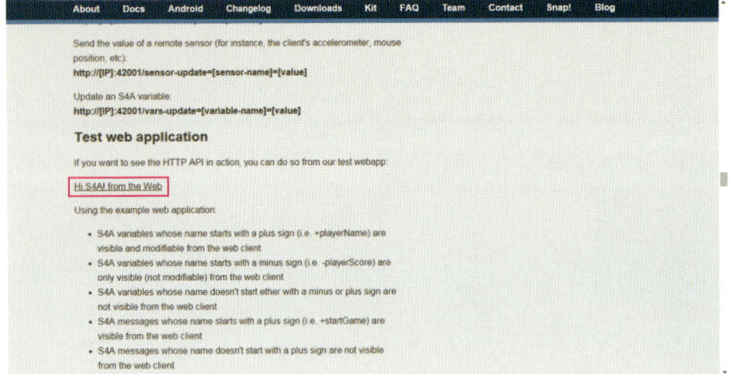

04

이제 s4a.cat 사이트를 엽니다. 그리고 화면 중간 쯤에 "Test web application"이라는 제목 아래에 있는 "Hi! S4A! from the web"를 클릭합니다.

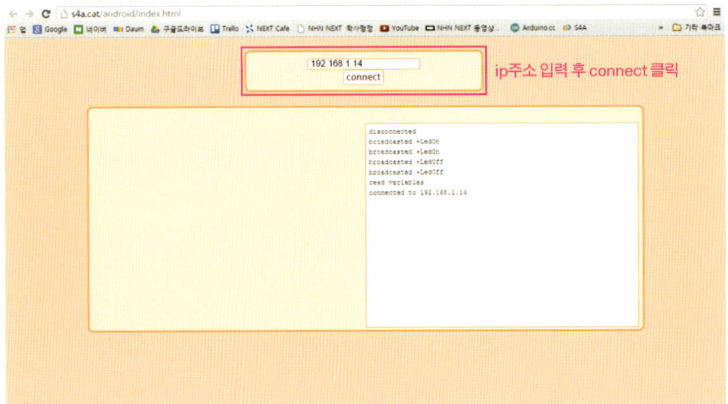

05

그러면 다음과 같은 웹 사이트가 뜰 것입니다.
사이트 주소 "s4a.cat/android/index.html"를 주소창에 치고 들어가도 됩니다. 이 사이트의 가장 위에 방금 스크래치에서 확인한 ip 주소를 입력하고 "connect"를 누릅니다.

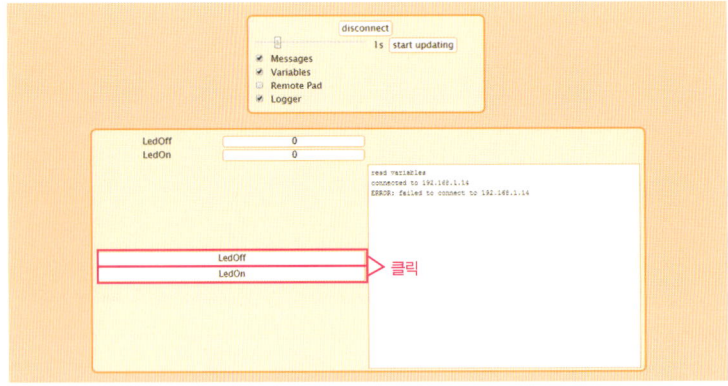

06

잘 접속이 되었다면 다음과 같은 화면이 뜰 것입니다. 우리가 방금 스크래치에서 만든 변수 "LedOn", "LedOff" 버튼도 보입니다. 이 두 개의 버튼을 마우스로 눌러 줍니다.

07

그리고 ▨▨▨ 블록을 가져와 보면 "+LedOn 받을 때", "+LedOff 받을 때"라는 것이 새롭게 생겼을 겁니다. 이제 웹 브라우저에서 "LedOn", "LedOff" 버튼을 클릭하면 스크래치의 "+LedOn 받을 때", "+LedOff 받을 때" 블록이 작동됩니다. 앞 Section에서 했었던 LED 제어를 그대로 작동시켜 보겠습니다.

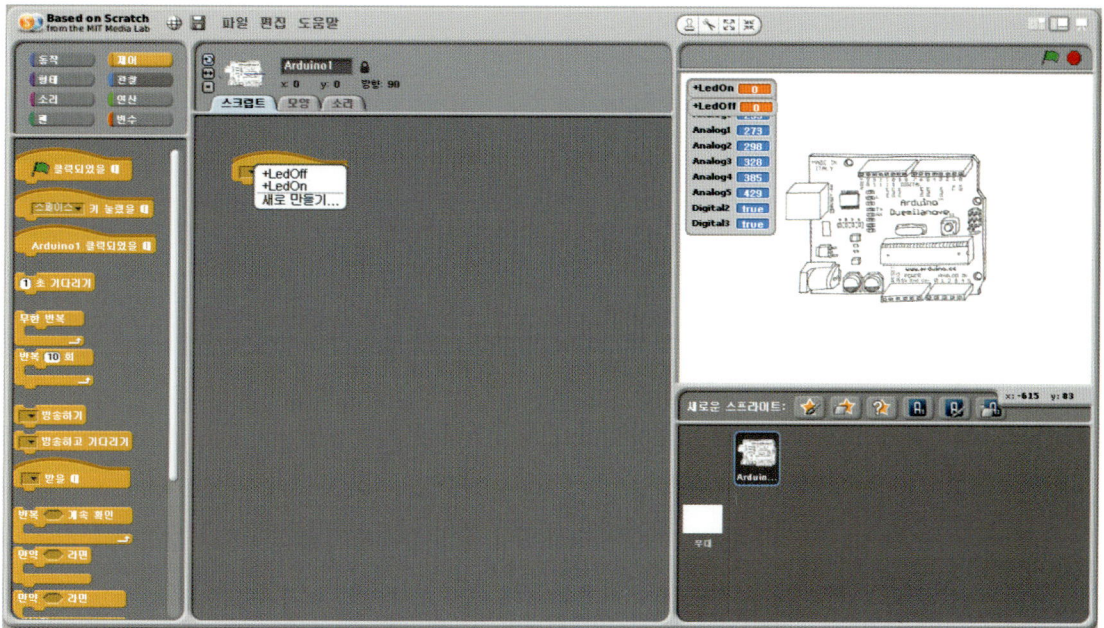

08

LED 4개를 전부 켜는 코드와 끄는 코드를 작성합니다. LED 4개는 아두이노의 13번 ~ 10번에 연결되어 있습니다.

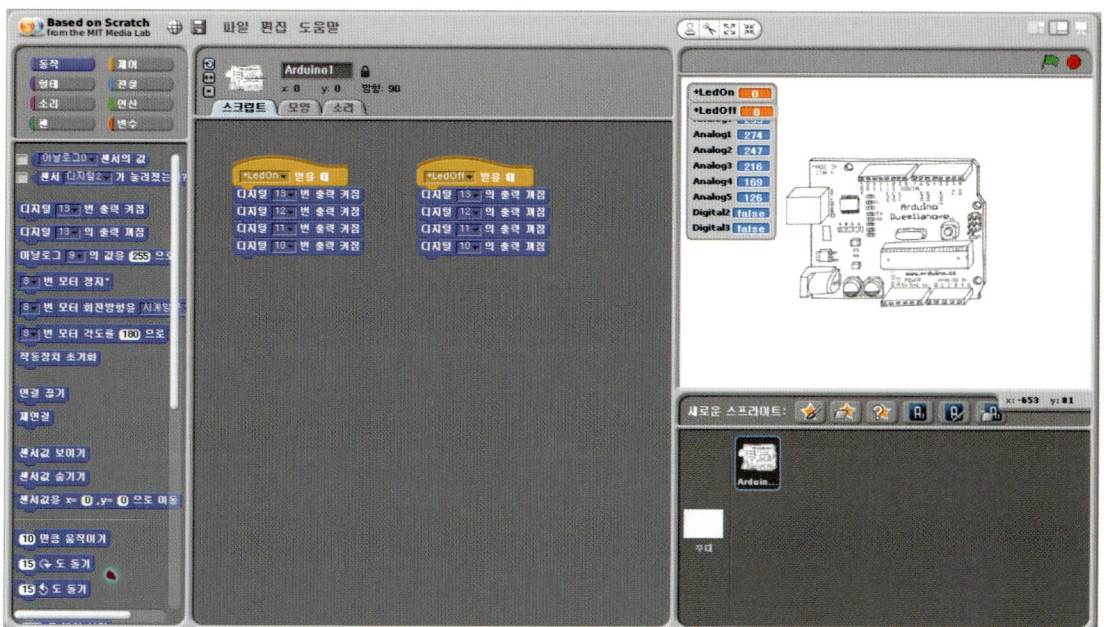

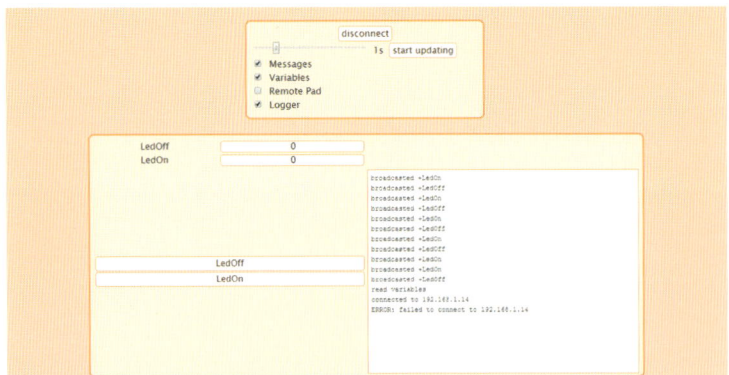

| 09 |

웹 브라우저 창에서 "LedOn", "Led Off" 버튼을 클릭하여 LED 4개가 모두 켜지고 꺼지는 지 확인합니다.

스크래치에서 변수를 더 추가하고 싶으면 변수 이름 맨 앞에 "+"를 반드시 붙여 주세요. 그리고 새롭게 변수를 만든 후에 웹 브라우저 창에 새로운 변수를 반영 시키려면 disconnect를 누른 뒤 ip를 다시 입력하여 재접속 해야 합니다.

> **더 해 보 기 !**
>
> **스크래치웹 브라우저(http://s4a.cat/android/index.html) 창에서 새로운 변수 2개를 더 만들어서 S4A와 연결시켜 봅시다.**

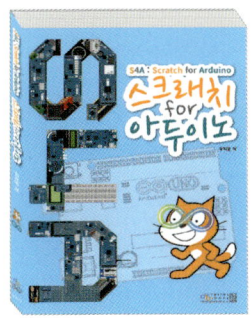

저자협의
인지생략

S4A : Scratch for Arduino
스크래치 for 아두이노

1판 1쇄 인쇄 2015년 6월 25일 **1판 1쇄 인쇄** 2015년 6월 30일
1판 4쇄 인쇄 2018년 8월 10일 **1판 4쇄 발행** 2018년 8월 15일
—
지 은 이 우지윤
발 행 인 이미옥
발 행 처 디지털북스
정   가 18,000원
등 록 일 1999년 9월 3일
등록번호 220-90-18139
주   소 (03979) 서울 마포구 성미산로 23길 72 (연남동)
전화번호 (02)447-3157~8
팩스번호 (02)447-3159
—
ISBN 978-89-6088-231-7 (13000)
D-15-13
Copyright ⓒ 2018 Digital Books Publishing Co., Ltd

Book · Character · Goods · Advertisement · Graphic · Marketing · Brand　consulting

D · J · I
BOOKS
DESIGN
STUDIO

facebook.com/djidesign

D·J·I BOOKS
DESIGN STUDIO

굿즈
캐릭터
광고
브랜딩
출판편집

D·J·I BOOKS
DESIGN STUDIO
2018

J&JJ BOOKS
2014

I THINK BOOKS
2003

DIGITAL BOOKS
1999

facebook.com/djidesign